# VARIÉTÉS SINOLOGIQUES. N° 38.

# LA HIÉRARCHIE CATHOLIQUE

## EN CHINE, EN CORÉE ET AU JAPON.

## (1307-1914)

—=|*|=—

## ESSAI

PAR LE

## PÈRE JOSEPH DE MOIDREY, S. J.

IMPRIMERIE DE L'ORPHELINAT DE T'OU-SÈ-WÈ.

ZI-KA-WEI

PRÈS

## CHANG-HAI.

—

1914.

# AVERTISSEMENT.

Ce modeste travail, entrepris jadis pour mettre au point une liste publiée par Gams (Series episcoporum Ecclesiæ catholicæ quotquot innotuerunt a Beato Petro apostolo), était presque terminé au commencement de 1910. Un accident ne permit pas alors de l'achever et ne rend pas possible de lui donner actuellement le fini que nous désirerions.

L'intérêt qu'ont bien voulu prendre à notre essai plusieurs missionnaires et surtout Nos Seigneurs les Vicaires Apostoliques, en nous fournissant des renseignements, nous engage à ne pas trop retarder l'impression. On voudra bien excuser nombre d'imperfections, surtout dans les tables et les indications bibliographiques, que vous voudrions plus complètes.

Nous avons tâché d'éviter ce qui pourrait rappeler d'anciennes querelles, aujourd'hui oubliées grâce à Dieu. Les documents consultés nous ont laissé une vive impression de la charité, qui, malgré les apparences, a toujours uni les missionnaires catholiques. Il est beau de voir au Japon des Bienheureux se demander mutuellement pardon, avant de monter ensemble au martyre. Des traits analogues sont fréquents dans les annales de la Chine. Qu'on se rappelle les évêques et les missionnaires de Pé-king, ou bien M^gr de Laimbeckhoven travaillant avec zèle à préparer la béatification des BB. Martyrs du Fou-kien.

Puissent ces quelques pages contribuer à augmenter l'union si édifiante qui règne aujourd'hui !

Que les Evêques et les Pères nombreux, qui nous ont aidé, veuillent bien recevoir ici nos remercîments. Nous ne pourrions essayer] de les nommer tous, sans nous exposer à en oublier beaucoup. Il n'est cependant pas possible de taire le nom du R.P.J. Brucker, à l'érudition et à la charité duquel notre travail doit le principal de sa valeur.

J. de Moidrey S.J.

*Rem.* Toutes les listes s'arrêtent à janvier 1914.

# I<sup>ère</sup> PARTIE.

## EVÊCHÉS ANTÉRIEURS AU XVI<sup>e</sup> SIECLE. (1)

### 1) Archevêché de Cambalic ou Péking.

Créé par Clément V en 1307.

1. *Jean* de Montecorvino O. S. F. nommé le 23 juillet 1307 archevêque *Cambaliens*. métropolitain du Cathay (Clément V. Regest.). Le même jour sont nommés 6 évêques Franciscains destinés à consacrer Jean de Montecorvino et à être ses suffragants. Trois seulement, Gérard, André et Pérégrin, arrivent à Cambalu, sacrent le métropolitain et se succèdent ensuite comme évêques du siège suffragant *Zaiton* (E¹ I page 165).

+ 1328 (Lettre des Alains chrétiens de Cambalu, datée du sixième mois de l'année du rat (1336), reçue par le Pape Benoit XII, en 1338, le suppliant de remplacer l'archevêque Jean mort depuis *huit* ans.) Bened. XII. Regest. cf. E² t. VI. p. 58.

N.B. Il est question de reprendre son procès de béatification.

---

**Sources pour cette partie.** Eubel, Conrad. O. Min. Conv. *Hierarchia catholica medii aevi* — 2 volumes pour la période de 1198 à 1431, Monasterii, 1898, (E¹) — Van Gulick-Eubel, *Hierarchia catholica medii ævi* t. III, comprenant tout le XVI<sup>e</sup> siècle (E¹ III) — Eubel, *Bullarium Franciscanum*, tom. V. VI. VII (jusque 1431), Romæ, 1898, 1902, 1904 (E²) — Id. *Bullarii Franciscani Epitome* — *addito Supplemento*, Quaracci, 1908 (E³).

(1) Cette I<sup>e</sup> Partie est presque entièrement du R.P.J. Brucker, S.J.

1

*Remarque de l'éditeur.* Cette lettre ne prouve pas absolument que Jean n'est pas mort en 1330, comme dit Gams. Car si l'archevêque est mort au début de 1330, avant le commencement de l'année chinoise du cheval, d'après la manière orientale de parler, l'année du rat étant la huitième, Jean était mort depuis 8 ans.

Par contre, elle est inconciliable avec la date de 1333 donnée dans Ordonic de Pordenone, p. 283.

2.  *Nicolas* O.S.F. + en chemin avant d'arriver à Péking, date inconnue. (E² t. V. note au n° 1056 — cf. E² t. VI. p. 69, 60. + n° 90-91, lettres de Benoit XII, de 1338, aux chefs tartares de *l'Empire du milieu* et du *Kaptchak*, les remerciant d'avoir favorablement reçu «Nicolaum archiepiscopum et dilectos filios O. Minorum dudum ad partes illas per f. r. Joannem PP. XXII transmissos».

Cordier l'appelle Nicolas Bonnet.

3.  *Cosme* O.S.F. (E² VI. p. 660. n° 157) Cosmas episcopus *Traphasson.* fit archiepisc. *Saraien.* 17 jun. 1362. Ad Ecclesiam *Cambalien.* translatus, retransfertur ad Ecclesiam Sarai — 1 martii 1370 et d. 20 martii simul administrationem Ecclesiæ *Tanen.* obtinet ; paulo post obiisse videtur». (Saraï vers le bas Volga et la mer d'Azof).

4.  *Guillaume de Prato.* O.S.F. nommé archevêque de Cambal le 12 mars 1370. E² t. VI. p. 661. n° 203, corrigeant E¹ p. 165 et E² t. VI. p. 436.

5.  *Joseph.*

6.  *Dominique* O.S.F. élu 9 août 1403.

7.  *Conrad* Scopper, O.P. élu 1408.

Rem. Ces trois données, empruntées à G₁, sont très douteuses.

8.  *Jacobus,* dictus Italianus de Capua, O.P. nommé le 2 octobre 1426 par Martin V (E¹ I p. 165).

9.  *Léonard.*

10.  *Barthélemy.* O.S.F., élu 15 avril 1448.

11.  *Bernard.*

12. *Jean de Pelletz,* O.S.F. élu 1456.

13. *Barthélemy* II.

14. *Alexandre de Caffa,* O.S.F. pris par les Turcs en 1475,
    captif 7 ans, meurt en Italie.

Le siège est supprimé de fait.

*Rem.* Les n. 10, 11, 12, 13, 14 sont empruntés à $G_1$ et
sont fort douteux. Gams note du reste que Cosme et tous les
suivants n'ont pas résidé. On remarquera que c'est l'époque où
la dynastie chinoise des Ming renversait la dynastie mongole et
où probablement la religion chrétienne disparut en Chine.

### 2) Evêché de Zaiton.

Plus probablement Tsiuen-tcheou fou 泉州府 (Fou-kien),
ou selon d'autres Tchang-tcheou fou 漳州府. Voir le P.
Gaillard. Croix et Swastika p. 160. note 3. Toung-pao déc.
1911, p. 676. Etudes religieuses 1912, p. 224.

Suffragant de Cambalu, créé en 1313.

1. *Gérard* O.S.F. 1313, + à Zaiton $(D_2)$.

2. *André* de Pérouse, n'a pas accepté.

3. *Pérégrin* O.S.F. + 6 juillet 1322. [in crastino octavæ
    Apostolorum Petri et Pauli. Donc 7 juillet $(D_2)$].

4. *André* de Pérouse élu 1323. + 1326 (?). Il adresse de
    Çayton, en 1326, une lettre au gardien du couvent de
    Pérouse (Apud Wadding. Annales Minorum. t. VII).

5. *Jacques* de Florence O.S.F. + martyr 1362.

Le siège est supprimé de fait.

### 3) Evêché d'Armaleck.

(Alimalik ou Ili-bâlik), dans le pays d'Ili, Asie centrale.

*Evêque* Franciscain à Armaleck, vers 1338, mentionné dans
la lettre du Pape Benoit XII de 1338 aux deux chrétiens "fami-
liers" de l'empereur tartare, rapportée par Wadding dans Annales
Minorum ad ann. 1338 — cf. E$^3$ t. VI. p. 60. Le même sans
doute que Jean Marignoli de Florence, aussi O. Min. appelle
*Richard* de Bourgogne et qui aurait été martyrisé à Armaleck,

l'année d'avant que Marignoli y passât. (Il y passa en 1339 ou 1340. Relation du voyage de ce Franciscain, Marignoli, à Cambalec dans son *Chronicon Boemorum,* reproduite e. a. par Yales. *Cathay.* II. 309).

## 4) Japon.

*Guillaume,* O.P. Les Annales dominicaines réclament pour les Frères Prêcheurs l'honneur d'avoir donné au Japon son premier évêque au XIV<sup>e</sup> siècle. C'était un Français: il s'appelait Guillaume et vécut à Ochia (Hoki) dans le Nippon (Le Quien, *Oriens christianus,* p. 1414).

Voir A. Brou. S<sup>t</sup> François Xavier, tome I. p. 428. note 1. Nous n'avons malheureusement pas eu accès à Le Quien.

Quel qu'ait été le fruit de cet apostolat, la mémoire en avait disparu au temps de S<sup>t</sup> François Xavier.

# II<sup>e</sup> PARTIE.

## EVÊCHÉS DU XVI<sup>e</sup> SIÈCLE ET DU XVII<sup>e</sup> SIÈCLE.

### 1) Macao avant 1690.

Evêché créé à la demande du roi Don Sébastien par Grégoire XIII. Voir Appendice I.

*Note.* 1. *Jean Nuñes Barreto* S.J. a été parfois considéré comme premier évêque de la Chine et du Japon. C'est une erreur. Premier patriarche d'Ethiopie, 1555, il n'a pu y entrer et est mort à Goa le 22 décembre 1562. La lettre de S. Pie V (2 février 1566) (1) était adressée à son successeur, Oviédo.

On l'a aussi confondu avec son frère le P. Melchior, qui alla de fait en Chine et au Japon (1520-1571).

(Voir après la 3<sup>e</sup> partie, Varia).

*Note* 2. Vénérable *André Oviédo* S.J. né à Ilhescas, 1518; reçu par S. Ignace, 1541; nommé évêque d'Hiérapolis (Hierapolitan.) et coadj. du patriarche Nuñes, 1554; sacré avec lui à Lisbonne, par l'év. de Portalègre, le 5 mai 1555; arrive à Goa avec le patriarche; pénêtre en Ethiopie, 25 mars 1557; devient patriarche à la mort de Nuñes, 1562. Sur la proposition du roi Sébastien (A₄. p. 423), S. Pie V, par bref du 2 février 1566, lui *commande,* s'il peut s'embarquer sans difficulté, de se rendre *au Japon et en Chine* pour assister les chrétientés en progrès dans ces pays. Il lui confie pour cet effet les mêmes pouvoirs que Jules III lui avait donnés pour l'Ethiopie.

Oviédo reçut cette lettre, par voie de l'Inde, en 1567 (A₄. 427), et répondit le 7 juin de la même année (ib.) pour s'excuser de ne point partir, à cause de la difficulté de s'embarquer et par ce qu'il était nécessaire aux chrétiens d'Ethiopie.  + 29 juin 1580 (2).

---

(1)  Au sujet de la Chine.

(2)  A₄ a : 9 juillet, nouveau style. P₆ a la même date et fait remarquer le changement de calendrier.  C'était le jour de S. Pierre.

Voir S$_2$ C$_2$ O$_2$ liv. 14. A$_4$. 446-451.

La lettre de S. Pie V est en entier, traduite en portugais, avec la réponse du patriarche au pape et au roi dans A$_4$ p. 424. Elle est adressée ''à notre vénérable frère André de Oviedo, patriarche d'Ethiopie''.

1. *Melchior Miguel Carneiro S.J.* né à Coïmbre, entré dans la Compagnie de Jésus, 25 avril 1543; nommé évêque de Nicée et deuxième coadjuteur du patriarche d'Ethiopie, 23 janvier 1555 (F$_2$ 1909 p. 274); parti pour l'Inde, 1555; sacré à Goa, 15 déc. 1557, par le métropolitain D. Fr. Gaspar de Leao Pereira, selon Fernandes—le 15 décembre 1560 par le patriarche Nuñes, selon d'autres.

Par le bref *Ex litteris carissimi* du 28 février 1566, S. Pie V lui ordonne de renoncer à l'Ethiopie et de se rendre au Japon (Synopsis. p. 50. n. 24 — Bullar. patron. p. 211).

*Rem.* Jordao (Bull. Patr. t. I.), résumant la lettre à Oviédo, dont ci-dessus, ajoute en note que la même lettre a été adressée à l'évêque de Nicée. D'après le résumé de la lettre à Carneiro que le P. Delplace donne d'après le Registre des Brefs aux archives de la C$^{ie}$ (date 28 fév. 1566), S. Pie V avertit Carneiro qu'il a déjà fait la même injonction au patriarche Oviedo. Soit que le pape ajoutât ou que M$^{gr}$ Carneiro ait compris qu'il ne devait pas attendre Oviédo, l'évêque partit pour Macao en mai 1568. Ecrivant lui-même de Macao au P. Général, C. Aquaviva, le 20 novembre 1575, il dit qu'il est à Macao depuis environ 8 ans, qu'il a été deux fois à Canton et qu'il a demandé inutilement pour lui et les Pères de la C$^{ie}$ de pouvoir s'y établir (Litterae dell' India Orientale. Venise 1580).

Sacchini. Histor. S.J. part III. lib. IV. n. 278 ad ann. 1568, écrit: P. Melchior Carneirus... a Pio V Pontifice litteras superiore anno acceperat, per quas, una cum Patriarcha Andræa, Sinensi vel Japonicæ ecclesiæ jubebatur præesse... Kalendis Maii Malacam solvit.

Il démissionne, peut-être en 1581 (1). + à Macao, 19 août 1583 (F₁ p. 275).

*Note* 1. L'inscription de son tombeau et celle de son portrait le qualifient de patriarche d'Ethiopie. Il aurait dû l'être à la mort d'André Oviédo, 1580. Mais il semble que le bref *Ex litteris carissimi* ait modifié ce point. Car Grégoire XIII nomme, le 28 janvier 1580 (?) (2), le P. Manuel Fernandes, compagnon d'Oviédo, administrateur du patriarcat d'Ethiopie (F₁ 1909. p. 274).

*Note* 2. Franco (22 déc.), Sousa (S. 3. II. p. 390) et autres disent qu'il donna sa démission, que le P. Everard Mercurian la fit agréer, mais qu'il mourut avant que l'acceptation lui fût connue. Comme l'inscription de son portrait le fait administrer jusqu'en 1581, ce serait peut-être la date de sa démission.

*Note* 3. Le bref *Ex specula*, organisant Macao, est de 1576. La nomination de Mᵍʳ de Sà (1578), peut-être même sa première arrivée à Macao, est antérieure à 1581. Ces dates n'ont aucune difficulté, bien que Mᵍʳ C. ne fût pas encore mort. Il n'a en effet jamais été évêque *de Macao*, puisque le siège n'était pas érigé. Grégoire XIII en l'organisant, n'avait pas à mentionner Mᵍʳ C. Celui-ci a été évêque de Chine et du Japon, sans limites précises de territoire, ou une sorte de vicaire apostolique; un peu à la manière des évêques du XIV⁶ siècle, envoyés pour consacrer Jean de Montecorvino sans diocèse précis.

*Note* 4. Inscription du tombeau.

Hic jacet Reverendissimus Dominus D. Melchior Carneiro, Societate Jesu, Æthiopiæ patriarcha et primus Macaensis episcopus. Obiit anno Domini 1583.

Le tombeau est ancien (F₁ p. 275).

(O₂ passim — V₄ p. 6.)

*Note* 5. On lui écrivait de fait du Japon. Voir Delplace tome I. p. 159.

─────────────────────

(1) M. Cordier. Toung-pao. 1911 p. 541, dit "dès 1569." Cette date est inconciliable avec la lettre de Carneiro citée ci-dessus. Peut être faut-il lire 1579.

(2) F₁ donne le 11 sept. 1577 comme date de la mort d'Oviédo.

1'. *Diogo Nuñes de Figueira.* Nommé par Grégoire XIII, 23 janvier 1576, par la bulle *Apostolatus officium* et la bulle *Hodie Ecclesiæ.* Il refusa (Razon y Fe, août 1898. p. 461).

Le 23 janvier 1576, Grégoire XIII, à la demande du roi don Sébastien, érigea l'évêché de Macao, lui attribuant la Chine, le Ton-kin, démembré du diocèse de Malacca, et le Japon, et le déclarant suffragant de Goa. Il nommait pour évêque Diogo Nuñes de Figueira (Van Gulick-Eubel, Hierarchia catholica medii ævi. vol. III. Monasterii. 1910, p. 248, d'après les Acta consistorialia. — Le Bullarium Patron. Portug. et autres donnaient le 10 février 1575 comme date de l'érection).

L'élu résigna son siège avant d'être consacré et sans avoir pris possession. (V. G. Eubel) (Cordier dans Toung-pao 1910).

Voir Razon y Fe. août 1898. p. 461.

2. *Léonard de Sà (Saa).* Il s'appelait Fernandes (Cordier, dans Toung-pao. 1911. p. 541, citant Corpo diplomatico Portugues XI. 1898. p.672); né à Cartaxo, ord. Cisterc., de l'Ordre militaire du Christ; nommé le 27 octobre 1578 (Acta Consist. ap. Van G. Eubel. loc. cit). (d'après Cordier. Toung-pao. 1910. 22 oct. 1578).

S'embarque au Portugal pour l'Inde, 1579; assiste au troisième concile provincial de Goa, en 1585.

Les rédacteurs du Boletim de Macau estiment qu'il était déjà allé à Macao vers 1581 et qu'il revint à Goa pour le concile. On ne voit pas que les contemporains parlent de ce premier voyage, ni le concilient avec la présence de Mgr Carneiro.

Il s'embarque aux Indes pour Macao, 1585; il est pris près de Sumatra par des pirates malais.

En son absence, Mgr Martins, évêque de Funay, le remplace à Macao, par ordre du pape, pendant trois ans (1593-1596). (B₁ I. 371).

Enfin libre, Mgr de Sà arrive à Macao, 1596.

Il y meurt, le 15 septembre 1597 (F₁ p. 24). Le jour est sûr, il y aurait doute entre 1597 et 1599.

Or l'auteur de Oriente conquistado (Sousa) dit que ses obsèques furent célébrées par les deux évêques du Japon. Mgr

Martins et M^{gr} de Cerqueira ne se sont plus trouvés ensemble à Macao, d'après le témoignage de M^{gr} de C. (P₁ II. 41), après février 1598. La date 1597 est donc sûre (Y₄ p. 7. Franco Imagem de virtude).

2. *Pierre Martins, S.J.*

Voir Japon. cf. Y₄ p. 7.

3. *Jean Pinto* (D. Fray Juan Pinto). L'existence de ce prélat parait douteuse. Il aurait gouverné entre la mort de M^{gr} de Sà, 1597, et la nomination de M^{gr} Jean de la Piété, 1604. Il aurait renoncé (Faria e Souza), ou selon d'autres, n'aurait pas été confirmé (F₁ p. 29). Selon d'autres, il serait le même que M^{gr} Jean (Pinto) de la Piété (A₁. t. I. p. 591 — Y₄. p. 7). Mais les dates coïncident assez mal.

4. *Jean (Pinto?) de la Piété (da Piedade),* O. P. né à Abrantes, professeur de théologie et prieur de son ordre à Goa; nommé par Clément VIII, le 30 août 1604 (van G. E. loc. cit.); arrive aux Indes en 1605 (Y₄ p. 7).

Rappelé en Europe. Le 27 octobre 1623, Urbain VIII accepte sa démission (Y₄ l. c.). + à Abrantes, 28 août 1628, âgé de plus de 70 ans (G₁ F₁ p. 26 et Van-Gulick-Eubel).

En son absence, le diocèse fut gouverné par Fr. Antoine du Rosaire, par P. Adrien da Cunha, qui démissionna, et par M^{gr} Diego Correa Valente (Y₄. p. 7).

5. *Antoine du Rosaire,* O.P. était administrateur de l'évêché, le 22 avril et le 30 juillet 1622 (M₃ p. 36), sous M^{gr} de la Piété, et une seconde fois, 1 mai 1624, par provision de Goa (infra) (F₂ p. 27). Il fut pourvu de l'évêché de Malacca par bulle du 8 février 1636. Il ne resta pas longtemps à Malacca, car en 1639 on y trouve M^{gr} Ludovic de Mello, O.S.A.

6. *Adrien da Cunha.*

7. *Diego Correia Valente (ou Valens),* S.J. Il portait le nom de sa mère; son père se nommait Jean de Fonseca. Né à Lisbonne vers 1568; entré dans la Compagnie à Coïmbre, 10 janvier 1584; nommé év. de Funay par cédule consistoriale de Paul V, 8 janvier 1618 (Bullar. Patron. Port. II. 28.—Delplace.

Synopsis, p. 281 n. 203). Sacré à Lisbonne, à S<sup>t</sup> Roch, le 1<sup>er</sup> ou le 3<sup>e</sup> dimanche de Carême 1618, il était à Goa en novembre 1618 (P₁ p. 396); Casimir de Nazareth (Mitras, dans Boletim 12ª serie p. 219). Il arriva à Macao en novembre 1619.

Il n'alla jamais au Japon, mais gouverna son église par des vicaires, entre autres le B<sup>x</sup> Charles Spinola (+ 1622) et le B<sup>x</sup> François Pacheco (+ 20 juin 1626). Nommé administrateur de Macao par le clergé, 10 juillet 1623; il va aux Indes en 1624.

Il est nommé par Urbain VIII, 27 août (ou octobre) 1626, administrateur apostolique du siège vacant de Macao pour 6 ans (Juris Pontificii de Propaganda Fide. Pars I. Cura R. de Martinis I. 62. Rome. 1888).

M<sup>gr</sup> Sébastien de S. Pierre, évêque de Cochin et administrateur de Goa, s'oppose à ce que M<sup>gr</sup> V. exerce cette charge, sous prétexte de maintenir l'administrateur élu régulièrement par le chapitre, le clergé et le peuple de Macao, Fr. Antoine du Rosaire, O.P. qu'il avait déclaré administrateur légitime, 1 mai 1624 (Casimiro Christovâo de Nazareth, *Mitras Lusitanas no Oriente,* 2<sup>e</sup> édition publiée dans Boletim de Sociedade de Geographia de Lisboa, 12ª, 14ª et 15ª Serie. Voir ce Boletim 12ª Serie p. 509). Urbain VIII, le 26 janvier 1628, enjoint à l'archevêque d'exécuter ses lettres du 27 août 1626 (Synopsis Act. S. Sedis in causa S.J. p. 327. n. 92 — cf. p. 317. n. 49).

La S. Congrégation invita souvent M<sup>gr</sup> V. à la résidence, 27 juin 1625, 25 septembre 1628, 22 juin 1629, 3 septembre 1632, 21 nov. 1632 (P₁, t. I. p. 614. 715. 781. 783). Cependant il ne partit jamais pour le Japon, dans la crainte, semble-t-il, d'augmenter la rigueur de la persécution. + à Macao, 23 (25?) octobre 1633.

*Note* La liste des administrateurs, qui suit, est incomplète. (1633-1690).

8. *Pierre de S. Jean,* O.P. administrateur. 1637-1638.

Voir P₁ t. I. p. 840 note 1.

C'est lui qui fit les informations en 1637 et 1638 sur le dernier martyr augustinien du Japon.

9.  *Benoit* du Christ *(Bento* de Christo), Capucin; administre
le dioc. de Macao de 1640 à 1642.

Il ne fut pas confirmé, à cause de la guerre entre l'Espagne
et le Portugal.  La cour de Rome ne reconnaissait pas encore
l'indépendance portugaise, ni le droit de patronat des Bragance.

cf. $P_1$ I. p. 863 cf. $Y_4$ p. 7.

10.  *Paul d'Acosta*, administrateur en 1667 (Navarrette. p.
166. cité par Pfister).

11.  *François de S. Thomas*, O.P. de Lisbonne, nommé par
Pierre II, 1669; non accepté par le pape; + au couvent de
Bemfica ($F_1$. 1909. p. 51).

12.  *Jean-Philippe de Marinis*, S.J. génois, ancien missionnaire au Tong-king, fut nommé en 1671 pour Macao par le
roi de Portugal.  Il est loué pour son zèle par Alexandre VII
dans le bref "*Cum ex aliis*" du 31 mars 1667.  Le catalogue
des év. de Macao lui donne le huitième rang et dit qu'il est
mort provincial du Japon en 1677.  Il ne fut pas confirmé par
le pape et ne fut jamais évêque.  $Y_4$ p. 8.

(Lettre du P. J.B. de Maldonado S.J., de Macao, 10 décembre
1671, dans P. Visschers *Onuitgegeven Brieven*... Arnheim 1857.
p. 13, 14).

13.  *Michel de Argolis*, O.S.A. administrateur vers 1680.

"Le Père Michel de Argolis, de l'ordre de S. Augustin,
gouverneur de l'évêché de Macao." ($X_{10}$ t. 9. p. 18 note 5⁰.
Lettre au P. Antoine de Gouvea.  La lettre a été trouvée à Pé-
king en 1704).

## 2) Macao depuis 1690.

Le 10 avril 1690, Alexandre VIII créa les diocèses de Macao, Nan-king et Pé-king par les bulles *Romani Pontificis* et *Romanus Pontifex*.

Macao fut réduit aux provinces de Koang-tong et de Koang-si par le bref du 23 octobre 1696 (Bullarium Patronatus t. II. p. 207. Boletim de Macao p. 257).

1'. *François de S$^a$ Maria*, nommé en 1692. Il n'accepta pas (G$_1$). + 13 nov. 1713.

La date 1692 rend cette indication plus que douteuse.

1. *Jean de Cazal* (ou *Casal*) clerc séculier (Y$_4$), né à Castello de Vide en Alemtejo (Y$_4$ p. 10). Nommé par bref du 10 avril (IV idus april.) 1690, lui assignant pour son diocèse les provinces du Koang-tong, du Koang-si, avec l'«île» de Macao et les autres iles et terres adjacentes «que la dite église de Macao possédait auparavant juxta decretum Congregationis particularis de Propaganda Fide super rebus Indiarum specialiter deputatæ».

Il prend possession le 20 juillet 1692 (Anecdotes Orientales. m:s.). + 20 sept. 1735.

C'est lui qui fonda le chapitre de Macao, lui qui le premier porta le titre d'évêque de Macao (Boletim p. 260). Auparavant on disait gouverneur de l'évêché en Chine.

Pour la légation de M$^{gr}$ de Tournon et son excommunication, voir plus bas, §. 6.

2. *Eugène de Trigueiros*, né à Torres Vedras, missionaire Augustinien, élu év. de Trajanopolis, en Phrygie Pacatiane (Trajanopolitan.) et coadj. de M$^{gr}$ de Cazal, en 1725 (Y$_4$ p. 10). Arrive à Macao, 5 oct. 1727 (M$_3$ p. 91); se retire au Portugal.

Ce ne put être qu'après 1732, car à cette date il était à Macao (A$_3$ p. 381). Revient à Macao, après la mort du M$^{gr}$ de Cazal, arrive à Macao le 20 sept. 1738 (M$_3$ p. 86). Prend possession, le 3 oct. 1738. Promu à Goa, 1740. Meurt en s'y rendant, 22 avril 1741 (Y$_4$ p. 10).

Les Eph. de Macao l'appellent év. de Nan-king mais le contexte indique que c'est là une erreur. Comme il n'y avait d'év. ni à Pé-king, ni à Nan-king, en 1738, il était probablement administrateur. L'administrateur dût être Cazal, depuis la mort d'Emmanuel de Jésus-Marie, 1734, puis son successeur Triguieros.

3. *Hilaire de Sainte Rose de Viterbe,* O.S.F. (A₃, p. 661, l'appelle Destaroza de Viterbe.), F. Mineur d'Arrabida (Capucin portugais), prend possession de l'évêché le 17 janv. 1742 (Y₄ p. 14); se retire à Lisbonne, 1749 (it.), résigne en janv. 1750 (M₃ p. 7).

4. *Barthélemi-Emmanuel Mendes dos Reys,* du clergé séculier, élu nov. 1752 (portrait), confirmé, 29 janv. 1753 (G₁ p. 127); sacré à Lisbonne, 1753 (Y₄ p. 15); se retire en Portugal, 1765 (portrait) ; le 14 juin 1772 il est transféré à Marianha (Marianen.) Minas geraes, au Brésil, prend possession 18 déc. 1773 ; ne résida pas; résigne 1778; vivait encore en 1787 (G₁ p. 136). cf. Y₄ p. 15.

5. *Alexandre de Silva Pedrosa Guimaraens,* clerc séculier, élu 13 juillet 1772 ; en 1775, il revendique l'administration du diocèse de Pé-king contre l'évêque de Nan-king et nomme le P. d'Espinha son vicaire général ; appelé en Portugal, il part le 10 janvier 1779; il donne sa démission, le 28 juillet 1782.

Le siège vaque jusqu'en 1789. Nous ignorons qui fut vicaire capitulaire.

Les lettres de Mgr de Laimbeckhoven semblent supposer que Mgr de S. était à Macao en décembre 1779.

6. *Marcellin-Joseph da Silva* né à Papario, Grand prieuré de Grato, nullius diæcesis, 16 janv. 1749, frère conventuel profès de l'ordre militaire de S. Benoît d'Aviz ; élu 14 juill. 1789 par la Reine Marie, le même jour que Mgr Eusèbe (cf. Nan-king) ; confirmé par Pie VI, 14 déc. 1789 (it.) ; sacré 17 janvier 1790, dans la basilique royale du Sacré-Cœur ; parti pour son diocèse le 26 février 1791. Démissionnaire en 1801.

On ignore la date de sa mort.

Il était frère aîné de Mgr E. de Silva, de Nan-king, semble-t-il, et Oliveira lui consacra en 1792, la biographie de $M^{gr}$ Eusèbe. O 1. p. 10-13.

7. *Emmanuel de S$^t$ Galdino*, O.S.F. coadj. au Tong-king oriental, 1801. Sic G$_1$, p. 116, qui ne le nomme pas parmi les vic. ap. du Tong-king. Transféré à Macao, 1803; nommé coadj. de Goa, 20 août 1804 (p. 127); archev. de Goa, 10 fév. 1812 (si je comprends les abréviations de Gams p. 116). +15 juil. 1831. cf. Y$_4$ p. 11.

8. *François de Nostra Senhora de Luz-Chacim*, O.S.F. de la province séraphique d'Arrabida; élu 20 août 1804 (Sic G$_1$: c'est le jour de la translation de Saint Galdino à Goa, date vraisemblable. Le portrait a : 1801). Il prend possession, 2 oct. 1805. Mort à Macao, 31 janv. 1827 (Y$_4$ M$_3$ p. 10).

9. *Ignace da Silva*, vic. capitulaire, 31 janv. 1827. (M$_3$ p. 10. Il succède à M$^{gr}$ de Luz-Chacim, comme président du conseil royal le 31 janv. 1827).

10. *Nicolas Rodrigues-Pereira de Borja*, Portugais, prêtre de la Mission, et maître en théologie au collège S. Joseph de Macao ; vicaire capitulaire; élu évêque, 25 nov. 1841; confirmé, 19 juin 1843 ; prend possession, 14 nov. 1843; + à Macao, avant sa consécration, le 21 mars 1845.

(Son portrait. C$_6$ p. 48 et M$_3$ p. 26).

11. *Jérôme-Joseph da Matta* 馬 (?) coadj. 17 août (17 juin. G$_1$) 1844 ; succède à la mort de M$^{gr}$ de Borja ; démissionne en 1862 (Y$_4$ p. 16).

12. *Jean Pereira-Botelho de Amaral et Pimentel*, confirmé 8 janv. 1866, transféré à Angra, Açores, le 22 déc. 1871.

13. *Emmannel-Bernard de Souza-Ennes*, né à Villanova de Togo, dioc. d'Angra (Açores), le 5 nov. 1814; préconisé, 15 juin 1874 ; transféré à Miranda-Braganza (Portugal), le 9 août 1883 (G$_1$ p. 58 Y$_4$ p. 16).

Je n'ai pas trouvé la date de sa mort. Le 20 février 1885, Gams n'en avait pas connaissance (X$_9$ 1884 p. 124). Le 30 juin 1885, la Gerarchia donne un autre évêque de Braganza (X$_9$ 1885 p. 126). cf. Y$_4$ p. 16.

14. *Antoine-Joachim de Medeiros,* né à Villar de Nantes, dioc. de Braga, le 15 oct. 1846 ; élève du collège royal des missions ultramarines de Sernache de Bom Jardim ($Y_4$ p. 22) ; visiteur, puis supérieur de la mission de Timor et vic. général de M$^{gr}$ de Souza-Ennès (ibid.) ; élu év. des Thermopyles en 1⁰ Achaïe (Thermopilarum), et auxiliaire de l'archevêque de Goa, le 29 août 1882 ; transféré à Macao, 13 nov. 1884 (it) ; était encore évêque en 1896, quand on imprima Memoria de Macau. cf. $X_9$-$Y_4$. p. 16.

15. *Joseph-Emmanuel de Carvalho,* né à Tourigo, dioc. de Viseu, 15 sept. 1844 ; préconisé 19 avril 1897 ($X_0$ p. 259) ; transféré à Angra (Açores), le 9 juin 1902 ($X_2$ p. 234). mort?

Un év. est nommé à Angra le 27 mars 1905 ($X_2$ p. 107).

16. *Jean-Paulin de Azevedo e Castro* 鮑若望, né à Lages do Pico, dioc. d'Angra (Açores), le 2 février 1852 ; élu le 8 juin 1902 ; préconisé le 9 juin 1902 ($X_2$ p. 235) ; sacré 27 déc. 1902 (R. P. Henriques, recteur de S. Joseph) ; intronisé, le 24 juin 1903 ($B_2$ 1909 p. 240).

### 3)   Ancien évêché du Japon — Funay.

Il fut érigé par Sixte V, par la bulle *Hodie Sanctissimus* du 14 février 1588 (1) (Bullarium Patronatus Portugalliæ. I. 218), sous le titre de Funay, au royaume de Bungo. Funay, aujourd-hui Oïta, est situé sur la côte NE de l'île de Kiu-shiu.

1.   *Sébastien de Moraes* (ou *Morales*), S.J. né à Funchal (Madère), en 1534; entré dans la Compagnie, 1550 ($F_3$ dit 1551); professeur de philosophie et de théologie morale ; provincial de Portugal, 1580-1587 ; nommé par Philippe II évêque de Funay, 1587; confirmé par Sixte V par cédule consistoriale du 19 février 1588 (Delplace. Synopsis p. 152 n° 37) ; sacré à Lisbonne, à S. Roch, 27 mars 1583 ; parti, 6 avril 1588 ; mort en arrivant à Mozambique le 20 août 1588 [$F_3$ dit 19 août].

$S_2$ col. 1279. $F_3$ p. 478. $C_3$ t. II. p. 5.

La pierre tombale du prélat se voit encore à Mozambique dans la chapelle du fort S. Sébastien. En voici l'inscription, telle qu'elle est reproduite en 1887 dans les Lettres de Mold. t. IV. p. 68.

IIIC IACET SEB

ASTIANVS DE M

ORAES ✠ SOCIETA

TIS YESV ✠ PRIM

VS EPISCOPVS

IAPONENSIS.

QVI VITA FVTA E

ST ✠ ZO DE AVGV

STI DE 1588 ✠

---

(1)   Cordier Tong-pao l. c. p. 542, dit 1587.

Le corps fut porté à Goa (F₃ p. 480), mais le tombeau ne se voit plus.

Le P. Casimir Nazareth, auteur de *Mitras Lusitanas*, dans *Prelasia de Moçambique*, dit: Em 1588 (Julho 7 ou Agosto 19)... Foi enterrado in œdicula Virginis de Baluarte, unde annis sequentibus ossa Goam translata sunt e sepultado no collegio de S. Paulo.

2. *Pierre Martins* (ou *Martines*), S.J. né à Coïmbre, 1542; novice, 25 mai 1556; missionnaire à Fez; parti pour les Indes, 1585; provincial des Jésuites aux Indes; nommé év. de Funay, 1591; sacré à Goa, 1592 (F₂. D₂. I. p. 15.) (1)); nommé par l'archevêque de Goa administrateur de Macao pendant la captivité de Mᵍʳ de Sà, avril 1593; arrive à Macao en janvier 1594 (D₂ p. 15); y est rejoint par son coadjuteur; arrive à Nagasaki, 14 août 1596 ; part peu après pour Méaco ; repart pour les Indes, après 7 mois, 1597; arrive à Macao en mars 1597; fait avec son coadj. Mᵍʳ de Cerqueira, sept. 1597, les funérailles de Mᵍʳ de Sà (Y₄ p. 7); repart pour Goa, en février 1598 ; meurt en mer, 13 février 1598, près de Malacca, où il est inhumé le 18.

*Rem.* Après la mort de Mᵍʳ de Sà, il a pu se trouver une seconde fois administrateur de Macao, mais bien peu de temps.

C₃ t. II. p. 5. 6. Y₄. F₂. F₃ p. 82. B₁ I. 371-372.

Témoignage de Mᵍʳ de Cerqueira cité plus haut, p. 9.

3. *Louis (Ludovicus) Cerqueira*, S.J. né à Alvito, dioc. d'Evora, Alemtejo, en 1552; entré dans la Compagnie de Jésus, 14 juillet 1566; professeur de théologie à Evora; nommé par la bulle *Romanus Pontifex* du 29 janv. 1593 (Cordier. l. c. p. 542) coadj. de Mᵍʳ Martins et évêque de Tibériade, en IIᵉ Palestine (id)-(alias évêque de Tibiriza (Tibiricensis). Cf. Corpo diplomatico Portugues. XII. 1902 p. 50 : sacré à Lisbonne, 1594 : parti en 1594; arrivé à Goa en septembre 1594, à Macao en 1595; parti pour le Japon en juillet 1598; débarque à Nagasaki,

---

(1) Cordier l. c. p. 542 dit : sacré en 1595. A cette date Martins était déjà à Macao, et son coadjuteur était sacré. Le même auteur dit : mort à Méaco, pour: près de Malacca.

5 août 1598 (P₁ p. 7) ; succède à M^gr Martins en 1598. + au Japon le 16 février 1614.

Son corps fut transporté à Macao en 1630 (M₂ t. I. p. 33. C₃ t. 2. p. 5. 51. 57. 170. F₃ 16 fév. p. 92.)

*Rem.* 1.  Pagès dit: 20 février 1614, 1^er dim. de Carême. Or le 1^er dim. de Carême 1614 était le 16.  Au reste le P. Valentin Carvalho écrit au Pape: decimo sexto die februarii a partu Virginis 1614 (P₁ t. II. p. 114).

*Rem.* 2.  M^gr C. administra le diocèse de Macao. Il y était en 1612 (P₁ t. I. p. 211.  Voir P₁ t. II. p. 442).

*Rem.* 3.  Pour les dates de 1594, 1595, voir Bartoli. Giappone, t. I. l. II. p. 365 de l'édition de Rome de 1660.

4.  *Valentin Carvalho, S. J.* né à Lisbonne, 1560 ; novice, 1578 ; parti avec M^gr de Cerqueira, 1594 ; 4 ans professeur et 8 ans recteur à Macao ; premier provincial du Japon ; administrateur de l'évéché à la mort de M^gr de Cerqueira, 16 fév. 1614 ; au sujet de la tentative de schisme de quelques missionnaires, voir par ex. Charlevoix p. 170, 171.  Delplace t. II. p. 113.

Il est exilé en 1614 ; + dans la province de Goa, 1631.

Voir S₂. P₁. C₃.

*Rem.*  S₄. p. 356, dit qu'il fut nommé administrateur par bref apostolique.  P₁ p. 257 dit: par l'élection de tout le clergé séculier et ne fait que résumer la lettre du P. Carvalho au Pape. t. II. p. 114.  Steichen parait se tromper ici, car Carvalho explique au Pape pourquoi il a accepté l'élection.  Il n'était donc pas nommé par le Pape.  Il l'était par Cerqueira.

*Note.  Jean da Piédade,* évêque de Macao, est nommé par Gams parmi les évêques du Japon.  Il n'en eut même pas l'administration, car en cas de vacance, d'après la bulle du 11 (31?) janvier 1618, l'administration revenait au provincial des Jésuites.

5.  *B. François Pacheco, S.J.* né à Ponte de Lima, dioc. de Braga ; novice en 1585 ; parti pour l'Inde en 1592 ; prêtre à Goa ; profès à Macao, 1603 ; arrivé au Japon, 1604 ; envoyé comme recteur à Macao ; retourne au Japon ; nommé vicaire général et administrateur par M^gr de Cerqueira, qui résidait alors à Macao,

1612; exilé en 1614, à Macao; rentre en 1615 au Japon; supérieur sous le P. de Couros, provincial; nommé par le P. Général provincial et administrateur de l'évêché, 1622 (P₁ I. p. 609), au nom de Mᵍʳ Valente, 1623 (P₁ I. 516. II. 288); arrêté en décembre 1625; martyr par le feu, 20 juin 1626; béatifié par Pie IX (fête le 20 juin).

Voir P₁ t. II. p. 455 et F₃ p. 346.

*Rem.* La seconde fois qu'il fut administrateur, c'était sous Mᵍʳ Valens, mais il ne parait pas avoir été nommé par lui, quoiqu'il ne semble pas avoir jamais été administrateur indépendant.

5′. *Christophe de Gouvea, S.J.* né à Porto vers 1542; entré au noviciat, 10 janvier 1556; nommé év. du Japon, et accepté. Tombé malade, il refuse, et meurt à S. Roch de Lisbonne, 13 février 1622. Valente fut nommé à sa place. Cf P₁ I. p. 513 et F₃ p. 88.

6. *Diego Valente, S.J.* Voir Macao, supra p. 9. Voir aussi D₃. II. p. 112, 113, 160.

6′. *Bˣ Louis Sotelo, O.S.F.* né à Séville, 8 sept. 1574 (Sotelo est le nom de sa mère: son père était Diego de Cabrera). Franciscain réformé, 11 mai 1594, il passe chez les Observantins. Nous ne pouvons résumer ici sa vie si agitée. Paul V voulait le nommer év. de la partie orientale du Japon, cardinal et légat, 1615; Philippe III s'y opposa et les bulles furent retirées. Le Bˣ S. réussit à rentrer à Nagasaki en 1621; fut emprisonné en oct. 1622; ✝ martyr dans les flammes, 25 août 1624.

Personne ne parait avoir écrit d'un ton plus impartial à son sujet que **Léon Pagès** t. I. passim. Voir aussi D₂ t. II. et S₄. p. 304. Récit de son martyre D₂ II. p. 172.

Il ne devrait en réalité pas figurer ici, n'ayant jamais eu aucune juridiction. cf. C₅ II. p. 380 seqq. P₁. B₁ IV. p. 273-351, F₂ etc.

7. *André Palmeyro, S.J.* fut visiteur de la Chine et des Indes. Voir, pour la notice, Franco, 4 avril 1635, p. 187; visiteur de la Chine et du Japon en 1627 (P₁ I. p. 792), en 1630 (P₁ I. p. 739).

8. *Mathieu de Couros,* S.J. provincial et administrateur du Japon ✝ 29 octobre 1633, au Japon.

Il est compté comme martyr par Alegambe.

9. *Christophe Ferreyra,* J.S. né à Zivreira, près Torres Vedras, dioc. de Lisbonne, vers 1579 ; novice S.J. à Coïmbre, 27 nov. (F$_3$ dit 24) 1596, puis à Campolide ; part pour le Japon 1600 (P$_1$ t. I. p. 436); provincial et administrateur de l'évêché à la mort du P. de Couros, 1633 ; apostasie, 18 oct. (?) 1633 (D$_2$ II. p. 217) ; ✝ converti, 1652, dans le supplice de la fosse, où il demeura 3 jours (F$_3$ p. 231 et D$_2$ II p. 242-244).

Il n'y avait pas d'évêque ; il fut donc administrateur en son propre nom.

10. *Augustin de las Llagas,* O.P. promu à l'épiscopat, 12 avril 1633; il devait être sacré archevêque de Myre en Lycie. ✝ à la fin de 1636. cf. P$_1$ p. 715. 800. 818. 819.

*Rem.* Les quelques prélats, que nous aurons encore à nommer, portent un autre titre épiscopal. Peut-être le S. Siège considérait-il le titre d'évêque de Funay comme supprimé. Au reste, sauf M$^{gr}$ Martins et M$^{gr}$ de C. aucun évêque ne pénétra au Japon. (p. 3).

11. *Manuel Dias,* S.J. l'aîné 李瑪諾, 海嶽 né à Aspalham, dioc. de Portalègre, 1559; novice, 30 déc. 1576 (S$_2$ 30 nov.); parti pour l'Inde, 1585; profès, 10 juil. 1595 ; arrivé à Macao, 1601 ; visiteur et administrateur, 1636 ; déclare Ferreyra exclu de la Compagnie, 2 nov. 1636 (D$_2$. II. p. 217) ; ✝ à Macao, 28 nov. 1639, sans avoir été au Japon. P$_2$. P$_1$ t. I. p. 818. 868. F$_3$ p. 413.

11'. *Matheus ou Mathias de Castro,* brachmane, destiné au Japon. Il devait être évêque d'Egine. Nommé évêque de Chrysopolis en Arabie, le 14 nov. 1637 (P$_1$ p. 818. 819. 841).

11''. *Antoine de San Felice,* mineur conventuel ; provincial de Transylvanie ; devait succéder à M$^{gr}$ de las Lhagas. Nommé archev. de Myre en Lycie, le 14 nov. 1637; destiné au Japon le 20 juin 1639; réside à Goa 7 déc. 1643, 25 avril. 1645; destiné pour la Chine, 16 janv. 1646 ; ne parvint pas au Japon. P$_1$ t. I. p. 819. 841. 852. 879. 882.

12.  *Jean-Antoine Rubino* S.J. né à Strambino, Piémont, 1 mars 1578 ($S_8$ p. 9); entré dans la $C^{ie}$, 1596; part pour les Indes, 25 mars 1602 ($S_8$ p. 19); et arrive à Goa, 15 sept. 1602; envoyé au Japon, arrive à Macao le 9 juin (19 mai?) 1638; nommé visiteur du Japon, etc. à la mort du P. Manuel Diaz, 21 oct. 1639, devient par le fait administrateur du diocèse, et administrateur de son chef, puisque M$^{gr}$ Valens était mort. Arrive au Japon, 11 août 1642; + dans la fosse, 22 mars 1643. ($P_1$ t. I. p. 868. 875. $S_2$. $P_2$ p. 318. $S_8$ $D_2$ p. 236).

13.  *Gaspar de Amaral,* S.J. né à Curvaceyra, dioc. de Viseu, vers 1594; entré dans la Compagnie, le 1 juin 1608; passe aux Indes en 1623; puis au Tong-king et à Macao; profès 1638 ($F_3$ p. 751); nommé par le P. Rubino vice-provincial du Japon, et recteur; ne pouvant y aller, il retourne au Tong-king, mais périt dans un naufrage en 1644 ou 1645. cf. $P_1$ I. p. 869, 870, 880 et $F_3$ p. 751.

*Note 1.*  *Diego Luiz (Luis),* S.J. ($G_1$) né à Apalhão, dioc. de Portalègre; novice, 15 mai 1602; nommé év. du Japon par le duc de Bragance, depuis Jean IV; non accepté par le pape qui ne reconnaissait pas Jean IV; + à Evora, 15 mars 1649. cf. $F_3$ p. 158.  $P_1$ I. p. 882.

*Note 2.*  *André Fernandes,* S.J. né à Viana, Alemtejo; nommé, 24 avril 1654, par Jean IV, à la place du P. Luis; non accepté par le pape, pour la même raison que le P. Luis; + à Lisbonne, 27 oct. 1660 ($F_3$ p. 635 et $P_1$ p. 882).

14.  *Joseph Monteiro,* S.J.

Voir Nan-king 6' + 1718.

14'.  *Jean-Philippe de Marinis,* S.J. élu en 1671, non consacré.  Aurait administré Macao. cf. p. 11.

15.  *Louis Laneau,* des Missions Etrangères de Paris.

Vicaire apostolique du Japon, 1680 ($L_2$ p. 242).  Ne paraît pas avoir tenté d'y pénétrer.

Le siège de Funay est supprimé de fait: aucun évêque n'y a jamais résidé.

### 4) Vicariat apostolique et diocèse de Nan-king. 1658-1856.

Nous plaçons ici ce qui concerne le vicariat apostolique de Nan-king à l'origine, et le diocèse de Nan-king depuis sa création jusqu'à 1856, c. à d. sous le patronat portugais.

1. *Ignace Cotolendi*, né à Aix-en-Provence, 1629 ; curé de S<sup>te</sup> Madeleine à Aix ; se joint à M<sup>gr</sup> Pallu, 1659. La bulle du 17 août 1658 avait institué un vicariat ap. de Nan-king, avec l'administration des provinces de Pé-king, Chan-si, Chan-tong, Ho-nan, Chen-si, Corée et Tartarie. Le titulaire devait avoir le titre d'év. de Métellopolis en Phrygie Pacat. (Metellopolitan.) (X, p. 218).

Proposé par M<sup>gr</sup> Pallu, C. fut agréé par le Pape, 9 sept. 1659, et sacré dans l'église de la maison professe des Jésuites de Paris, par l'arch. de Rouen, le dim. dans l'octave de la Toussaint 1660 (L₂ I. p. 46. alias en juin 1660); parti de Paris, 6 janv. 1661, par la Perse ; mort à Palacol, près de Mazulipatam, aux Indes, 16 août 1662 (Relation du voyage de M<sup>gr</sup> de Béryte. Paris 1666). Après lui, vacance jusqu'à la nomination de M<sup>gr</sup> Lopez. cf. S, p. 60. L₁₀ p. 538. L₂ t. I.

2. *Grégoire Lopez* (Lo), O.P. 羅文藻, 我存, né à Fou-ngan hien (Fou-kien), vers 1610; baptisé à 16 ans par le P. Antoine de S<sup>te</sup> Marie, O.S.F., le suit à Pé-king, puis en exil à Macao et à Manille, 1639 ; fait à Manille quelques études ; envoyé à Fou-ngan pour affaires, y reçoit l'habit de S. Dominique ; fait son noviciat, étudie la philosophie et la morale à Manille ; ordonné prêtre à Manille en 1656 (G₂ t. I, p. 392); travaille au Fou-kien et autres provinces ; — seul pendant la persécution de 1665 à 1671 (C₆); nommé par bref de Clément X, du 4 janvier 1674 (X₇ p. 218) év. de Basilée (il faudrait dire Basilinopolis, en 1<sup>e</sup> Bythinie ; dans la bulle on écrit Basilitanensis) et vic. ap. de Nan-king, avec l'administration des provinces de Pé-king, Chan-tong, Chan-si, Ho-nan, Chen-si et Corée. (Mêmes provinces qu'à M<sup>gr</sup> Cotolendi, avec la Tartarie en moins.)

Le P. Lo ne reçoit la nouvelle de sa nomination qu'en 1677 et écrit au pape pour refuser. La S. Congr. de la Propagande lui écrit et lui fait écrire par le P. Général des Dominicains à la fin de 1979, pour lui enjoindre d'accepter. Le Maître Général pose pour condition que la Province lui assignera un consulteur savant. Les lettres arrivent à Manille en 1681.

L'élu passe de Macao à Manille en mars 1683 pour s'y faire sacrer. A Manille, parce que ses bulles n'avaient pas passé par Madrid, et parce que la Province refusait de nommer le consulteur ($G_2$), Lopez étant partisan des rites chinois, il ne peut se faire sacrer. Rentré en Chine, il est sacré à Canton (Voir Anecdotes Or$^{les}$ ms. III. 1147), le 8 avril 1685, par M$^{gr}$ della Chiesa, arrivé le 28 août 1634, et prend pour vicaire général le P. François de Leonessa, O.S.F., compagnon de voyage de M$^{gr}$ della Chiesa ($G_2$ t. I. p. 394. 395 et $S_3$ p. 1149).

L'ensemble des faits semblerait indiquer que M$^{gr}$ L. avait quitté son ordre : cela est douteux cependant, car il n'acceptait l'épiscopat que pour obéir au Maître Général.

Il rejoint aussitôt son vicariat : on le voit à Ou-si et à Tchong-ming en 1686, à Nan-king en 1687, au Chan-tong.

Par lettre du 29 mars 1688, il avait reçu le pouvoir de se nommer un successeur ($G_2$ I. p. 395).

Le 1$^{er}$ août 1688, il conféra le sacerdoce à trois Jésuites chinois, le P. Paul Bañes (Wan) 萬其淵, 三泉 le célèbre P. Simon Xavier a Cunha (Ou) 吳歷, 漁山 ($S_5$. p. 1284) et le P. Blaise Verbiest (Lieou) 劉蘊德, 素公. Cf. $G_2$ t. I. p. 394. Ce n'étaient pas les premiers prêtres Jésuites chinois. Le premier fut le P. Emm. Tcheng (de Sequeira) 鄭瑪諾, 維信, qui avait été ordonné à Rome et était rentré en Chine dès 1671. M$^{gr}$ Lopez est sûrement le premier prêtre chinois, du moins dans les temps modernes, comme il est le premier évêque. Mais l'histoire de la Province du S$^t$. Rosaire, qui contient plusieurs erreurs à son sujet, se trompe en disant qu'il fut le premier religieux. Sans parler du 14⁰ siècle, ni des autres ordres, le F. François Marti- nez, scholastique de la C$^{ie}$, c. à d. destiné au sacerdoce, mourait en prison, des suites de tortures endurées pour la foi, le 30 mars 1606.   Le catalogue du P. Pfister compte 15 Jésuites chinois entrés de 1591 à 1634.   M<sup>gr</sup> Lopez fut bien le premier dominicain chinois.

Il fut nommé par bref du 10 avril 1690 *évêque* de Nan-king, sans délimitation de diocèse, mais il ne porta jamais d'autre titre que celui d'évêque de Basilée et de *vicaire apostolique* de Nan-king.

Il mourut à Nan-king ou près de Nan-king, le 27 février 1691 (Lettre autographe du P. Joseph Suarez S.J. de Pé-king, 10 avril, qui a reçu la nouvelle le jour même, par lettre du 4 mars 1691, du R.P. Joann. Francesco de Leonessa olim seu Provigario, e por morte e nomeaçao do dito S<sup>r</sup> succesor seu no Vicariato de Nan-kim — Dans les Anecdotes Or<sup>les</sup> III. 1225, extrait de lettre du même P. de Leonessa à M. Maigrot, de Nan-king, 5 mai 1691, disant e. a. «M. de Basilée a été enterré le 3 mai.»   C'était au cimetière de Yu-hoa-tai 雨花臺 (Tour de la pluie de fleurs). (B<sub>1</sub> et S<sub>7</sub> p. 60). (Et autres lettres de Leonessa dans G<sub>2</sub> t. I. p. 395.)

M<sup>gr</sup> Guillemin dit avoir vu une inscription placée par M<sup>gr</sup> Lopez sur le tombeau de son maître le P. Antoine de S. Marie. La voici (X<sub>3</sub> t. 22, p. 457).

A. R. P. F. Antonio a S. Maria Ordinis minorum Ministro et Præfecto vere apostolico ab exilio cantonensi ad cœlestem patriam evocato an MDCLXIX XIII kal. junii F. Gregorius Lopez Episcopus Basilitanus et Vic. Apostolicus Nankini Patri suo spirituali restaurato sepulcro lapidem hunc gratitudinis monumentum erexit.

M<sup>gr</sup> Lopez fut donc sacré assez longtemps après 1669, puisque le tombeau avait besoin déjà de restauration.

3.   *Jean-François Nicolai*, né à Leonessa (en latin de Nicolais a Leonessa), O.S.F., Italien.

Envoyé par la Propagande, avec M<sup>gr</sup> della Chiesa, 1680; vicaire général de M<sup>gr</sup> Lopez, réside avec lui à Nan-king; nommé par M<sup>gr</sup> Lopez pour son successeur avant le 28 août 1690, d'après les pouvoirs qu'il avait reçus par lettre du 29 mars 1688.

L'évêque de Basilée écrivait de Hang-tcheou à la Propagande, en espagnol, au sujet du choix de son successeur :

« Une autre raison qui me porte à choisir (pour successeur) ce Père (Leonessa) est qu'il est Italien de nation. C'est une condition bien utile à qui doit gouverner ces missions, s'il doit conserver la paix et être plus dépendant de la Sacrée Congrégation, ce qui serait très difficile à quelqu'un d'une autre nation. Car j'ai observé que chacune tire de son côté, et veut porter de l'eau à son moulin ; d'où tant de troubles et de déplaisirs. » (G. 2. t. I. p. 395).

Il est certain que L. gouverna l'église de Nan-king comme vicaire apostolique après la mort du prélat, auquel il succéda en vertu de son titre de provicaire et de sa nomination par le prédécesseur, jusqu'en 1697, où il partit pour Rome.

Nombreuses lettres dans les Anecdotes Orientales III et dans d'autres recueils mss, où il prend le titre de vic. ap. de Nan-king, sans être évêque ; entre autres des lettres où il fait acte d'autorité à Pé-king, comme administrateur, notamment lettre annulant l'excommunication portée par le P. Thomas Pereyra S.J. contre les Jésuites Français et lettre du 11 septembre 1693 à M. Maigrot dans *Historia cultus Sinensium*. Coloniæ 1700 p. 415.

En 1697, il fut élu évêque de Béryte (Beryten.) et vicaire apostolique du Hou-koang, où il n'alla point.

Il s'embarqua à Canton en mars ou avril 1697 pour Manille et l'Europe. En 1699, il était à Rome, beaucoup consulté par le S. Office sur la question des rites.

En novembre 1699, il est encore appelé *electus* episcopus Berytensis.

Il ne retourna pas dans les missions. D'après S₅ p. 1276, il fut sacré à Rome. P₅ § 30 p. 63 dit qu'il tint pour les rites «antequam episcopus Rosaliensis renuntiatus esset». S'il n'y a pas là une erreur de nom, il aurait été év. de Rosalie après Mgr de Lyonne, mort en 1713.

Il aurait été transféré à Myre en Lycie vers 1729. C₅ II. passim.

4. *François-Marie Spinola*, S.J., de Gênes, parti pour la Chine avec le P. Couplet, en mars 1692. + sur les côtes de Cochinchine, 7 juil. 1793.

D'après $S_5$ (ad ann. 1686, p. 1331), il avait été nommé év. de Nan-king par Pierre II de Portugal et confirmé par Innocent XII, le jour même où il mourait en Cochinchine.

Il est possible que la mort de Mgr Lopez (fév. 1691) ait été connue assez tôt en Europe pour permettre la nomination du P. Spinola. Il était donc destiné à être le premier titulaire de Nan-king. $S_3$ p. 1156 et $P_2$ p. 398.

Voir dans $P_5$ p. 83 § 34 la lettre d'Innocent XII à l'empereur confiée au P. Spinola, et écrite par le Pape le 2 sept. 1691.

5. *Alexandre-Louis (Ludovicus) Ciceri,* 羅歷山, 肋山 S.J., né à Côme, dans le Milanais, 27 mai 1637 ; entré dans la Compagnie, 1655 ; parti pour les Indes, 1674 ; miss. au Koang-tong, 1680.

Il fut nommé év. de Nan-king en 1695. Il avait ses bulles en octobre 1695, d'après lettre de Mgr della Chiesa, de Nan-king, 24 oct. 1695, dans les Anecdotes Or[les] III. Sacré à Macao, 5 fév. 1696, év. de Sabula ; év. de Nan-king, 15 oct. 1696 ; + à Nan-king en déc. 1704.

Il fut à proprement parler, le premier évêque de Nan-king. ($B_4$ et $P_2$ p. 500).

6. *Antoine de Silva* 林安多, S.J. né à Lisbonne, 13 janv. 1654 ; Jésuite, 19 mars 1669 ; profès, 15 août 1687 ; arrivé en Chine, 1695 ; miss. au Kiang-nan ; nommé év. de Nan-king, 1707, par le C[al] de Tournon.

Le P. Pfister dit : Il parait qu'il reçut les Bulles et fut sacré, mais sur l'ordre de... l'archev. de Goa, il donna bientôt sa démission.

On ignore la date de sa mort : il était encore caché au Kiang-nan, en 1725. cf. $S_7$ p. 61 et $P_2$ p. 614.

6'. *Joseph Monteiro* 穆若瑟, 文我, S.J., né à Lisbonne, 9 août 1646 ; novice, 17 déc. 1661 ; parti, 1677 ($F_3$) ; arrivé en Chine, 1680 ; profès, 15 août 1680 ; miss. à Ou-tch'ang, au Kiang-si, au **Fou-kien**, à Tchen-kiang; en 1693, nommé par l'arch. de Goa, vicaire général au Fou-kien, où Goa ne reconnaissait pas la juridiction de M. Maigrot. Deux fois vice-provincial ; nommé par la couronne év. de Nan-king; mais le Pape refusa les bulles; provincial du Japon à sa mort, décembre 1718.

(Voir Fou-kien). Cf. $C_6$ p. 440. $P_2$ p. 503.

7. *Antoine Paès-Godigno*, Portugais; sacré en 1718; renonce aussitôt au siège (G. p. 127).

8. *Emmanuel de Jésus-Marie-Joseph*, O. S. F., Portugais, missionnaire de Varatojo ($Y_4$ p. 14). Il était Franciscain, et non Carme. Le $B^x$ P. Sanz écrit : «Je viens d'être sacré par le P. Manuel de Jésus-Marie, religieux franciscain Portugais» ($A_3$ p. 350). $B_4$ a eu sous les yeux plusieurs pièces originales signées de lui et scellées de son sceau, qui porte les armes de l'ordre de S. François (croix avec deux bras [de J.C. et de S. Fr.] croisés).

D'après ces pièces, il était arrivé à Canton en mars 1723 et y était encore en 1724. Sacré, 30 mars 1721 ($G_1$ p. 127) ; arrivé à Macao, 22 juin 1722 ($M_3$ p. 56). Ceci est compatible avec l'arrivée à Canton en mars 1723. Expulsé de son diocèse, 1724. D'après Gaubil, il serait rentré en 1728 et aurait séjourné quelque temps. En tout cas il sacra le $B^x$ P. Sanz à Canton ou à Macao en 1730. Part pour l'Europe, 1734 ($M_3$ p. 2) $+$ à Lisbonne, 1734. ($X_7$ III p. 74. $S_7$ p. 61. $C_6$ p. 441).

8'. *Eugène de Trigueiros*.

Voir Macao. Cf. $S_7$ p. 61.

Dans sa première pastorale de prise de possession, datée de Macao, 9 nov. 1744, dont copie authentique aux archives de Zi-ka-wei, $M^{gr}$ de $S^{te}$ Rose dit qu'il succède à $M^{gr}$ de Jésus-Maria, sans parler de $M^{gr}$ de Trigueiros.

9. *François de Sainte Rose de Viterbe,* 方, O.S.F., Portugais, né, 1693, dans un faubourg de Crato, nullius dioecesis, provinciae Lisboanensis. Religieux mineur de l'Observance, du monastère de Crato, (Arrabida); ordonné prêtre vers 1717 ; présenté par le roi Jean de Portugal; confirmé par Benoit XIV, 26 novembre 1742 ; sacré à Lisbonne dans la basilique patriarcale par le $C^{al}$

patriarche, 17 février 1743; arrivé à Macao, 15 septembre 1744;
prend possession par lettre, 9 novembre 1744; nomme le P.
Antoine-Joseph Henriques S.J. futur martyr de Sou-tcheou, son
vicaire général (9 ou 14 nov. 1744. faute dans la copie); entré
dans son diocèse en déc. 1745 ou en 1746; semble être resté
dans Chang-chou hien, jusque en 1747; se cache à Teu-li, près
de Lo-yeu; + 2 mars 1750; enterré à Lo-yeu. Son tombeau a
été reconnu et ouvert le 11 novembre 1898. La relation existe
au district de Lo-yeu.

Dans une lettre de M$^{gr}$ de Laimbeckhoven, du 25 juil. 1780
(dans Chr. de Murr, Journal, t. XI. p. 197), 1 on lit: "in aprili
1750." Après 30 ans, M$^{gr}$ de L. a pu se tromper d'un mois (B$_1$).

*Rem.*: Il ne faut pas le confondre avec l'évêque de Macao,
son homonyme et son contemporain, ni avec son neveu ou cousin,
le P. François da Flor de Rosa, son secrétaire, Franciscain lui
aussi. Voir cette confution dans C$_5$ II. 288.

- 10. *Godefroid-Xavier de Laimbeckhoven*, 南懷仁, 裘德, S.J.,
né à Vienne, Autriche, 9 janv. 1707; novice, 26 janv. 1722;
prêtre, 1735.

Il célébra en effet, à Pâques 1785, sa cinquantaine de
sacerdoce (X$_{14}$ II. p. 84); arrivé à Macao, 5 août 1738; nommé
év. de Nan-king, 1752 (Bulles expédiées le 15 mai 1752); sacré
à Macao, 22 juil. 1756; à la mort de M$^{gr}$ de Souza, mai 1757, il
prend en main l'administration du siège, 31 août 1757, et y
envoie comme grand-vicaire le R. P. Joseph de S$^e$ Thérèse,
Carme déchaussé, désigné par la Propagande. L'év. de Macao
lui dispute la juridiction sur Pé-king, 1775.

En 1778, on lui donne pour coadjuteur M$^{gr}$ Bürger, à qui
tous les pouvoirs sont confiés, mais qui meurt peu après, 28
août 1780. + 22 mai 1787 à Tong-kia hang 湯家巷, près Song-
kiang; enterré à Sou-tcheou. (cf. C$_8$ 1079. P$_2$ p. 942 et S$_7$ p. 61).

On mit sur son tombeau l'inscription suivante, rédigée
intentionnellement en un style inintelligible aux païens.

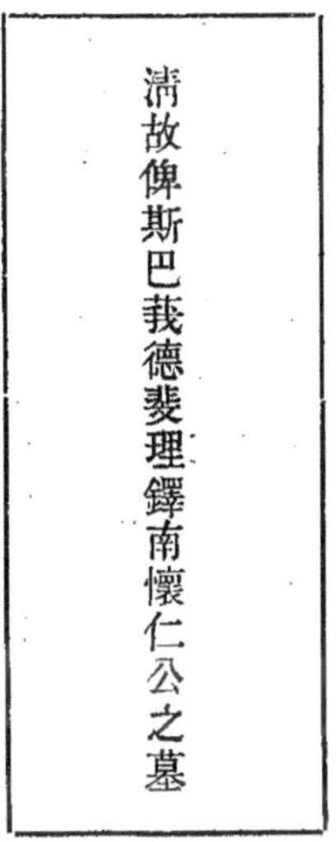

Voici maintenant le résumé de quelques lettres relatives à ce prélat dont il y a copie aux archives de Zi-ka-wei.

Nᵒ 20.  Lettre de la S. Congr. Propagand. à Mᵍʳ de L., 4 février 1779, annonce que pour le soulager, etc. a été créé, après nomination par la reine de Portugal, son coadjuteur avec future succession, *R. P. Nathanael Bürger, Ord. Min. Strᵗᵉ Observantiæ. episcopus Delconensis*, jam (gia = auparavant) *vicarii apostolici Chansi et Chansi coadjutor.*

La même S.C. au même, 17 *février* 1780.  Spero etiam pervenisse R.P. Nath. Bürger tuum in isto episcopatu coadjutorem, ad quem S. Congregatio mitti censuit facultates quas Ampl. Tua sibi confirmari postulavit. (D'après la lettre qui suit c'est le 17 novembre que la S.C. aurait écrit ce qui précède).

Mᵍʳ de L. répond de Song-kiang, 1 août 1781, exprimant sa douleur de ce que son coadjuteur est mort et de ce que lui-même est privé des pouvoirs dont il avait demandé le renouvellement et que la S.C. lui dit par lettre du 17 novembre 1780 (plus haut 17 février?) avoir envoyés à son coadjuteur.

11.  *Nathanael Bürger*, O.S-F., Bavarois; missionnaire au Chan-si; nommé par la Propagande év. de Delcon, en IIᵉ Thrace (Delconensis), et vic. ap. du Chan-si et du Chen-si, pour succéder

à Mgr Magi, démissionnaire pour cause de santé.   Il reçoit les
lettres en juin 1778.  Sacré à Si-ngan fou, par Mgr Magi, 18
oct. 1778.  Confie le Chen-si et le Hou-koang à Mgr Magi et
retourne au Chan-si.

Nommé coadj. de Nan-king avec future succession, le 2
juillet 1778 ($X_y$), jour où était nommé Mgr Damascène (1).   On lui
donnait presque tous les pouvoirs, retirés à Mgr de Laimbeckhoven.

Malgré la nomination de Mgr Sagoni, il est appelé jusqu'à
sa mort vic. ap. du Chan-si et Chen-si et coadj. élu ou simplement coadj. de Nan-king.

Il sacre Mgr Damascène, 2 avril 1780. + au Chan-si, le 28
août 1780, avant d'avoir reçu ses bulles de coadjuteur (Lettres
de Mgr de L.) (2).

D'après les 3 lettres de Mgr de Laimbeckhoven, dont copie
est conservée aux archives de Zi-ka-wei, malgré les circonstances
pénibles où il fut imposé au vieil évêque, il ne parait avoir eu
avec lui que des relations empreintes de confiance et de respect.
Cf. $P_2$ p. 942.

12.   *Eusèbe-Lucien Carvalho Gomes da Silva*, né à Paparia,
dans le Grand-prieuré de Crato, nullius dioecesis, 8 déc. 1763 ;
frère puîné, semble-t-il, de Mgr Marcellin-Joseph da Silva, évêque
de Macao ;  entré au séminaire des Lazaristes de Rilhasoles le
3 juil. 1779; parti pour les Indes, 14 avril 1786 ; prêtre, à Goa,
14 janvier 1787 ; nommé évêque de Nan-king, le même jour que
Mgr Marcellin, 14 juil. 1789 ; préconisé par Pie VI, le même
jour aussi, 14 déc. 1789 ; + à Goa, 30 mars 1790, à 26 ans,
sans avoir été sacré.

Le siège de Nan-king vaque ensuite 14 ans.  $C_8$ col. 1221.
$S_7$ p. 62. $O_1$.

Son portrait est dans $O_1$ ; cette biographie est dédiée à Mgr
Marcellin.

---

(1)  Cela n'est pas contraire aux lettres de la Propagande à Mgr de L. du 4
février 1779.  $X_5$.

(2)  Et lettre du P. J.P. Collas, ex-jésuite, de Péking, 2 oct. 1780, publiée
d'après l'autographe par M. Cordier, dans Revue de l'Extrême-Orient t. II, p. 301.

13. *Alexandre de Gouvea, O.S.F.*

Voir Pé-king. Cf. S₇ p. 62.

14. *Gaetan Pirès-Pereyra* 畢 學 源 (C₆ p. 891), né en 1769 au Portugal.

Tinha nascido no lugar da Ladeira, termo da villa do Carvoeiro, grão priorado do Crato. (M₃ p. 108).

Lazariste; arrive à Macao, 12 août 1800; miss. à Pé-king; confirmé, 20 août 1804 (G₁) ; sacré év. de Nan-king, en 1806, apparemment par Mᵍʳ de Gouvea; ne peut quitter Pé-king; X₁₄. t. 4. p. 558.

Administre son dioc. par des grands vicaires: MM. Miranda, de Castro, Henriques; administrateur de Pé-king, 1827; ✝ à Pé-king, 2 nov. 1838.

C'est le dernier évêque de Nan-king. S₇.

15. *Louis-Marie* (Ludovicus) *des comtes de Besi* 羅 額 思, né à Vérone; envoyé par la Propagande, 9 mars 1833 (archives de Zi-ka-wei), s'embarque à Bordeaux en 1833 et arrive à Macao en 1834. Missionaire, puis provicaire de Mᵍʳ Salvetti au Hou-koang; nommé administrateur de Nan-king avec pleins pouvoirs, par Mᵍʳ Pires, malade, par lettre du 1 octobre 1838 (X₃), un mois avant sa mort.

Vient au Kiang-nan, fin 1838 ou février 1839, mais retourne aussitôt au Hou-koang, pour éviter des malentendus avec M. Faivre, qui était aussi administrateur au nom de M. Henriques, vicaire général (S₁.).

Il est alors nommé administrateur de Nan-king par Grégoire XVI, 19 décembre 1839, ce qui est notifié par décret de la Propagande du 23 janvier 1840 (X₃).

Nommé évêque de Canope (vulgo Bouguier), en Iᵉ Egypte (Canopen.), et premier vicaire apostolique du Chan-tong, le 3 septembre 1839. Il est appelé ep. Canopi dans le bref (brefs datés du 10 janvier 1840, dont copie aux X₃). Sacré au Chan-si par Mᵍʳ Salvetti, 14 mars 1841. Arrive au Chan-tong vers Pâques 1841 (X₃ t. 16 p. 419), y nomme provicaire le P. Moccagatta, et part pour le Kiang-nan. Il pose la première pierre de la cathédrale de Chang-hai et part le soir pour l'Europe, 21 nov. 1817.

Annonce sa démission à M^gr Maresca par lettre du 3 juin 1848 (X_5). Mort à Rome, 1871.

N.B. C'est par erreur qu'on l'a dit administrateur de Péking. L'administrateur fut M^gr de Castro jusqu'en avril 1846, puis M^gr Mouly.

N.B. Colombel le fait venir au Kiang-nan en 1840 (p. 909), mais voir X_3 t. 16. p. 419. Il reçut ses bulles au sud du Hou-koang et alla se faire sacrer, comme il en avait ordre, au plus vite, par la voie du Ho-nan (B_3 p. 251. et S_7 p. 62).

*Note.* La juridiction n'ayant pas toujours été claire au Kiang-nan, de 1838 à 1842, il paraît à propos d'ajouter ici un mot sur M. Henriques, M. Faivre et M. Miranda.

A. *Dominique-Joseph Henriques,* né en 1804, Lazariste Portugais. Vicaire-général de Nan-king, au nom de M^gr Pires, après M. de Castro, 28 août 1832. Il était aussi désigné par la Propagande.

En 1836, il retourne à Macao, mais continue à gouverner et à correspondre avec la Propagande, à laquelle il envoie encore sa relation en 1840 (Arch. de Zi-ka-wei). Il avait pouvoir de subdéléguer et en usa en faveur de M. **Faivre**, supérieur des Lazaristes français, quand celui-ci quitta Macao pour aller au Kiang-nan.

M. Henriques vivait encore à Lisbonne à la fin de 1898.

B. *Jean-Ferdinand Faivre,* né à Château-des-près, Jura, le 7 février 1803; Lazariste, 6 août 1835; arrive à Macao, 14 octobre 1836 ; missionnaire au Kiang-nan (T'ai-tsang, Ou-si, Kiang-in), 19 juillet 1839 (ou 1840?) X_3 t. 16 p. 292, 302); supérieur des Lazaristes français ; délégué par M. Henriques comme vicaire général de Nan-king.

Malentendus avec M. de Bési, qui était aussi vicaire général. Visiteur général des Lazaristes français en Chine après M. Torrette (X_3 t. 16 p. 316, 317), fin de 1842.

A ce titre, quand M^gr de B., sans cependant outrepasser ses droits, interdit l'entrée de son diocèse à tout Lazariste qui

n'y travaillait pas actuellement, c'est lui qui par ordre de ses
supérieurs enjoignit à ses confrères de quitter le Kiang-nan au
plus tôt (1 nov. 1844) (S₁ p. 69).

Il se rendit ensuite en Tartarie, puis revint malade en France,
à Valfleury, Loire, 1846 + à la maison-mère de Paris, 2 mai
1864.

C. *Joseph-Joachim Pereira de Miranda*, né à Valle Passos
en 1776 ; Lazariste Portugais ; arriva à Macao, 1803: y fut professeur et supérieur du collège S. Joseph; était au Kiang-nan en
1830 (lettre du Bˣ Perboyre. C₆ p. 904) ; désigné par Mˢʳ Pirès
pour grand vicaire de Nan-king, il retourne bientôt à Macao.

Il fut proposé pour le diosèse de Macao, le 8 mars 1833,
mais ne fut pas confirmé.

Il fut aussi proposé par le Portugal pour le siège de Nan-
king, le 28 déc. 1842, après la mort de Mˢʳ Pirès, 2 nov. 1838;
il ne fut accepté par Grégoire XVI, qui était décidé à supprimer
l'évêché, que comme vicaire apostolique (Voir la notice de Mˢʳ
de Castro, infra p. 39). Le gouvernement refusa et M. Miranda
resta à Macao. Sa nomination donna lieu a un petit schisme à
Song-kiang fou (S₁. p. 93 seqq).

Il est mort le 4 novembre 1856 (X₁₉ 1913. p. 78).

16. *François-Xavier Maresca* 趙方濟. C'est le nom qu'il
porta au Kiang-nan, car au Hou-koang il s'appelait 馬 (note du
P.P. Hoang). Napolitain ; professeur au collège de la Sᵗᵉ Famille
de Naples ; miss. au Hou-koang; provicaire de Mˢʳ Rizzolati
(déjà en 1840. X₃ t. 13. p. 449) et supérieur des miss. de la
Sᵗᵉ Famille ; assista le Bˣ Perboyre dans sa prison ; délégué par
Mˢʳ de Bési pour visiter le Ho-nan par lettre du 6 mars 1843
(X₃); choisi par Mˢʳ de Bési en vertu d'un bref du 27 mars 1846
(X₅) pour son coadj. dans l'administration de Nan-king et év. de
Sola (Solen. sub archiepiscopo Salaminen.), choix approuvé à
Rome, 12 janv. 1847. Sacré à Kin-ka-hang 金家巷 par Mˢʳ de
Bési, le jour de la Pentecôte, 23 mai 1847; administrateur du
dioc. de Nan-king, par le démission de Mˢʳ de B., prend possession
par lettre du 2 février 1849 ; part pour l'Europe par ordre des

médecins, le 8 avril 1855, jour de Pâques ; + à Naples, 2 nov.
1855. cf. S₇ p. 62.

*Note.* Une union provisoire de Ou-si, Tchang-tcheou, etc.
avec le Tché-kiang avait été faite en 1844 sur la demande de
M^gr Rameaux (Archives de Z.K.W.). La rétrocession fut signée
à Chang-hai par M^gr Maresca le 7 octobre 1852 et approuvée
par la Propagande le 1 février 1853. Elle semble avoir été
effectuée dès 1850.

17. *Louis-Célestin Spelta,* 徐 類 思 (徐 伯 達):

Aloysius était son nom de baptême et Celestin son nom de
religion. En devenant évêque, il reprit son nom de Louis (notes
du P. P. Hoang) et signa L.-C. Spelta.

Piémontais ; mineur réformé ; nommé par M^gr Maresca év.
de Thespie, en Achaïe (Thespien.), et coadj. avec droit de succession, 26 août 1849 (X₅) ; sacré à Tsang-ka-leu 張 家 樓 par
M^gr Maresca le 11 sept. 1849 ; succède en nov. 1855 ; transféré
au Hou-pé, dont il est le premier vic. ap. 1856.

Il fait connaitre son départ du Kiang-nan, l'érection du
vicariat et le choix du P. Borgniet, par lettre écrite de Hong-
kong le 26 juil. 1856 (X₅); visiteur apostolique de la Chine, 24
janv. 1860. + au Hou-pé 12 sept. 1862 (X₃ 1862. p. 332. C₅ II.
289. S₇ p. 62.)

L'évêché de Nan-king est supprimé par décret de la Propagande du 21 janvier 1856. Il est remplacé par un vicariat
apostolique.

### 5.  Diocèse de Pé-king (1690-1856).

Il a été détaché de Macao, le 10 avril 1690.

Alexandre VIII, par bulle de ce jour, érige les deux diocèses de Pé-king et de Nan-king, sans en fixer les limites, laissant au roi de Portugal à délimiter, d'accord avec les évêques nommés, les trois diocèses, Macao, Pé-king et Nan-king. (Bullarium Romanum t. IX). Par trois brefs expédiés le même jour, le Pape nomme Mᵍʳ de Cazal pour Macao, en désignant les provinces qui lui reviennent (Voir plus haut, p. 12), Mᵍʳ della Chiesa pour Pé-king, et Mᵍʳ Lopez pour Nan-king, sans délimitation. Le roi de Portugal, dom Pedro, attribua à Pé-king, Chan-tong, Leao-tong, Chan-si, Ho-nan, Chen-si et Su-tchuen avec les îles et terres adjacentes (La Corée et la Tartarie ne sont pas nommées). C'est ce qui résulte de la bulle «E sublimi Sedis apostolicæ» du 15 octobre 1696 d'Innocent XII, qui réduit le diocèse de Pé-king aux provinces de Pé-king, Chan-tong et Leao-tong (Bullar. Rom.).

1. *Bernardin della Chiesa* O.S.F. Obs.  (On rencontre parfois *de Iglesias*, traduction espagnole de son nom, dont il n'usa jamais), de la province séraphique de Venise.

Envoyé par la Propagande comme coadjuteur de Mᵍʳ Pallu et pour être son suffragant, avec Basile de Gemona, Jean-François de Leonessa et deux autres. Pallu emmenait Maigrot et Leblanc (1680).

Sacré à Rome, 1680, dans l'église de la Propagande, évêque titulaire d'Argolis (Argolicen.) (G₁ p. 126).

Il ne semble pas avoir eu, au moins jusqu'en 1690, de territoire propre. Cependant Cordier (col. 1190) l'appelle vic. ap. du Yun-nan.

Il arrive à Siam en 1683, à Canton le 27 août 1684, presque au moment où Mᵍʳ Pallu mourait au Fou-kien.

Il sacre Mᵍʳ Lopez à Canton, le 8 avril 1685, puis va avec lui à Nan-king (S₃ p. 1276), où ils résident quelque temps ensemble. Il visite le Tché-kiang, le Fou-kien, le Kiang-si, le

Hou-koang (S₃ p. 1276), c.-à-d. les provinces laissées par Mgr Pallu à M. Maigrot.

Nommé en 1690 au siège créé de Pé-king, sur la présentation du roi Pierre de Portugal, il ne reçoit ses bulles qu'en octobre 1699, et prend possession au commencement de décembre de cette année.

Jusque là il n'a porté que le titre d'évêque d'Argolis et de vicaire apostolique sans spécification de province. (Correspondance de Mgr della Chiesa par extraits dans les *Anecdotes orientales*, ms. du 18ᵉ siècle à la Bibliothèque Nationale à Paris. Acta S. Congregationis de Propag. Fide 1677-1686, ms. de la Bibliothèque nationale à Paris. Lettres originales du même au British Museum, etc. (B₄).

Il alla ensuite résider à Lin-tsin tcheou 臨清州, Chan-tong. Il allait à Pé-king quand l'Empereur en était absent, y officiait dans les trois églises de la Compagnie et quittait avant le retour de la Cour.

+ 21 décembre 1721.

On a laissé à entendre que le prélat ne put vivre à Pé-king avec les Jésuites (C₃ II. p. 261). Ses relations avec eux étaient cordiales, surtout avec le P. Gerbillon et le P. de Fontaney (X₁₀ t. IX. p. 470. 471. 475 et S₃ p. 1276-1296). Le P. Antoine Thomas écrivait de Pé-king à son Provincial, 8 septembre 1688: «Floret interea, toto imperio fruens plena pace, res christiana, sub regimine duorum vicariorum ap(osto)licorum e D. Francisci (della Chiesa) et D. Dominici (Lopez) familia, qui Soc(ieta)tem nostram ita diligunt et fovent ut ejus membra esse videantur.» (Edité par Bosmans S.J. dans Archiv. für die Naturwissenschaften und der Technik. Band I. 1909 p. 41). On n'ôtera rien à la gloire de nos évêques en constatant qu'ils ont su garder le plus charitable accord avec les religieux de tous les ordres. (C₃ II. 245. 288. 290. C₈ 918. P₃ p. 158. 168, etc. L₁₀).

1'. *Antoine dos Reys*, refuse, + 19 mai 1738 (G₁).

2. *François de la Purification*, O.S.A., natif de l'Inde (Y₄ p. 7), religieux augustinien (ibid); élu en 1725 au plus tard, G₁ dit

1723), sacré à Goa le 16 décembre 1725 (*Mitras lusitanas* dans le Boletim. 14ᵃ Serie p. 412).

+ à Macao en 1734 ou tout au commencement de 1735. En effet, le bref de Clément XII, du 26 septembre 1735, a pour titre: Revocatio duarum epistolarum pastoralium b.m. Francisci, episcopi Pekinensis, *nuper* defuncti, die 6 julii et die 23 decembris 1733 éditarum. Cité dans la bulle de Benoit XIV du 11 juillet 1742 sur les rites chinois, n° 19. (Juris Pontificii de Prop. F. pars I. t. I. p. 463). $X_6$ p. 227. $C_6$ p. 726. G p. 126. $M_3$.

3. *Polycape de Souza* 索 智 能, 睿 公, S.J. né à Coïmbre, 26 janvier 1697; novice, 31 octobre 1712; arrivé en Chine, 26 août 1726, avec l'embassade de Jean V; profès, 8 décembre 1732; confirmé évêque, 19 décembre 1740; sacré à Macao, 1741. Selon d'autres il aurait été sacré au Fou-kien par le B. Sanz ($C_6$ p. 733).

+ à Pé-king, 26 mai 1757. (Sic inscription tumulaire. Mᵍʳ de Laimbeckhoven écrivant au Pape, dit: 22 mai, à plusieurs reprises. Arch. de Zi-ka-wei). (Voir $P_2$ p. 877 et $X_6$ t. I. p. 477).

4. *Godefroy de Laimbeckhoven*, S.J.

Voir à Nan-king.

5. *Jean-Damascène Salutti de la Conception* O.S.A., missionnaire à Pé-king; nommé évêque de Pé-king, 20 juillet 1778 ($G_1$); sacré au Si-tang, église de la Propagande, par Mᵍʳ Bürger, avant d'avoir reçu ses bulles, le 2 avril 1780. Il ne fut reconnu ni des Portugais, ni des Français. L'archevêque de Goa, averti par le P. d'Espinha, envoya un blâme à Mᵍʳ Damascène, qui mourut d'apolexie, à Pé-king, 16 septembre 1781. Mais la S.C. de la Propagande approuva la conduite des deux prélats. $P_2$ p. 1118-1120.

5'. *Joseph d'Espinha* 高 慎 思 若 瑟, S.J., né à Lamego, Portugal, déc. 1722, (le 8 d'après le catalogue de 1754, le 25 d'après l'inscription tumulaire) ; cf. $G_8$ p. 1067 et $P_2$ p. 396 ; entré au noviciat, 6 juin 1739 (catalogue de 1754, le 5 d'après l'inscription); miss. à Pé-king; provincial à la suppression de la $C^{ie}$. Crétineau-Joly, t. V. ch. 6, dit qu'il fut administrateur du diocèse. En réalité l'administrateur de droit et de fait à la mort de Mgr de Souza, 26 mai 1757, était l'évêque de Nan-king, qui gouvernait par son vicaire général, le R. P. Joseph. L'évêque de Macao, lui disputa son droit et nomma pour son vicaire général le P. d'Espinha, 1775. Le 22 sept. 1775, le P. d'E. promulgua le bref de suppression de la Cie, mais sa promulgation fut considérée comme nulle. Le 15 nov. le R. P. Joseph fit la promulgation au nom de Mgr de Nan-king et fut obéi aussitôt.

Les Portugais tenaient pour Macao, les Français et les Propagandistes pour Nan-king.

Le sacre précipité de Mgr Damascène, dont 7 missionnaires sur 20 reconnurent l'autorité, ne fit que compliquer la situation.

Le schisme ne fut éteint qu'à l'arrivée de Mgr de Gouvea.

+ à Pé-king, 10 juillet 1788. P₂ p. 1118, 1051.

Cette notice, en fait, ne devrait pas figurer ici, le P. d'E. n'ayant pas eu juridiction. Nous la mettons à cause du schisme de Pé-king.

6. *Alexandre de Gouvea* 湯 士 選, du Tiers-Ordre de S. François (X₁₄. t. II. p. 321). Nommé, 22 juillet 1782, il arrive à Macao, le 5 juillet 1784, à Pé-king, en janvier 1785 (C₃. II. 288. X₁₄. t. II. p. 38. 55).

A son arrivée, le schisme cesse. + à Pé-king, 6 juillet 1808.

A la mort de Mgr de Laimbeckhoven, il fut administrateur du diocèse de Nan-king, jusqu'à la nomination de Mgr Pires-Pereira, qu'il sacra à Pé-king. En effet, Mgr Carvalho da Silva ne prit pas possession. 1787-1804.

7. *Joachim de Souza-Saraiva*, Lazariste Portugais. Nommé évêque de Tipasa, en Numidie (Tipasitan.) et coadj. de Mgr de Gouvea, le 20 décembre 1804 (X₁₀. 1913. p. 77), il ne peut obtenir d'aller à Pé-king (persécution de 1805).

A la mort de Mgr de Gouvea, il devient évêque de Pé-king, mais il ne peut s'y rendre. + à Macao, 6 janvier 1818. X₁₄. t. II. p. 55. t. IV. p. 370.

8. *Cajétan Pires-Pereyra*.

(Voir Nan-king).

8'. *Monteiro da Serra,* né à Bombarral, Beira ; Lazariste Portugais, missionnaire à Macao, 1804, puis à Pé-king, au tribunal des mathématiques. En 1827, il retourne à Macao et en 1830 au Portugal.

Il fut proposé pour l'évêché de Pé-king (1828) mais il ne fut pas confirmé par le S. Siège, qui voulait supprimer ce diocèse ($M_3$ 21 mars 1828). + à Bombarral, 9 octobre 1852 ($X_{19}$. 1913. p. 77).

9. *Jean de França-Castro e Moura,* né à Penafiel, dioc. de Porto, 10 mars 1804 (Annuario pontificio 1863 p. 198); Lazariste Portugais ; arrive en Chine en 1830. Vicaire général de M$^{gr}$ Pirès pour Nan-king, 1831, avant M. Henriques. Il se rend ensuite au Chan-tong et est nommé vic. général de Pé-king, 1833.

A la mort de M$^{gr}$ Pirès, 1838, il administre le diocèse de Pé-king comme vicaire général. Il résidait à Hou-lin-tien ($F_4$ p. 248).

Le Portugal le propose pour évêque de Pé-king, 25 février 1841, et M. Miranda pour évêque de Nan-king. Grégoire XVI le nomme évêque titulaire de Claudiopolis en Isaurie et vicaire apostolique du Tche-li, ce qui supprimait le diocèse de Pé-king, déjà réduit en 1839 à la seule province du Tche-li. M. Castro n'accepta pas et continua à administrer comme vicaire-général.

Il parait que dès le début de ces négociations, M$^{gr}$ Mouly, vicaire apostolique de Mongolie, avait sa nomination au Tche-li pour le cas où M$^{gr}$ de Castro n'aurait pas consenti à être vicaire apostolique ; mais il l'aurait tenue secrète jusqu'en 1846. Cependant M$^{gr}$ Mouly ne fut vicaire apostolique de Mongolie qu'en 1840 ($S_6$).

Un bref du 29 avril 1846 enleva à M$^{gr}$ de Castro toute juridiction et nomma M$^{gr}$ Mouly administrateur.

Le S. Siège refusa également M. Miranda, mais donna, dès 1839, l'administration de Nan-king à M$^{gr}$ de Bési, déjà nommé par M$^{gr}$ Pirès.

M$^{gr}$ de Castro se retira en 1847 à Macao, d'où il rentra au Portugal comme simple *operarius,* les Lazaristes Portugais étant supprimés.

En 1858, il se joignit à la province de Portugal reconstituée par les Lazaristes Français.   La Province fut supprimée en 1862 par le gouvernement, qui le nomma évêque de Porto.   Pie IX le força d'accepter, 21 mai 1862 (Annuario Pontificio 1863. p. 198) + 16 octobre 1868 ($X_{19}$. 1913. p. 78).

A son départ en 1846, il y eut un essai de schisme à Pé-king au Nan-tang, mais il cessa vite.

*Rem.*   Mgr de Castro reconnut sans hésitation la création des vicariats de Mandchourie, de Mongolie, 1838, du Chan-tong, 1839 ($L_8$ p. 103. 147).   La correspondance de $C^{al}$ Préfet de la Propagande parle de lui comme d'un prélat plein de bonnes dispositions ($X_8$), mais il n'était pas très libre de ses actions.

10.   *Joseph-Martial Mouly.*

Voir Tche-li septentrional.

11.   *Jean-Baptiste Anouilh.*

Voir Tche-li.

Le 21 janvier 1856, Pie IX supprime le diocèse de Pé-king, remplacé par trois vicariats apostoliques.

## 6. Les légations apostoliques en Chine.

1. *Charles-Thomas Maillard de Tournon*, né à Turin, 21 déc. 1668 ; préconisé patriarche d'Antioche, 5 déc. 1701 ; sacré par le Pape, 21 déc. 1701; légat a latere; parti le 2 juillet 1702; arrivé.à Canton, 2 avril 1705 ; à Pé-king, 4 déc. 1705 (ou 14?). Il quitte Pé-king, 28 août 1706 ; séjourne à Nan-king, 17 déc. 1706-17 mars 1707; arrive à Ganton, 24 mai 1707, à Macao, fin juin. Excommunié par Mᵍʳ de Cazal et interné dans le couvent des Franciscains, il est créé cardinal-prêtre, 26 août 1707, reçoit la barette, le 17 janvier 1710 et + à Macao, 8 juin 1710, jour de la Pentecôte. On lui fait des funérailles solennelles. Cf. Appendice I. § 2.

Nom chinois : To-lo. Je n'ai pas trouvé les caractères.

2. *Charles-Melchior Mezzabarba*, nommé patriarche d'Alexandrie, légat a latere, visiteur Apostolique des Indes, de la Chine et des royaumes voisins, part de Rome en mai 1719; part de·Lisbonne, 24 mars 1720 ; arrive à Macao, 23 sept. 1720 ; quitte Pé-king, 4 mars 1721. Il écrit une lettre pastorale à Macao, 4 nov. 1721 et quitte Macao, 8 déc. 1721, dans l'intention de·revenir. (Y₄. 6 mai 1721 et p. 127 — C₆. p. 615-620).

3. *Gothard* et *Ildefonse*.

Kang-hi étant mort peu après le départ de Mᵍʳ Mezzabarba, le Pape n'envoya plus de cardinal. Deux religieux carmes, le P. Gothard 鄂達爾 et le P. Ildefonse 伊爾方, furent alors envoyés par Benoit XIII à Canton, fin de 1725, puis à Pé-king. Ils repartirent peu après, sans avoir eu grand succès. (C₆. p. 664).

——— →≒∹✶✳✶∹≒← — ———

# IIIᵉ PARTIE.

# LA CHINE DEPUIS 1696.

## I. Vicariat Apostolique d'Amoy.

(Frères Prêcheurs de la Province du Très Saint Rosaire des Philippines).

### 1. Historique.

Le vicariat a été séparé de celui du Fou-kien, par décret du 3 décembre 1883.

Il comprenait Formose, qui appartenait alors à la Chine, Ts'iuen-tcheou et Tchang-tcheou. A l'audience du 14 juillet 1913 (Décret *Quo feliciter*, du 19 juillet), cette ile en fut détachée et trois autres préfectures du Fou-kien lui furent adjointes. (X₁. 1913. p. 433).

Voir I Partie. 2) Zaiton. p. 3.

### 2. Préfectures civiles.

| | | | |
|---|---|---|---|
| Ts'iuen-tcheou fou | 泉 州 府 | Long-yen tcheou | 龍 巖 州 |
| Tchang-tcheou fou | 漳 州 府 | Yong-tch'oen tcheou | 永 春 州 |
| Hing-hoa fou | 興 化 府 | | |

1. *André Chinchon,* 楊 德 胁 O.P., né à Ocaña, Espagne, le 14 février 1838 ; profès, 18 déc. 1856 ; prêtre, 23 février 1860, à Avila ; miss. à Manille, puis à Formose ; préconisé év. de Rosalie, en Pisidie, et premier vic. ap. d'Amoy, le 11 (13?) déc. 1883 ; sacré à Manille, le 11 avril 1885 ; + à Amoy, le 1 mai 1892.

Le nom chinois sur le passe port est 陽 諧 德 胁. G₂ III. p. 89. X₁₃ 1892 p. 312.

2. *Ignace Ibañez* 馮乃士 O.P., né à Toro, dioc. de Zamora, en Espagne, le 7 juin 1848; dominicain, 11 sept. 1866;
miss. au Fou-kien, 6 mars 1872; nommé, év. d'Amizone en
Carie (Amizonien.) et vic. ap., 4 mai 1893; publié, 15 juin 1893
($X_2$ p. 256); sacré, 7 oct. 1893; + 14 oct. 1893 (M$^{gr}$ Clemente)
$X_{15}$ 1893, p. 575.

3. *Etienne Sanchez de las Heras* 周鎰鑑 O.P., né à Pam-
pelune, le 3 août 1851; dominicain, 13 sept. 1868; miss. en
1880; nommé év. de Zarai, en Numidie (Zaraiten.) par bref de
janvier 1895; publié, le 18 mars 1895 ($X_2$ p. 104); sacré le 12
mai 1895; + le 2 juillet 1896 à Amoy.

Sur le passeport le second caractère est abrégé 益.

Cordier, 1210, le fait mourir le 21 juillet.  Pfister aussi.

4. *Alexandre Canal,* 趙範希 O.P., né à San Felice de
Valdesato, dioc. d'Oviedo, le 20 janv. 1852 ($X_{15}$ 1899) ($C_8$ dit 2
janv.); dominicain, le 22 nov. 1870; miss. en Chine, le 12 nov.
1876; nommé év. d'Ascalon, en I$^e$ Palestine (Ascalonitan.) et
vic. ap. par bref du 23 nov. 1898; était mort, à Amoy, le 30 oct.
1898.  ($X_{15}$ 1899 p. 35) (de M$^{gr}$ Clemente).

Publié le 28 nov. 1898.  ($X_2$ p. 444).

5. *Isidore-Clément Guttierez,* 黎誠輝 O.P., né à Monte-
hermoso, dioc. de Coria, en Espagne, le 4 avril 1853; dominicain, le 15 janv. 1878; ordonné prêtre, le 25 mars 1882; miss.
à Formose, 1 nov. 1883; vic. provincial à Formose, 2 avril 1894;
élu év. d'Augilas, en II$^e$ Lybie (Augilen.), et vic. ap. le 7 août
1899; publié, le 14 déc. 1899; sacré, le 11 mars 1900 au Tong-
king par M$^{gr}$ Terres, O.P. (de M$^{gr}$ Guttierez).

## II. Vicariat apostolique
## du Chan-si et Chen-si jusqu'en 1844.

### 1. Historique.

Le vicariat a été séparé du diocèse de Pé-king, le 15 octobre 1696.

Les deux provinces paraissent avoir été réunies aussitôt après M<sup>gr</sup> Basile et M<sup>gr</sup> Posateri. Elles ont été parfois séparées de fait, par exemple entre un vicaire apostolique et son coadjuteur. Mais la séparation effective n'a eu lieu qu'en 1844.

La juridiction du vicaire apostolique s'est étendue au Houkoang, de 1762 à 1838.

Le Kan-sou et une partie de la Mongolie n'ont été isolés que plus tard, 1878.

---

La liste ne contient que des Franciscains.

*Note.* Gams met ici Jean Pin. C'est une erreur. Voir Tché-kiang.

1. *Basile Brollo* 葉宗賢 O.S.F., né à *Gemona*, 25 mars 1648; entré à 18 ans chez les Mineurs réformés, prov. de Venise; envoyé en Chine, 1680, avec M<sup>gr</sup> della Chiesa, Leonessa et 2 autres; arrivé en 1684.

Il semble avoir été vicaire de M<sup>gr</sup> della Chiesa, et visiteur épiscopal du Hou-koang; prêche au Siam et revient en Chine; nommé vic. ap. du Chen-si; 1696; part de Nan-king avec Castrocaro, mi-mars 1701; arrive à San-yuen hien 三原縣, Si-ngan fou, 11 avril 1701.

M<sup>gr</sup> della Chiesa l'a-t-il sacré avant de quitter Nan-king? Il semble que non, car le P. de Fontaney qui les a connus intimement à Nan-king et qui partit pour l'Europe en juin 1703, écrit: le R. P. Basile, vicaire apostolique du Chen-si; or il dit toujours M. d'Argolis, en parlant de M<sup>gr</sup> della Chiesa.

Voir X<sub>10</sub> t. 9. p. 474, deux lettres plus que cordiales du P. Basile à Fontaney. Et notons que plusieurs des vic. ap. de 1696 n'eurent pas de titre épiscopal. + 16 juil. 1704.

Cette date est fixée par une lettre de Mᵍʳ de Castrocaro, datée de Si-ngan, 17 sept. 1706.

Mᵍʳ Basile est souvent appelé par erreur, de Glemona.

Il parait avoir composé le premier dictionaire chinois. Le P.H. Couvreur dit: «Ab aliis missionnariis elaboratum P. Basilius a Glemona (sic) rescripsit et De Guignes Parisiis vulgavit.» (Dict. ling. sin. lat. Ho-kien fou 1877. Procemium).

2. *Antoine*, O.S.F., né à *Castrocaro*, Toscane ; envoyé par la Propagande, 1697; arrive en Chine, 1699; accompagne Mᵍʳ Basile au Chen-si, 1701; était provicaire à la mort de Mᵍʳ Basile; fut évéque de Loryme en Carie et vic. ap. du Chen-si et du Chan-si, 1716; + 5 juil. 1727, d'apoplexie en montant à l'autel (C₅ II. p. 266).

Le R.P. Brucker a eu sous les yeux l'autographe d'une lettre du P. Kögler S.J. de Pé-king, 8 nov. 1717, où il est appelé *recens* vocatus episcopus Lorimensis et vic. ap. Chen-si.

3. *M. Laghi*, O.S.F.

Gams a (p. 127) «sed. 1721.» Il aurait ainsi été coadj. de Mᵍʳ de Castrocaro. Mais cela n'est pas sûr du tout.

4. *François Saraceni*, 方, O.S F., né à *Conca* ; év. de Loryme, en Carie (Lorymen.), 1731-1741. + à Si-ngan fou, 1 déc. 1741, à 62 ans.

On l'a parfois confondu avec Mᵍʳ de Castrocaro, qui était aussi év. de Loryme. Cf. X₁₀ t. 12. p. 200.260. — Cf. C₅ t. II. p. 265.266. Mais le même met (p. 288) pour Mᵍʳ de Castrocaro 1717-1724 et pour son successeur Mᵍʳ de Conca 1714-1724.

Mᵍʳ Maurice nous écrit: "Nous l'avons retrouvé avec mitre et crosse dans son cercueil."

5. *François-Marie Ferreri*, O.S.F. *d'Asti*, était en Chine avant 1724; provicaire de Mᵍʳ Saraceni de Conca, pour le Chan-si ; nommé év. d'Ephestum en Iᵉ Augustamnique (Hephestien.) et coadj. de Mᵍʳ Saraceni (C₅).

Il résidait à Kiang tcheou 絳州, dut fuir en Tartarie, puis à Pé-king; + d'apoplexie à Kiang-tcheou 絳州, avant Mᵍʳ de Conca, 1738. (C₅ II. p. 267, 288).

André Ly p. 370 dit qu'il fut nommé coadj. de Mgr Müllener et mourut avant d'arriver au Se-tch'oan. A. Ly doit confondre avec le P. François d'Ottaiano. Confusion facile: deux François, Franciscains, Italiens, miss. au Chen-si, morts à peu d'intervalle. La mort de Ferreri ne pouvait pas être connue à Rome, quand on signa les brefs de Maggi, nov. 1738. On n'aurait pas privé Mgr Saraceni de son coadjuteur. A. Ly aurait dit Mgr et non le R.P. si le coadjuteur avait déjà été évêque. Enfin A. Ly n'a connaissance que *d'un* Franciscain avant Maggi: or Ottaiano est sûr.

Il est appelé Mgr da Ferrere dans la copie d'une relation en italien envoyée par lui du Chen-si au procureur de la Propagande, le P. Miralta (B₁).

On trouve encore ailleurs François da Ferrere, comme si Ferrere n'était pas son nom propre, mais son nom d'origine. (M₇ p. 39).

6. *Eugène Piloti*, O.S.F. (Son nom de baptème était Laurent), né à *Bassano*, 16 mars 1699; entré chez les Franciscains, à Bassano, 26 oct. 1715; parti pour la Chine, 1730; nommé coadj. de Mgr de Conca, à la place de Mgr Ferreri d'Asti, (en 1739 selon Civezza, et selon Mgr Maurice) et év. de Portimea; succède à Mgr de Conca. + 20 déc. 1756 à Kiang tcheou, 絳 州 (C₃. p. 288. 296).

Cette date est confirmée par André Ly (p. 409) qui dit: 30 déc. 1756 càd. Kien-long 21, 11e mois, 10e jour. Or ce jour était le 20 déc. 1756, non le 30. Il ajoute que le coadj., qu'il ne nomme pas, était relégué à Macao, et qu'il n'y avait pas alors d'autre vic. ap. dans toute la Chine. André Ly ne se trompe pas, mais il y avait les évêques de Nan-king et de Pé-king.

André Ly écrivait à Mgr Piloti, le 15 avril 1752 et le 21 déc. 1754, comme si le prélat était administrateur du Se-tch'oan (p. 204. 206 et 318). cf. C₃ II. p. 267.

Il fut enseveli à Kiang tcheou, d'après une relation du prêtre chinois Vital Kiao au ministre général de l'Ordre, datée 17 cal. Oct. 1757. Mais la sépulture est à présent inconnue.

6'.   *Thomas Ouang.*

On dit dans L₆ p. 319 "Thomas Ouang, illustrissime coadjuteur et provicaire de M^gr Piloti". Il semble bien que le mot
coadjuteur ne doit pas être pris au sens propre.

6".  *Jean-Antoine Boucher*, O.S.F.

Toscan, sacré év. de Rosalie, le 3^e dimanche d'avent 1753;
pris à 漢 中, le 16 déc. 1755; mort à Macao en 1758 (de M^gr
Maurice).

7.  *Jean-Baptiste Maoletti* (peut-être 李 成 功) O.S.F., de
*Serravalle;* évêque élu de Magedon, 1761; mort au Chan-si, 1761,
avant son sacre.

Voir Hou-koang. Les dates de part et d'autre ne concor-
dent aucunement. Mais la similitude des noms est singulière.
(de M^gr Maurice).

Le Hou-koang est uni au vicariat du Chen-si, 1762.

8.  *François-Marie Magi.* 方, O.S.F., né a *Dervio,* dioc. de
Milan, vers 1723; arrivé à Canton, 1759 (X₁₀ t. II. p. 110); à
Si-ngan fou en 1762 (X₁₀ p. 112); nommé par Clément XIII év.
de Miletopolis en Hellespont (Miletopolitan.) et vic. ap. du Chan-
si et du Chen-si; sacré en 1766 (ibid. p. 112). Donne sa démission pour cause de santé. Sacre son successeur M^gr Bürger, à
Si-ngan fou, le 18 oct. 1778.

Etant rétabli, il administre le Chen-si et le Hou-koang
comme délégué de M^gr Bürger.

Sacre encore à Si-ngan fou, le 24 février 1781, M^gr Sacconi,
successeur de M^gr Bürger.

D'après le B^x Dufresse (ibid. p. 114), il se rend ensuite à
Tai-yuen fou, M^gr Sacconi restant au Chen-si. Arrêté au Chen-
si (?) il meurt en prison à Pé-king, le 13 février 1785. (Sic B^x
Dufresse ibid. p. 323). Il avait 62 ans.

Voici le texte de son inscription tumulaire, à T'ai-yuen fou.
Le latin met 1772 et le chinois 1762. Or Clément XIII mourut
en 1769.

## D. O. M.

Ill[mus] ac R[mus] D. Fr. Franciscus Magi de Dervio, Italus, Mediolanensis, Ordinis Minorum Reformatorum, a S. Congregatione de Propaganda Fide in Sinas missus anno MDCCLXXII, pauloque postea a Clemente XIII. P.M. Episcopus Miletopolitanus creatus, ac Vicarius Apostolicus Xansinensis electus, causa fidei captus, ac Pekinum ductus, ibidem ærumnis, laboribus, ac morbo confectus, pie ac gloriose in vinculis pro Jesu Christi nomine obiit die XIII Februarii anni MDCCLXXXV, ætatis suæ LXII.

方濟各係意大里亞國人聖方濟各會

修士於乾隆廿七 1762 年到中國傳教未

幾奉格肋孟德第十三位教皇簡命陞

聖方濟各會方公之墓

受彌肋德府主教乾隆四十九年爲天

主忍受多苦因此染恙堅貞耀信以卒

世時五十年正月初五日年六十二歲

(Nous devons beaucoup pour cette notice au P. Tournier S.J.).

*Note.* "Episcopus Miletopolitanus reipsa misit ad hanc Sanctam Sedem Libellum suum seu vindicias novas a nota superstitionis pro cœremonia ko-teu. Quod vero metueras ne te inscium et inconsultum iis vindiciis faceret subscriptorem, vere non fecit. Itaque fidei erga te reus non est sed tantum inobedientiæ erga Apostolicas Constitutiones, de qua graviter meruit increpari."

(Lettre du C[al] Antonelli, préfet de la S.C. de la Propagande, 29 janv. 1782 à Mgr de Laimbeckhoven. X., Cahier de Mgr de Laimbeckhoven p. 101).

9. *Nathanael Bürger* O.S.F.

Voir Nan-king, p. 29.

10. *Marie-Antoine Sacconi*, 康安當, O.S.F.. Son nom de baptême était César-Vincent-Bienvenu. Né à Osimo, 27 mars 1741 ; prend l'habit chez les Mineurs de l'Observance, à Monte-baroccio, 17 février 1757 ; s'embarque à Gênes pour la Chine, 5 février 1771 ; attend plus d'un an à Cadix, arrive à Macao au début de 1773 et au Chan-tong en octobre 1773.

Il fut nommé vicaire apostolique du Chan-si et du Chen-si par décret de la Propagande du 15 août 1778, nomination approuvée par Pie VI, le 9. Il ne fut pas nommé coadjuteur parce que Mgr Magi avait démissionné et que Mgr Bürger avait été nommé coadj. de Nan-king.

Il reste au Chan-tong jusque en novembre 1780, et ne prend possession de son vicariat que le 23 décembre 1780, après la mort de Mgr Bürger.

Sacré évêque de Domitiopolis, en Isaurie (Domitiopolitan.) à Si-ngan fou, par Mgr Magi, le 24 février 1781.

Arrivé au Chan-si en 1782.

Pendant la persécution, il reste caché chez la famille Wang, à Ki hien 祁 縣, T'ai-yuen fou.

En décembre 1784, comme ses chrétiens étaient persécutés pour découvrir son refuge, il se rend à T'ai-yuen et se livre au vice-roi la veille de Noël.

Conduit à Pé-king après quelques jours, il est mis dans la prison publique et y meurt, le 5 février 1785 ($X_{14}$ t. II. p. 78, 110, 325. etc. Arch. de T'ai-yuen fou).

La cause de béatification avait été engagée en Italie avant la Révolution française, et est reprise.

(Note du P. Tournier prise aux archives de la Propagande. Note du P. Ricci prise aux archives de T'ai-yuen fou). $M_7$.

11. *Mariano,* O. S. F. 經 d'après son tombeau, 金 d'après Mgr Timmer ; né à *Norma,* au Latium ; missionnaire de la Propagande, au Chan-tong, vers 1762 (Bx Dufresse. $X_{14}$ t. II. p. 326) ; se livre lui-même, 1785 ; sort de prison, 19 novembre 1785

(p. 271); et est retenu à Pé-king par M<sup>gr</sup> de Gouvea; élu évêque
de Magydus en II<sup>e</sup> Pamphylie (Magiden.), 1787 (M₄); sacré 12
avril 1789 (G₁) ; + d'apoplexie, 6 (7 ?) avril 1790, à Chao-kia-
ling, près de Lou-ngan fou, 趙 家 嶺, 襄 垣 縣 (inscription
tumulaire).

Locus ✠ Pacis

Illustrissimi ac Revm̃i Episcopi Mariani 經 a Norma in Latio
ex M.M S. Francisi sobole, qui animam et opes pro fratribus et
filiis carceribus inclusis tradere non dubitavit.  Coram mandari-
nis trusus, Pekini in arcta custodia pro fide et charitate traductus,
liberatus Chansi contendit.  In Chao kia lin dormiens fumo
suffocatus obiit die VI aprilis MDCCXC et a Christianis in agro
sepultus est.  Cujus reliquias an. MDCCCLXV die XX Aprilis
in Ecclesiam translatas Illustrissimus ac Revm̃us Episcopus
Gregorius Grassi in hunc novæ Ecclesiæ locum transtulit anno
Domini MDCCCLXXXIII.

L'inscription chinoise n'existe pas.

*Rem.*  Il y a aux archives de Zi-ka-wei une lettre du C<sup>al</sup>
Castelli, préfet de la Propagande, à son sujet, 20 sept. 1774, à
propos de la cérémonie du ko-teou. Le C<sup>al</sup> l'appelle P. Marianus
a Norma, ord. min. obs. S<sup>i</sup> Francisci, missionnaire à Pé-king.
Le Chan-tong était en effet du diocèse de Pé-king.

12.  *Crescentien (ou Crescent) Cavalli d'Aporedia,* 伊. O.S.F.
ou Crescentien d'Ivrée, né au diocèse d'Ivrée, vers 1754 ; missionnaire de la Propagande au Chan-tong, 1783 ; livré par un
traître en 1785 (X₁₄. II. p. 326.  Lettre du B<sup>x</sup> Dufresse, et p.
140. 273) et jeté en prison à Pé-king ; à sa sortie de prison, 9
mois après, 9 nov. 1785, retenu à Pé-king, par M<sup>gr</sup> de Gouvea
(ibid. p. 271) et chargé du Nan-t'ang ; nommé par Pie VI, év.
de Croia en Albanie (Crojensis), et vic. ap. du Chan-si, 1790;+
à Pé-king avant son sacre, 24 déc. 1791 (X₁₄ II. p. 326).

Il s'appelait Ki-li-ti, dit-on dans les Lettres édifiantes.
Peut-être a-t-il eu deux noms.

Note.  Voici l'inscription de sa tombe à T'ai-yuen.

### D. O. M.

P. Fr.  Crescentianus ab Aporedia, Italus, Pedemontanus, Ordinis Minorum  Observantium a S. Congr. de propag. fide ad Sinas missus ann. MDCCLXXXIII, in Xantunensi missione in odium fidei captus, in carceres pekinenses detrusus an. MDCCLXXXV et post novem mensium passos labores liberatus, Nantanensi ecclesiæ adscriptus,  ibidem post egregia pietatis ac sacerdotalis zeli monumenta relicta piè obiit die XXIV Decembris, an. MDCCXCI, ætatis XLVII, quo quidem circiter tempore Romæ Pius VI P.M. ipsum elegerat Episcopum Crojensem et vicarium apostolicum Xansinensem.

聖方濟各會士伊公之墓

伊克肋森細亞諾係意大里亞國人聖方濟
各會修士乾隆四十八年入中國傳教至四
十九年爲天主受多苦閱九月始脫在南堂
贊襄教務明著熱愛大彰善表於五十六年
十一月二十九日病歿年四十七歲約計其
時正比阿第六位教皇定爲格洛日府主教

13.  *Jean-Baptiste de Mandello,* 吳, O.S.F., du duché de Milan, miss. de la Propagande, arrêté dans le Hou-koang (B^x Dufresse) en août 1784; libéré 9 nov. 1785; rentre en Chine (X₁₄ t. II. p. 497) (était au Chan-si en 1789 avant novembre); nommé év. de Capsa, en Bysacène (Capsen.), en 1793 ou 1794 (Ailleurs je lis Crojen., titre destiné à M^gr Cavalli) ; mort à Kiang tcheou 絳 州, Chan-si, 1800.

Ses restes mortels, retrouvés en 1885, reposent au cimetière,
hors de la ville. (Mgr Timmer) (cf. C₆ 2ᵉ partie p. 865. 869).

Voici l'inscription de son tombeau, qui est toute en chinois.

司敎吳公墓誌銘
公籍意國諱若翰方濟各會精修士也乾隆
季葉敷敎中華維時聖敎多艱到處無辜被
難公爲最遞下刑部監發居呂宋島無幾公
復至內地五十九年榮膺　簡命詣西蜀省
鑑牧前受克勞亞主敎職總理秦晉敎務撫
綏遺逸諸羊其爲牧也公明剛決緣力斥乎
謬習乃大困於謗讟幸同會路公上疏直之
嘉慶前紀　詔到冤雪時公已卒於絳未及
釋懷徒使天下後世知其忠毅而巳矣嗟嗟
自古賢哲多磨迄今敎衆咸感慨之原葬趙
氏坎首晦踪有年茲塟高公墓東矜式無旣
　晉陽司鐸趙毓謙述
欽命匝諾波理府主敎總理山西敎務江類思立

14.  *Antoine-Louis (Aloysius) Landi,* 路, O. S. F. (alias
Antoine-Marie); né à Segna; arrivé en Chine, 1783; missionnaire
de la Propagande; arrêté au Hou-koang en août 1784; en prison
à Pé-king; libéré, 9 nov. 1785, et exilé aux Philippines; revient
en 1804 ; évêque d'Anthédon en Iᵉ Palestine (Anthedonensis),
1804. ✝ le 26 oct. 1810 à Tong-eul-k'eou 洞兒溝. (Lettre
de Mgr Timmer) (X₁₄ II. p. 327).

Voici l'inscription de son tombeau.

Hic iacet

Fr. Aloysius Landi

O. F. M.

Ep̄us Vic. Ap̄licus.

主教類思路公之墓

公意國人自幼入聖方濟各會精修乾
隆四十八 1783 年來華被拿下刑部獄
八月後逐於小呂宋旋返於嘉慶九年
簡授安代多府主教總理秦晉教務嘉
慶十五 1810 年西十月二十六日壽終
於洞見溝卽葬光緒十七年遷葬於此

**15.** *Emmanuel Conforti* (Consorti?) O.S.F. visiteur apostolique, 1800. Chassé en 1811. Voir $G_1$ $C_5$.

Parmi les religieux mis en prison à Pé-king et libérés le 9 novembre 1785, se trouve un P. Emmanuel du T.S. Sacrement, Espagnol, arrêté au Kiang-si, où il était depuis 13 ans ($X_{14}$ II. p. 326). Je ne sais si c'est Conforti.

Emm. a Sanctissimo Sacramento rentra en Chine avec le titre de commissaire des missions des franciscains espagnols en Chine ($X_{14}$ II. p. 424).

**16.** *Joachim Salvetti* O. S. F. 艾 puis 金 (sur la tombe). Son nom de baptème était Dominique. Né à *Bagno* di Casciana, 1769 ; entré chez les Franciscains de Toscane, 21 février 1787 ; parti, 2 février 1804 et entré en Chine, 22 mai 1805, il est arrêté vers le 20 juin, gardé 3 ans prisonnier, puis reconduit à Macao; il rentre par le Tong-king, 東京, et arrive en mai 1810 à Tong-eul-k'eou 洞兒溝, où M<sup>gr</sup> Landi était mourant; nommé év. d'Eurée, en Vieille Epire, et vic. ap. du Chan-si et du Chen-si, par bref du 21 février 1815.

L'inscription tumulaire dit qu'il fut sacré à Hai-tien 海甸 (1), 7 ans après (son arrivée?, sa nomination?) + à T'ai-yuen fou, 21 sept. 1843.

Après sa mort le vicariat est divisé, 2 mars 1844.

Hic iacet

Fr. Joachim Salvetti

O. F. M.

Ep̃us Vic. Ap̃licus.

金公壹曰艾公意國人氏聖方濟各會精修士

也初至廣東卽被擒繫獄三載遣回澳門由彼

繞道東京四川等處 1810 卽嘉慶十五年西

五月抵洞兒溝適路主敎病篤侍慰至終旋蒙

主教若亞敬金公之墓

簡命選爲歐利奧府主敎總理秦晉敎務越七

載始於海甸晉陞主敎歸住祁縣九汲村 1843

卽道光二十三年西九月二十一日壽終年七

十三歲安葬該村堂院光緒十七年遷葬此處

**17.** *Antoine de Pompeiana,* O.S.F. coadj. de M^gr Salvetti, 1823, sacré par lui le 22 juin 1823 év. Echinensis. + 27 mars 1832. C₅.

---

(1) Hai-tien, à 5 kilomètres au NW de Pé-king et à 4 km. au SE du palais d'été des empereurs, où était une maison de la Propagande, achetée par Mezzabarba (M₇ passim).

D'après C₅, il aurait été sacré à Nan-king, le 15 février 1817. Il n'y avait pas alors d'évêque à Nan-king. Probablement C₅ veut dire l'évêque de Nan-king, M^gr Pires, retenu alors à Pé-king. La date en ce cas est vraisemblable.

—+::❊❊❊::+—

### III.  Vicariat apostolique du Chan-si Septentrional.

(Ordre de S. François.)

#### 1. Historique.

Vicariat séparé de l'évêché de Pé-king, le 15 oct. 1696.

Le Chan-si fut réuni au Chen-si. Les 2 provinces furent parfois séparées en fait, par ex. quand il y avait un coadjuteur. Voir Mgr Magi.

Elles le furent définitivement le 2 mars 1844 (1). (Lettres édif. t. IX. p. 468,469).

Le Chan-si fut divisé en 2 vicariats en 1890.

#### 2. Préfectures civiles.

| | | | |
|---|---|---|---|
| T'ai-yuen fou | 太原府 | Fen-tcheou fou | 汾州府 |
| P'ing-ting tcheou | 平定州 | Ta-tong fou | 大同府 |
| Hin tcheou | 忻州 | Ning-ou fou | 寧武府 |
| Tai tcheou | 代州 | Cho-p'ing fou | 朔平府 |
| Pao-té tcheou | 保德州 | | |

Le vicariat ne s'étend que jusqu'à la branche nord de la Grande Muraille.

---

1. *Antoine Posateri* 張安當, 靜齋 S. J., né à Palerme, 30 avril 1640 (P₃ 1630) ; entré au noviciat, 22 oct. 1656 ou 1657; profès, 12 mars 1674; arrivé en Chine, 4 nov. 1676; miss. au Koang-tong, Kiang-nan, Chan-si, Chen-si, Kan-sou ; nommé vic. ap. du Chan-si, 1702 ; ✝ à T'ai-yuen fou 太原府, le 18 janv. 1705. Il ne fut pas sacré. Le R. P. Brucker a eu sous les yeux une lettre autographe de lui, datée de Pé-king, 15 oct. 1704. Il y était de passage, se rendant dans son vicariat. La lettre est scellée de son sceau de vicaire apostolique du Xan-sy, sans armes épiscopales, si ce n'est la colombe sous le chiffre de la Cⁱᵉ.

---

(1) Les lettres apostoliques, du 2 mars 1844, sont à Si-ngan fou, entre les mains de Mgr Maurice.

On l'appelle encore P. Posateri en novembre ($X_{10}$).

M<sup>gr</sup> Ciceri év. de Nan-king est mort en déc. 1704. M<sup>gr</sup> Casal et M<sup>gr</sup> della Chiesa étaient à Macao (2 avril. 1705). On ne voit pas par qui Posateri aurait pu être sacré entre novembre et sa mort.

La date de sa mort se trouve donnée dans une lettre du P. Gerbillon au P. Général, de Pé-king 13 nov. 1705. Gerbillon avait été averti par le P. du Tartre qu'il avait donné pour compagnon à M<sup>gr</sup> Posateri (Copie ms. au British Museum) ($B_4$).

---

2. *Gabriel Grioglio*, 杜, O. S. F., né à *Moretta*, parti avec le P. Moccagatta, 13 avril 1840 ; arrivé à Macao, le 3 octobre 1840 ; miss. au Chan-si ; év. d'Eurée, en Vieille Epire ; succède à M<sup>gr</sup> Salvetti et gouverne le vicariat de 1844 à 1861 (Sic M<sup>gr</sup> Timmer) ; retourne en Italie, à Saluzzo, en 1861. $G_1$ p. 128 dit : ad. (adhuc?) Romae dec. 1869.

La Gerarchia de 1870 dit : élu 27 sept. 1852, comme s'il avait d'abord été provicaire, ou vic. ap. sans titre épiscopal ($R_1$).

3. *Louis (Aloysius) Moccagatta*, 江 類 思, O. S. F., né à *Castellazzo-Morbida*, dioc. d'Alexandrie, Piémont, 9 octobre 1809. Son nom de baptême était Charles-Antoine. Il prend l'habit à Orvieto dans la province de Rome des Observantins, 14 oct. 1826 ; profès, 14 oct. 1827 ; prêtre, 23 avril 1832 ; parti avec le P. de Moretta, 13 avril 1840 ($C_8$) ; arrivé à Macao, 3 octobre 1840 ; provicaire de M<sup>gr</sup> de Bési, au Chan-tong, en 1841 ; élu, 3 mars 1844 ($G_1$), év. de Zénopolis, en Isaurie (Zenopolitan.) et coadj. de M<sup>gr</sup> de Bési pour le Chan-tong (lettre du 23 mars 1844 à Bési dans $X_9$) ; consacré par M<sup>gr</sup> de Bési, le 11 mai 1845 ($C_8$ col. 1197) ; vicaire apostolique du Chan-tong par la démission de M<sup>gr</sup> de Bési, 9 juil. 1848 ($C_8$) ; visiteur apostolique, puis administrateur du Chan-si, 1861, pour M<sup>gr</sup> de Moretta, qui était retourné en Europe ; transféré au Chan-si, 27 sept. 1870 ; assiste au concile du Vatican. + à T'ai-yuen fou, 6 sept. 1891.

Voici l'inscription de son tombeau :    (Voir R₁).

Hic iacet

Fr. Aloysius Moccagatta

O. F. M.

Ēpus Vic. Ap̃licus.

主教類思江公之墓

公亦意國人聖方濟各會修士　1840
卽道光二十年由澳門赴山東敷教
五載晉陞匝諾波理府主教經理山
東教務咸豐十一年來晉兼管山西

務　1870
1891　卽同治九年特命專理晉省教
卽光緒十七年西九月初
六日壽終於省堂年八十有三統計
在華五十一載充膺主教四十六年

4.  *Paul Carnevali,* 張, O. S. F., né à Fresonara, Piémont,
en 1830; miss. 1858, puis provicaire, 1860, au Chan-si; nommé
év. de Maximopolis, en Arabie, et coadj. de M^gr Moccagatta
après le concile du Vatican ; sacré par M^gr M. le 19 mai 1872 ;
mort à 潞安府長治縣桃園村, près de Lou-ngan, 25 mai
1875 (alias 24).

Ses restes ont été transportés à T'ai-yuen.

L'inscription dit qu'il est mort en 1873 à 48 ans. M^gr Moccagatta écrit: 23 mai (R₁ p. 254).

Voici son inscription tumulaire, (R₁ p. 57).

Hic iacet

Fr. Paulus Cornevali

O. F. M.

Ep̃us Vic. Ap̃licus

主教保祿張公之墓

公係泰西義大利亞國亞肋生德利亞府
人幼承庭訓長就名師後入聖方濟各首
會進德潛修惟日不足德業旣竣爰陞司
鐸憐我華人載胥及溺咸豐八年奉
命來晉傳敎於交城太原等所至之處人
增向善俗淳美甫及三載卽簡爲代權兼
理當家事務俱臻妥協又十載奉
敎宗命授爲三晉副主敎治理全省敎務
同治十二年職巡潞安府至長治縣桃園
染病不起醫葯罔效遂卽病終享壽四十
有入統計在華一十七載在主敎位四載
厥後由潞郡遷葬於此未經立碑至庚子
年聖敎蒙難轉際太平乃刻以誌大淸光
緒三十二年六月上浣立石

5. *Grégoire-Marie Grassi*, 艾, O. S. F., né à Castellazzo, dioc. d'Alexandrie, 13 déc. 1833.

Son nom de baptême était Pierre-Antoine.

Prend l'habit le 14 déc. 1848 à-Montiano ; profès, 14 déc. 1849 ; prêtre, 17 août 1856, à Mirandola ; part fin sept. 1860, arrive à Hong-kong, 15 août 1861, au Chan-tong en novembre ; transféré presque aussitôt au Chan-si.

Nommé év. d'Orthosie, en Iᵉ Phénicie (Orthosien.) et coadj. de Mᵍʳ Moccagatta par bref du 28 janv. 1876 ; sacré par Mᵍʳ Tagliabue, le 19 nov. 1876, à T'ai-yuen fou ; succède, 6 sept. 1891; fait prisonnier le 5 juillet 1900; massacré le 9 juill. 1900.

Le procès de béatification suit son cours.

Sur le passeport, d'après M. Cordier, le nom est 克葛畧. On remarquera que le premier caractère ne se trouve pas dans le Pe-kia-sing-chou 百家性書. $C_3$ II. 307 $X_{15}$ p. 455.

6. *François Fogolla*, 富格辣, O. S. F., né à Montereggio, au dioc. de Pontremoli, Parme, le 29 sept. ou plutôt le 4 oct.

1839. (L'acte baptismal a 29, mais voir Ricci. Barbarie e trionfi. p. 264).

Nommé François-Antoine-Dominique, entre au couvent de Montiano, en Emilie, le 1 nov. 1856 ; rentré chez lui malade, il recommence son noviciat, le 19 décembre 1858 ; profès par dispense, le 21 août 1859 ; profession solennelle à Parme, le 21 août 1862; prêtre, 19 sept. 1863; s'embarque, 13 déc. 1866; arrive à Hong-kong, 30 mai 1867; missionnaire au Chan-tong, puis au Chan-si; élu év. de Bagæ (ou Bagis), en Lydie (Bagen.) et coadj. de Msgr Grassi ; sacré à Paris le 24 août (18 juil.?) 1898 ; publié le 28 nov. 1898 (X$_2$. p. 444) ; fait prisonnier avec Msgr Grassi le 5 juil. 1909, massacré le 9.

Le procès de béatification suit son cours.   C$_5$ II. 307. X$_{15}$ p. 455.

7.  *Agapite Fiorentini*, 鳳朝瑞, O.S.F. né à Palestrina, 27 sept. 1866 ; miss. 1895 ; élu év. de Rusaddir, en Mauritanie Tingitane (Rusadditan.) et vic. ap., 16 mars 1902 ; publié, le 9 juin 1902 (X$_2$ p. 236).

Sacré à Han-k'eou, le 15 juin 1902, il démissionne, 18 nov. 1909, et est nommé administrateur apostolique, jusqu'à ce que Msgr Massi prit possession du vicariat, le 15 mai 1910. (X$_{15}$ 1902 p. 158).

8.  *Eugène Massi*, 亢希賢, O.S.F., né à Monte Prandone (Picenum), le 13 août 1875 ; entré dans la province séraphique de la Marche, le 15 août, 1890; profès, le 15 août 1891; ordonné prêtre, le 20 février 1898 ; missionnaire en Chine, 21 janvier 1903 ; nommé par bref du 15 février 1910 évêque titulaire de Joppé en I$^e$ Palestine (Joppensis) et vicaire apostolique du Chan-si septentrional.   (X$_1$ 1910 p. 233).

Sacré, le 15 mai 1910, par Msgr Frorentini, à T'ai-yuen fou; proclamé au conclave du 30 novembre 1911 (X$_t$ p. 603) (de Msgr Massi) cf. X$_{15}$ 4 mars 1900 p. 100.

## IV. Vicariat apostolique du Chan-si Méridional.

(Ordre de S. François).

### 1. Historique.

Le vicariat a été séparé du Chan-si N. par décret du 17 juin 1890.

### 2. Préfectures civiles.

| | | | |
|---|---|---|---|
| P'ing-yang fou | 平 陽 府 | Kiang tcheou | 絳 州 |
| Ho tcheou | 霍 州 | Si tcheou | 隰 州 |
| P'ou-tcheou fou | 蒲 州 府 | Lou-ngan fou | 潞 安 府 |
| Hiai tcheou | 解 州 | Ts'in tcheou | 沁 州 |
| Tch'e-tcheou fou | 澤 州 府 | Liao tcheou | 遼 州 |

1. *Martin Poell,* 艾 定 祿, O. S. F., né à Weert, dioc. de Ruremonde, 20 mars 1845; miss. au Hou-pé, 1873; provicaire du Chan-si méridional, 9 juil. 1888; nommé év. de Cybistra en II<sup>e</sup> Cappadoce (Cybistren.) et vic. ap., 17 juin 1890; sacré, 14 sept. 1890, par M<sup>gr</sup> Grassi, à Tcheng-ting fou, Tche-li W. + à Ma-tchang (Lou-tch'eng hien, Lou-ngan fou 馬 廠 潞 城 縣) le 2 janv. 1891. (M<sup>gr</sup> Timmer. R$_1$. X$_{15}$ 1891 p. 48).

2. *Jean Hofman,* 賀廣才, O.S.F., né à Woerden, dioc. de Haarlem, 12 juin 1834; Franciscain, 3 oct. 1854; profès, 4 oct. 1855; prêtre, 29 août 1858; miss. au Hou-pé, 1870; nommé vic. ap. et év. de Telmesse en Lycie (Telmissen.), 24 avril 1891; préconisé, 4 juin 1891; sacré, 6 sept. 1891; démissionnaire,1901; retiré en l'ile de Rhodes, puis, après 2 ou 3 ans, en Hollande, 1902; habitait en 1913 au couvent de Wychen. X$_{15}$ 1890 p. 268. 1891 p. 182-280.

3. *Odoric Timmer,* 翟守仁, O.S.F., né à Haarlem, le 18 déc. 1859; miss. au Hou-pé méridional, 1884, puis au Chan-si méridional, 1888; nommé év. de Drusipare, en I<sup>e</sup> Thrace (Druziparen.) et vic. ap. le 20 juil. 1901; sacré par M<sup>gr</sup> Hofman, le 28 oct. 1901; publié, le 16 déc. 1901 (X$_2$ p. 487) (de M<sup>gr</sup> Timmer).

## V.  Vicariat Apostolique du Chan-tong Septentrional.

(Ordre de S. François)

---

### 1. Historique.

Le vicariat fut séparé du diocèse de Pé-king, 3 sept. 1839, par la bulle :  *Ex pastoralis ministerii.*

Il fut dixisé en 1885 et en 1894.

### 2. Préfecture civiles.

| | | | |
|---|---|---|---|
| Tsi-nan fou | 濟 南 府 | Lin-tsing tcheou | 臨 清 州 |
| Ou-ting fou | 武 定 府 | Tai-ngan fou | 泰 安 府 |
| Tong-tch'ang fou | 東 昌 府 | | |

---

1.  *Louis de Besi.*

Voir Nan-king.

2.  *Louis Moccagatta.*

Voir Chan-si N.

3.  *Eloi (Eligio) Cosi,* 顧 立 爵, O.S.F., né à Pontassieve, dioc. de Florence, 6 mai 1819 ; religieux de la province de Toscane ; préconisé év. de Priène, prov. d'Asie (Prienensis) et coadj. de M^gr Moccagatta, le 5 fév. 1865 ; sacré par M^gr Moccagatta ; assiste au concile ; vic. ap. en titre, quand M^gr Moccagatta est transféré au Chan-si, 27 sept. 1870 ; + 12 janv. 1885 à Tsi-nan fou (M^gr Giesen).

Il était rentré en Europe, 31 janv. 1882, pour sa vue ; il retourna en Chine en oct. 1883.

Quand M^gr Moccagatta fut administrateur du Chan-si, il confia le Chan-tong à M^gr Cosi.  D'où nombreuses confusions de dates.  Cf. X_{16} t. XVII. p. 155, où on le fait mourir 12 jours plus tard.

4. *Benjamin Geremia,* 李 博 明, O.S.F., né à S. Giovanni
in Galdo, au dioc. de Bénévent ; élu év. d'Usola (Usulensis), en
Byzacène, et coadj. 18 juil. 1884; préconisé, 13 nov. 1884; sacré
par M^gr Grassi, en nov. 1885, à T'ai-yuen fou, au 2ᵉ synode de
la 2ᵉ region (Vie de M^gr Moccagatta p. 102). Succède, 10 fév.
1885 ; + à Tche-fou, 芝 罘, 29 déc. 1888 (de M^gr Giesen).

[Geremia est très probablement son nom de famille.]

5. *Pierre-Paul de Marchi,* 馬 天 恩, O.S.F., né à S. Vito,
dioc. de Concordia, 30 déc. 1838 ; élu év. de Sura, en Syrie
Euphratésienne (Surensis), le 13 fév. 1889 ; sacré, 1889 ; + 30
août 1901. (de M^gr Giesen) cf. B₂.

6. *Ephrem Giesen,* 申 永 福, O.S.F., né à Amsterdam, le
16 octobre 1868 ; entre chez les Frères Mineurs, province de
Germanie inférieure, le 3 oct. 1886; profès, le 4 oct. 1887; prêtre,
le 18 mars 1893 ; missionnaire au Chan-si méridional, 1894 ;
nommé évêque de Palto en Iᵉ Syrie (Paltensis) et vic. ap. par
brefs du 23 juin 1902 ; sacré, à Pé-king, par M^gr J. Hofman, le
16 nov. 1902 ; publié au consistoire du 25 juin 1903 (X₂ p. 244).
Vérifié par M^gr G. lui-même.

## VI.  Vicariat apostolique du Chan-tong Méridional.

(Congrégation du Verbe Divin __ Steyl).

### 1. Historique.

La mission fut confiée à M. Anzer, nommé provicaire, le 2 janvier 1882.  Elle fut érigée en vicariat, le 22 décembre 1885. Par suite de plusieurs remaniements, elle est actuellement plus étendue que le territoire primitif.

### 2. Préfectures civiles.

| | | | |
|---|---|---|---|
| Yen-tcheou fou | 兗 州 府 | Tsi-ning tcheou | 濟 寗 州 |
| I-tcheou fou | 沂 州 府 | Kiao-tcheou | 膠 州 |
| Ts'ao-tcheou fou | 曹 州 府 | et le territoire allemand, plus | |
| Tchou-tch'eng hien | 諸 城 縣, | de Ts'ing-tcheou fou. | |

1.  *Jean-Baptiste Anzer,* 安治泰, S.V.D., né à Weinried, paroisse de Pleistein, Haut-Palatinat Bavarois, 16 mai 1851 ; entré au séminaire de Steyl, 29 oct. 1875; prêtre, 15 août 1876; parti pour la Chine, 2 mars 1879 ; provicaire de M^gr^ Cosi pour les trois préfectures de Yen-tcheou 兗州府, Ts'ao-tcheou 曹州府, I-tcheou 沂州府, 2 janv. 1882; nommé év. de Télepte, en Byzacène (Telepten.) et premier vic. ap. du Chan-tong méridional, par brefs du 12 janvier 1886 ; sacré, à Steyl, par M^gr^ Krementz, arch. de Cologne, 24 janv. 1886; mort à Rome, 24 nov. 1903 (Y₃ p. 28. 61. 214. 216).

2.  *Augustin Henninghaus,* 韓寗鎬, S.V.D., né à Wenden, dioc. de Paderborn, 11 sept. 1862; prêtre, 1885 ; arrivé en Chine, 1886 ; élu év. d'Hypaepa en Asie (Hypæpensis) et vic. ap. 13 août 1904; sacré, 30 oct. 1904; publié, 14 nov. 1904 (X₁ p. 319) (de M^gr^ Henninghaus) cf. Y₃ p. 224 seqq.

## VII. Vicariat Apostolique du Chan-tong Oriental.

(Odre de S. François).

### 1. Historique.

Le Vicariat a été séparé du Chan-tong septentrional, le 16 février 1894.

### 2. Préfectures civiles.

Ts'ing-tcheou fou 青 州 府 sauf Tchou-tch'eng hien.

Teng-tcheou fou 登 州 府.

Lai-tcheou fou 萊 州 府.

N.B. En 1898, quatre sous-préfectures sont cédées au Chan-tong méridional.

En 1906, trois sous-préfectures d'Ou-ting fou 武 定 府 sont cédées au Chan-tong nord : Li-tsin 利 津, Tchan-hoa 霑 花 et Hai-fong 海 豐.

1. *Césaire Schang,* 常明德, O.S.F., né à Cappel, Lorraine, 1835 ; entré dans la Province Franciscaine de France, 1880 ; miss. 1883 ; élu év. de Vaga, en Numidie (Vagen.), et premier vic. ap. du Chan-tong oriental, le 6 mai 1894; publié, le 21 mai 1894 (X₂ p. 208) ; sacré à Tche-fou 芝 罘, le 4 oct. 1894 (de Mᵍʳ Schang). + à Tche-fou, 9 septembre 1911.

2. *Adéodat Wittner,* 羅漢光, O.S.F., né à Sᵗᵉ Marie-aux-Mines, Alsace, 21 nov. 1868; novice, 7 septembre 1886; prêtre, 28 août 1892 ; missionnaire, 1895 ; préconisé év. de Milet, en Carie, 29 avril 1907, et coadjuteur de Mᵍʳ Schang; sacré à Rome, 7 juillet 1907 ; succède, 9 septembre 1911 (de Mᵍʳ Wittner).

## VIII.  Vicariat Apostolique du Chen-si Central.

(Ordre de S. François).

### 1. Historique.

Le vicariat apostolique du Chan-si et Chen-si fut divisé, le 2 mars 1844, par lettres apostoliques de Grégoire XVI (Archives du vicariat à Si-ngan).

Le Kan-sou en a été séparé, le 21 juin 1878, le Chen-si méridional en 1887, les préfectures du nord en 1911.  La mission est appelée maintenant Chen-si central.

La résidence épiscopale est à 70 lis au NE de Si-ngan et à 5 lis NW de Kao-ling hien.  Elle s'appelle Tong-yuen fang 道 滾 防.

### 2. Préfectures civiles.

| | | | |
|---|---|---|---|
| Si-ngan fou | 西 安 府 | Fong-siang fou | 鳳 翔 府 |
| Pin tcheou | 邠 州 | T'ong-tcheou fou | 同 州 府 |
| K'ien tcheou | 乾 州 | Chang tcheou | 商 州 |

Voir Acta Ordinis. Ann. XXXI, die 1 sept 1912.  Fasc. IX. de p. 258 à 267. Une monographie par M<sup>gr</sup> Maurice.

1. *Alphonse-Marie de Donato,* 馮 尙 仁, O. S. F., né à Naples en 1783 ; nommé et sacré (1) par M<sup>gr</sup> Salvetti, en vertu de la faculté spéciale concédée par Grégoire XVI, le 9 septembre 1831, son second coadjuteur et évêque titulaire de Cardique, en Thessalie (Cardicensis), le 14 juillet 1835 ; nommé vicaire apostolique du Chen-si, lors de la division, le 2 mars 1844. ✝ à Tong-yuen fang, le 20 mai 1848 (M₄).

(1)  Les premiers vicaires apostoliques avaient le pouvoir spécial de se choisir eux-mêmes un coadjuteur et de le sacrer.  Les pièces d'élection et de consécration portent la même date.

2. *Ephisius Chiais,* 高 一 志, O.S.F., né à Casalino in Monteferrato, Piémont, en 1806 ; missionnaire au Chen-si, en 1833. Après la division du vicariat, 2 mars 1844, il est élu et sacré par Mgr Alphonse de Donato comme coadj. et év. de Thyène, en Ie Cappadoce, le 24 janvier 1847.

Aussitôt après le sacre, Mgr Alphonse, gravement malade, lui remet l'entière administration du vicariat.

Il succède à Mgr Alphonse, le 20 mai 1848. + à Tong-yuen fang, le 12 avril 1884 (M$_4$).

3. *Aimé Pagnucci,* 林 奇 愛, O.S.F., né à Ruota, dioc. de Lucques, 10 déc. 1833 ; élu et sacré par Mgr Chiais, en vertu d'un pouvoir spécial concédé par Pie IX, évêque d'Agathonique en Thrace (Agathonen.), et coadj., le 31 mars 1867; succède, le 12 avril 1884; + 1 février 1901 (M$_4$).

4. *Pie Vidi,* 魏 明 德, O. S. F., né à Vérone, le 19 mai 1842 ; élu év. de Cestro, en Isaurie (Cestrin.), et coadj. de Mgr Pagnucci, 24 août 1886 cf. X$_{15}$ 1887. p. 136 ; sacré, 9 janv. 1887; retourne en Europe, 16 sept. 1899; démissionne au début de 1900. + à Malte, le 28 août 1906 (M$_4$ X$_{15}$ 1900. p. 146).

5. *Clément Coltelli,* 郭 德 禮, O. S. F., né à S. Pier in Bagno, 26 juil. 1865 ; nommé év. d'Adramyte, en Asie (Adramyttensis), et coadj. de Mgr Pagnucci, le 26 fév. 1900 ; publié, le 19 avril 1900 (X$_2$ p. 148); sacré, le 17 juin 1900;+28 janvier 1901 (M$_4$. X$_{15}$ 1901 p. 89).

6. *Pie Nési,* 聶 長 春, O. S. F., de Tobbania, Toscane, nommé év. d'Olène en Achaïe (Olenen.) et vic. ap. du Chen-si N., le 15 ou 16 avril 1901. Il était mort le 5 (M$_4$ X$_{15}$ 1901. p. 195).

7. *Odoric-Joseph Rizzi,* 何理熙, O.S.F., né dans un village du dioc. d'Udine, 26 avril 1858 (ou le 28?) ; entré dans l'Ordre séraphique, 1880; miss. au Chen-si, 1889; préconisé év. d'Adraa, en Arabie (Adrahorum), le 23 janv. 1902 ; publié, le 9 juin 1902 (X$_2$ p. 236) ; sacré, le 5 oct. 1902, à T'ai-yuen fou, par Mgr Fiorentini; + 23 mars 1905. (M$_4$ X$_{15}$ 1902. p. 62. 1905 p. 312).

8. *Athanase Gœtte,* 胡 定 邦, O.S.F., né à Paderborn, 11 avril 1857; entré dans l'Ordre Franciscain, 13 oct. 1874; profès, 23 oct. 1878; prêtre à S. Louis (U.S.A.), 5 juin 1881; travaille à San Francisco; miss. en 1882 au Chen-si (cf. $X_{15}$ 1905 p. 448); nommé év. de Lampas, en Crète (Lampensis), et vic. ap. 26 sept. 1905; sacré, 30 nov. 1905, à Paderborm; publié, 11 déc. 1905 ($X_2$ p. 482). + 29 mars 1908 ($M_4$).

9. *Gabriel Maurice,* 穆 思 理, O.S.F., né le 10 oct. 1862, à La Plaine, au dioc. de Nantes; élève en 1874 au collège séraphique de Caen; novice franciscain, 2 août 1878; profession, 4 août 1879; profession solennelle, 4 août 1882; miss. au Hou-pé, 1882, puis au Chen-si; prêtre, 5 sept. 1886; préconisé év. de Lesbi en Mauritanie Sitifienne (Lesbitensis) et vic. ap. du Chen-si sept., le 1 août 1908; sacré, le 30 nov. 1908, à Tche-fou, par Mgr Schang; publié, 29 avril 1909 ($X_1$ 15 mai 1909 $M_4$, $X_{15}$. 19 mars 1909 p. 136).

## IX. Vicariat apostolique du Chen-si méridional.

(Séminaire S<sup>t</sup> Pierre et S<sup>t</sup> Paul de Rome).

——

### 1. Historique.

Séparé du Chen-si par décret du 6 juillet 1887 et confié au Séminaire S. Pierre et S. Paul de Rome.

### 2. Préfectures civiles.

Han-tchong fou 漢 中 府          Hing-ngan fou 興 安 府.

——

1. *François Giulianelli,* 王 崙 良, né à Rome, le 5 septembre 1831; du Séminaire S. Pierre et S. Paul, de Rome; miss, au Caire ; chargé d'une mission de Léon XIII près de l'Empereur de Chine, 1885 (cf. $C_6$ III. p. 257); se rend ensuite au Chensi S. comme supérieur des missionnaires du Séminaire, sous la juridiction de M<sup>gr</sup> Pagnucci ; après la division, 1887, administrateur jusqu'à l'arrivée de M<sup>gr</sup> Antonucci, 12 mai 1889; + au Chensi, à Kou-lou-pa, 城 固 縣 古 路 埧, 18 déc. 1898 (de M<sup>gr</sup> Passerini. cf. $X_{13}$).

2. *Grégoire Antonucci,* 安 廷 相, né à Subiaco ; du Séminaire S. Pierre et S. Paul ; miss. au Chen-si nord, puis en Amérique ; nommé premier vic. ap. du Chen-si sud, en 1888 ; ne veut pas être évêque ; laisse l'administration à M<sup>gr</sup> Passerini, octob. 1895; retourne à Rome, 1895, puis à Subiaco, où il meurt en août 1902 (M<sup>gr</sup> Passerini).

3. *Pie-Joseph Passerini,* 拔 士 林, né à Zinasco, dioc. de Vigevano, prov. de Pavie, le 7 janv. 1866 ; prêtre, à Rome, le 22 déc. 1888; miss. au Chen-si méridional, en 1889; élu év. d'Achante, en Macédoine (Achantiens.), le 29 mars 1895; sacré, le 8 sept. 1895, à Tong-yuen fang (Chen-si N.) par M<sup>gr</sup> Pagnucci; publié, le 2 déc. 1895 ($X_2$ p. 442); (de M<sup>gr</sup> Passerini. cf. $X_{13}$ p. 171).

—=I·✳☺✳·I=—

## X.   Vicariat Apostolique du Chen-si Septentrional.

(Ordre de S. François, province de Catalogne).

---

### 1. Historique.

Le vicariat a été séparé du Chen-si septentrional, qui a pris le nom de Chen-si central, par décret du 12 avril 1911 (X₁ p. 225).

### 2. Préfectures civiles.

| | | | |
|---|---|---|---|
| Fou tcheou | 鄜 州 | Soei-té tcheou | 綏 德 州 |
| Yu-lin fou | 榆 林 府 | Yen-ngan fou | 延 安 府 |

---

1.   *Célestin Ibañez y Aparicio*, 易 興 化, O. S. F., né à Becerril de Campos, dioc. de Palencia, 19 mai 1873; prit l'habit dans la province de Santiago, 15 octobre 1891 ; profès, 16 oct. 1892 ; ordonné prêtre, le 24 sept. 1898 ; parti pour la Chine en 1901 ; miss. au Chan-tong septentrional, 4 juin 1901 ; puis en 1907 au Chen-si sept.; nommé par bref du 12 avril 1911 évêque titulaire de Bagi en Lydie (Bagensis) et premier vicaire apostolique du Chen-si septentrional; sacré le 10 septembre 1911 à Tsi-nan fou par Mgr Giesen; publié, le 30 novembre 1911 (X₁ p. 602).

## XI. Vicariat Apostolique du Fou-kien.

(Frères Prêcheurs, de la Province du Très-Saint Rosaire, des Philippines.)

---

### 1. Historique.

Le vicariat fut séparé du diocèse de Nan-king, le 15 octobre 1696.

Le Kiang-si et le Tché-kiang lui furent unis de 1718 au 14 août 1838.

Il comprenait Formose.

Le vicariat apostolique d'Amoy en a été détaché avec Formose en 1883, et trois autres préfectures, le 19 juillet 1913 (X₁).

### 2. Préfectures civiles.

| | | | |
|---|---|---|---|
| Fou-tcheou fou | 福 州 府 | T'ing-tcheou fou | 汀 州 府 |
| Kien-ning fou | 建 寧 府 | Chao-ou fou | 邵 武 府 |
| Yen-ping fou | 延 平 府 | Fou-ning fou | 福 寧 府 |

---

1.  *Pierre de Lamotte-Lambert,* M. E.
Voir Tché-kiang.

2.  *François Pallu,* M.E. né à Tours, 1625 ; chanoine de S<sup>t</sup> Martin ; un des fondateurs de la Société des Missions Etrangères de Paris ; nommé év. d'Héliopolis, en Egypte (Heliopolitan.), vic. ap. du Tong-king, administrateur des provinces de Yun-nan, Koei-tcheou, Hou-koang, Se-tch'oan, Koang-si et Laos, 17 août 1658 (X₇ p. 170. 218).

Sacré à S. Pierre de Rome, par le C<sup>al</sup> Barberini, préfet de la Propagande, 17 nov. 1658 ; quitte la France, 3 janv. 1662, et prend la voie de Perse ; arrive à Juthia (Bangkok), 27 janv. 1664 ; repart pour Rome, 19 janv. 1665.

Le bref du 4 juin 1669 (L₂ p. 180 dit juillet) étend ses pouvoirs au Siam (Juthia). Voir aussi la bulle du 13 sept. 1669. Il quitte de nouveau la France, 11 avril 1670 ; arrive au Siam, 1674 ; est jeté par la tempête à Cavite (Luçon), 19 oct. 1674 ; arrêté par les Espagnols ; envoyé en Espagne, 1 juin 1675, par la voie du Mexique ; arrivé à Cadix, nov. 1676.

En 1680, on remanie la division des vicariats apostoliques. Il est nommé vic. ap. du Fou-kien, avec l'administration de neuf provinces : Fou-kien, Tché-kiang, Kiang-si, Hou-koang, Se-tch'oan, Koei-tcheou, Yun-nan, Koang-tong, Koang-si, et administrateur général des missions de Chine (Brefs du 1 et du 15 avril 1680). Il repart une 3ᵉ fois, 15 mars 1681 ; quitte Siam pour la Chine, 10 juin 1683 ; prisonnier à Formose ; arrivé à Amoy, 27 janv. 1684 ; + à Mo-yang (Fou-kien), 29 oct. 1684. cf. L₂ t. I.

*Remarque.* Depuis l'arrivée de Mᵍʳ Pallu, les Missions Etrangères ont conservé le district de Hing-hoa fou, jusqu'en 1843. Il était administré par des miss. européens ou par des prêtres indigènes formés au Séminaire de Siam. Ils dépendirent longtemps du vicaire apostolique de Siam. Vers 1760, ils furent sous l'autorité du vicaire apostolique du Se-tch'oan. En 1843, le district fut cédé aux Pères Dominicains (de M. Gourdon). Voir. X₃ t. v. p. 673 seqq.

3. *Charles Maigrot,* 馬, M.E., né à Paris 1652; docteur en Sorbonne; parti avec Mᵍʳ Pallu (3ᵉ voyage), 25 mars 1681; arrive avec lui à Amoy, 27 janvier 1684. Ce prélat, avant de mourir, 29 oct. 1684 ; le nomme provicaire pour le Fou-kien, le Tché-kiang; le Kiang-si et le Hou-koang et vice-administrateur général provisoire de toutes les missions de Chine (Voir sa lettre au pape, 1693, dans *Historia Cultus Sinensis).* Il est curieux que ces quatre provinces sont précisément celles dont Mᵍʳ della Chiesa fit la visite en 1685 (S₅ p. 1276).

Le S. Siège lui confirma le premier titre mais pas le second.

Nommé vic. ap. du Fou-kien, 1688 (L₂ t. I. p. 335); nommé év. de Conon par la bulle du 15 oct. 1697 (M. Gourdon).

Il fut sacré en 1700 (Lettre du P. van Hamme S.J. Pé-king, 18 déc. 1700. Archives de l'Etat. Bruxelles. B₄) Cependant d'après X₁₀ t. 9 p. 468. 469 et M. Gourdon, ce serait en 1699. Expulsé de Chine par décret impérial du 21 déc. 1705 (Gourdon); mort à Rome, 21 février 1730.

Dans le décret d'exil il est appelé Yen-tang cf. L₂ t. I. p. 475.

3'. *Joseph de Monteiro,* S.J.

P₅. coll. V. p. 59 dit que l'archévêque de Goa nomma Monteiro vicaire du Fou-kien.  Quinze jours après, serait venu le mandement de Mgr Maigrot. Il est clair que c'est Mgr Maigrot et non l'archevêque de Goa qui avait juridiction au Fou-kien (Voir Nan-king).

4. *Magin Ventallol* (ou Bentallol). 馬, O.P., ou simplement *Magino ;* né en Catalogne au commencement de février 1647 (G₂ t. II. p. 137 ; fils du couvent de Sᵗᵉ Catherine de Barcelone; agrégé à la province des Philippines; arrivé à Manille, août 1679; miss. au Fou-kien, au plus tard en 1683.

"Mgr Pallu arriva à Amoy, où le P. Magino, dominicain, vint l'inviter à aller à Tch'ang-tcheou, janvier 1684" (cf. L₂ t. I. p. 298).

Mgr de Tournon le fait administrateur de cette mission, 1706.

Clément XI le nomme év. de Carystos, en Eubée (Carysten.). vic. ap. du Fou-kien, administrateur du Tché-kiang et du Kiang-si, 1718.

*Rem.*  G₂ (II. 140) dit : en 1718.  D'après une lettre du P. Kögler, de Pé-king, 8 nov. 1717, il était déjà vicaire ap. du Fou-kien, au moins depuis 1716.

Il peut y avoir confusion à cause de la nomination en 1706 par Mgr de Tournon.  Il ne se fit pas sacrer.  Il se retira à Canton, au couvent de S. Pie V, de son Ordre, assista au sacre de son coadjuteur, le B. Sanz, en 1730, et mourut le 3 janvier 1732 (G₂ II. p. 141).

4'. *Paul Matheu,* O.P.

Dans la liste des missionnaires dominicains de 1729, on lit: Fr. Paolo Matheu, coadjutore dell' Illmo Vescovo Caristensis, Mgr Fr. Magino Ventallol.  Le mot coadjutore n'est sans doute pas pris au sens propre.  On ne retrouve plus le nom de Fr. Matheu (G₂ t. III. p. 452).

5. *B. Pierre-Martyr Sanz,* 白, O. P., à Ascó, dioc. de Tortosa.  (G₂ donne pour son nom: Pa-kau-tau).

On lui suppléa les cérémonies du baptême, le 3 sept. 1680.

Il s'appelait Pierre-Joseph-André et prit le nom de Pierre-Martyr, en entrant au couvent de Lérida, commencement de juil. 1697.   Profès, 6 juil. 1698 (Y₂ p. 10).

Prêtre, 20 sept. 1704 (ibid).   Agrégé à la prov. du S. Rosaire, il quitte Cadix le 21 juil. 1712 ; miss. au Fou-kien, au Tché-kiang, au Kiang-si (A₃ p. 19); nommé év. de Mauricastre, en Arménie (Mauricastrensis) et coadj. de M^{gr} Ventallol; sacré à Canton, par l'év. de Nan-king, assisté de ceux de Macao et de Pé-king, et en présence de M^{gr} Ventallol, le 24 fév. 1730 (Lettre du B. Sanz, 1 mai 1730, citée dans A₃ p. 352); vic. ap. 3 janv. 1732 ; arrêté à Mo-yang, le 30 juin 1746 (Y₂ p. 64) ; condammé à mort, 18 déc. 1746 (A₃ p. 585) ; décapité, 26 mai 1747 (A₃ p. 623) ; béatifié, 18 avril, 1893.   (Cf. G₂ II. p. 167 seqq.)

*Rem.*   Le bref de béatification :  XIII des ides de janvier 1893.   Les lettres apostoliques sont du 18 avril (X₂ p. 72, 203).

6.   *Pierre-Eusèbe-Fernand Oscot,* 顧, O. P., quitte Manille en fév. 1718 ; miss. à Canton et au Fou-kien ; nommé par Clément XII év. d'Evarie, en II^e Phénicie (Evarien.) et coadj. avant 1739; sacré par le B. Sanz, le 10 mai 1740 (A₃ p. 425). + 1743 (M^{gr} Masot).

On annonça sa mort au chapitre de 1745, sans indiquer le jour, le mois, ni l'année (G₂ III. p. 453).   Sur ses écrits, voir Cordier. Bib. sinica.

7.   *B. François Serrano,* 德, O.P., né à Hueneja, à 4 lieues de Cadix ; baptisé, 4 déc. 1695 (Y₂ p. 17) ; entré au couvent de Grenade; profès, 22 avril 1714 (Y₂ p. 17); parti pour les Philippines, 13 juil 1725; miss. au Fou-kien, 1727; fait prisonnier, 27 juin 1746 (G₂ II. p. 108) ; Benoit XIV le nomme év. de Tipasa, en Numidie (Tipasitan.) et coadj. avec succession (Y₂ p. 454); mais le B. Sanz étant déjà mort, il fut en fait vic. ap.   Le 9 juil. 1748, il signait : Fr. Franciscus Serrano. O. P. electus ep. Tipasitanus et vic. ap. Provinciæ Fokien (A₃ p. 659).

Martyrisé en prison, 28 oct. 1748 (ibid. p. 686) ; béatifié, 18 avril 1893.

Son nom chinois était Te Fang-tsi-ko ou Te Tsi-ko (A₃ p. 515, 543, 579).

Après le martyre de 1748, vacance de 5 ans.

8. *François Pallas,* 方, O.P., né au vieux Benavente (Aragon), vers 1708 ; entré au couvent de Sarragosse ; incorporé à la province du S. Rosaire, 1736; provincial, 1747; envoyé en Espagne et à Rome ; nommé év. de Sinopolis, en Cilicie (Sinopolitan.), et vic. ap. ; sacré par le Cᵃˡ Préfet de la Propagande dans l'église du collège urbain, 1753; Benoit XIV lui donne une croix et un anneau, qui servent encore à ses successeurs; arrive à Macao en oct. 1756; + à Ke-sen (Fou-ngan hien), 6 mars 1778.  G₂ t. II. p. 278, 328 (et non le 30 mars) ; F₂ p. 213. p. 524 et G₂ II. p. 277 seqq.)

9. *Michel-Joseph Calvo,* 郭, O.P., né à Valence, 1739; quitte l'Espagne, 1767; arrive à Manille, 1769; élu par la Propagande, év. de Milta en Cilicie (Miltensis) et vic. ap. du Fou-kien, auquel on joint le Tché-kiang et le Kiang-si. (Bref expédié le 17 fév. 1781). Il refuse.  La S. C. nomme alors le P. Terradillos, si Calvo l'approuve, ou tout autre que Calvo désignera; mais le P. Terradillos était mort.  Calvo finit par accepter en 1788.  Mᵍʳ Gentili écrit : «On ne sait ni l'an, ni le mois, ni le jour de son sacre» (t. II. p. 339).  Cependant M. Chaumont, procureur de Mᵍʳ Pottier en Europe, dit : «Il ne put être sacré qu'en 1792». (X₁₄ t. I. p. 474).

Il n'était sûrement pas sacré en 1788, car le B. Dufresse écrit expressément (8 fév. 1788) (Nouv. lettres édif. t. II. p. 434) que Calvo projette de venir à Macao pour y être sacré par Mᵍʳ de Sᵗ Martin.  La date des Missions dominicaines est fautive. Il était évêque et à Macao en janvier 1793 (G₂ II. p. 339).

Le sacre eut lieu à Manille ; + 15 oct. 1812 (G₂ l. c.) à Ciu-suei, petite île du Ning-té hien (p. 457).  Mᵍʳ Gentili dit vescovo di Mileto et Miletensis.

10. *Roch-Joseph Carpena Diaz,* 羅, O.P., né à Yecla, dioc. de Carthagène, Murcie, 1760; profès du couvent de S. Croix de Grenade; quitte l'Espagne, 8 déc. 1789; arrive à Cavite, 12 sept.

1790 ; en Chine, 1791 ; nommé év. de Tébaste et coadj. de Mᵍʳ Calvo, en vertu de pouvoirs spéciaux, en 1802.

Mᵍʳ Calvo étant infirme, il va se faire sacrer à Macao, fin de fév. 1803. + 30 déc. 1849, doyen, dit-on, de tous les missionnaires et de tous les évêques du monde. (G₂ t. III. p. 16, 18-20; t. II. p. 363).

11. *Thomas Sala*, 林. O P., né à Barcelone, 26 déc. 1776; entré au couvent de Sᵉ Catherine de Barcelone, 13 mars 1791 ; parti par le Mexique, où il enseignait la théologie en 1804; arrivé à Manille, 16 avril 1805; envoyé en Chine, mars 1810; fonde le séminaire de Ke-sen ; nommé coadj. par Mᵍʳ Carpena Diaz, en vertu de pouvoirs spéciaux. Ses brefs sont expédiés le 6 août 1818; sacré év. de Nilopolis, en Arcadie d'Egypte (Nilopolitan.), par Mᵍʳ Carpena Diaz, au séminaire de Ke-sen, 1820; + 1 oct. 1829 (G₂ t. II. p. 391-402).

Mᵍʳ Gentili écrit Nisopolis (t. III. p. 458).

*Rem.* Le P. François Sales Mora, O.P., fut choisi pour remplacer Mᵍʳ Sala. Il refusa, à cause de son âge (57 ans) et ramena à Manille les restes du Séminaire. Alors Mᵍʳ Carpena choisit Mᵍʳ Calderon (G₂ III. 459).

12. *Thomas Badia*, 張. O.P., né à S. Feliu Seserra, dioc. de Vich, Catalogne, en 1807 ; profès de Manrèse, 7 oct. 1826; miss. et vic. provincial au Fou-kien.

Pendant les révolutions espagnoles de 1813 et années suivantes, Mᵍʳ Joseph Segui, O P., archev. de Manille, seul survivant de l'épiscopat des Philippines, supplia le S. Siège de pourvoir à sa succession. A sa demande, Mᵍʳ Badia fut sacré à Poulo-pinang, en 1813 (1). év. d'Isauropolis.

Il devait être en apparence le second coadj. de Mᵍʳ Carpena Diaz, mais il résiderait à Manille et serait en fait coadj. de l'archevêque. Le gouvernement soupçonna la réalité et expulsa Mᵍʳ Badia, qui retourna en Chine et mourut à Macao, le 1 sept. 1844. G₂ t. II. p. 432-437 t. III. p 459.

---

(1) Cette date est conclue de l'ensemble des faits. Mᵍʳ B. quitta le Fou-kien dans les derniers jours de 1842 et le 18 avril 1844, Mᵍʳ Carpena Diaz écrivait que Mᵍʳ B. était revenu à Macao (l. c. p. 432).

13.  *Michel Calderon,* 高彌格爾, O.P., né à Oviedo,
Espagne, 4 déc. 1803 ; profès du couvent de S. Etienne de
Salamanque, 10 déc. 1819; agrégé à la province du S<sup>t</sup> Rosaire,
1824, il arrive à Manille, le 2 mars 1825.  M<sup>gr</sup> Carpena Diaz,
ayant obtenu, le 4 juil. 1831, de choisir et de sacrer un nouveau
coadj , choisit le P..Calderon, qui fut envoyé au Fou-kien, 1835,
mais retarda son sacre.  Sacré év. de Bodona, en Epire (Bo-
donensis), à la fin de 1840, à Lam-kau, par M<sup>gr</sup> Carpena Diaz,
qui lui cède l'administration du vicariat, il succède le 30 déc.
1849. + à Soe-uin, près Fou-ngan, 14 fév. 1883 (G₂ III. chap.
43).

14.  *Juste-Alphonse Aguilar,* 周, O. P., né à Jaen  en
Andalousie, 14 déc. 1814; profès du couvent de S<sup>a</sup> Catherine de
Jaen, le 10 avril 1831 ;  arrivé à Manille, 28 mai 1841 ;  était
déja au Fou-kien en 1845; élu par M<sup>gr</sup> Calderon, év. de Tebaste
(Tebasten.) et coadj.  M<sup>gr</sup> Carpena Diaz et M<sup>gr</sup> Calderon avaient
obtenu, par bref du 5 sept. 1848, en cas de mort de l'un d'eux,
le pouvoir d'élire un coadj. et de le sacrer avec le titre du défunt.

Sacré à Ke-sen, par M<sup>gr</sup> Calderon, le 8 sept. 1850 ; il
démissionne, pour cause de santé, 1864 (démission acceptée par
Pie IX le 26 nov. 1865), se retire en Espagne, et meurt au
collège de Ocaña, déc. 1874 (G₁ G₂ III. p. 16, 18, 243, 459, 460).

(Sur le passeport; 周 如 斯 多.

15.  *Vincent Carreras,* 趙, O P., né à Regencos, dioc. de
Gérone, 24 mars 1830; profès, 16 janv. 1854.  Avant que la
démission de M<sup>gr</sup> Aguilar fut acceptée, M<sup>gr</sup> Calderon avait demandé à la province de Manille de lui désigner un autre coadj.
Le P. Carreras, nommé, accepte le 10 janv. 1865 et se rend
d'Espagne au Fou-kien.  La démission de M<sup>gr</sup> Aguilar acceptée,
un décret du 14 janv. 1866 (sic) autorise M<sup>gr</sup> Calderon à se
choisir un coadj. avec le titre de Dionisiade, en Arabie Pétrée
(Dionisiens.).  Sacré à Ke-sen, par M<sup>gr</sup> Calderon, 21 oct. 1866;
+ 16 sept. 1867 (G₂ III. p. 242 seq. 462).

16.  *Thomas-Marie Gentili,* 李 篤 瑪, O. P., né à Chieti,
**Abruzzes cit. 14 fév. 1818.**

Son nom de baptème était Aloys-Raimond-Marie.

Entré au couvent de Penne, Abruzzes, 31 janv. 1846; profès, 15 fév. 1819 ; prêtre, 21 nov. 1850 ; parti en 1851 ; arrive à Fou-tcheou, le 21 déc. 1853; élu par M^gr Calderon, en vertu de pouvoirs spéciaux, reçus par bref du 31 janv. 1868, év. de Dionysiade, en Arabie Pétrée (Dionysien,) et coadj. par lettre du 10 mai 1868 ; sacré à Tein-tau, par M^gr Calderon, 7 juin 1868. A la mort de M^gr Calderon, 1883, il donne sa démission, qui est acceptée le 12 juil. 1884; se retire à Rome, 22 déc. 1884; + à Viterbe, 30 août 1888.

Son nom sur le passeport : 李 多 瑪 斯 (G_2 t. III. passim).

17. *Salvador Masot*, 蘇 瑪 素, O.P., né à Lérida, 18 nov. 1845; élu év. de Ilavara, en III^e Palestine (Hauarensis) et vic. ap. le 20 juin 1884 (Brefs expédiés le 12 juillet) ; préconisé, le 13 nov. 1884; sacré, le 12 oct. 1884 (de M^gr Masot); mort le 17 mars 1911, à Valentia.

Sur le passeport, d'après M. Cordier : 祭 瑪 所.

18. *François Aguirre*, 宋 金 鈴, O. P., né à Elgoibar, Guipuzcoa, 22 février 1863 ; entre chez les FF. Prêcheurs le 13 sept. 1879 ; profession simple à Ocaña, 14 septembre 1880 ; profession solennelle à Avila, 14 sept. 1883; ordonné prêtre, 24 avril 1887; arrivé à Fou-tcheou, 21 déc. 1887; vicaire provincial, 31 mai 1910 ; nommé év. de Botrys en 1^e Phénicie (Botryensis) et vic. apostolique du Fou-kien par bref du 13 déc. 1911; sacré à Bui-chu, Tong-king central, 16 juin 1912; publié au consistoire du 2 décembre 1912 (X_1 p. 703) (de M^gr Aguirre).

## XII. Vicariat Apostolique du Ho-nan Méridional.

(Séminaire des Missions Etrangères de Milan).

### 1. Historique.

La province du Ho-nan dépendait du diocèse de Nan-king.

Elle en fut séparée et érigée en vicariat confié aux Lazaristes par décret du 2 mars 1844 (décision prise en 1843). Le siège épiscopal fut au village de Kin-kia-kang, dans le Nan-yang fou. En 1864, le Supérieur des Lazaristes demanda que la province fut confiée à une autre congrégation ; en suite de quoi Mgr Baldus fut transféré au Kiang-si. Le 28 juin 1869, le vicariat fut cédé au Séminaire de Milan et le P. Volonteri, depuis 12 ans missionnaire à Hong-kong, fut, nommé provicaire. Il arriva à Kin-kia-kang avec 3 compagnons, le 19 mars 1870.

### 2. Préfectures civiles.

| | | | |
|---|---|---|---|
| Kai-fong fou (1) | 開 封 府 | Jou-ning fou | 汝 寧 府 |
| Koei-té fou | 歸 德 府 | Koang tcheou | 光 州 |
| Nan-yang fou | 南 陽 府 | Tch'en-tcheou fou | 陳 州 府 |

*Louis de Besi.*

Voir Nan-king.

1. *Jean-Henri-Maximilien Baldus,* 安 若 望, C. M., né à Ally près Mauriac. dioc. de S. Flour, 26 janv. 1811 ; Lazariste, 11 juin 1829 ; prêtre, mars 1834 ; parti, 26 sept. 1834 ; miss. au Hou-pé, puis au Kiang-nan ; préconisé év. de Zoara ou Ségor, en IIIe Palestine (Zoaren.), et premier vic. ap. du Ho-nan, 2 mars 1844 (2) (C$_6$ p. 64) ; transféré au Kiang-si, en 1865 (3) ; + 29 sept. 1869 (Y$_9$ a 24 sept.) à Kieou-kiang ; cf. X$_{15}$ II. p. 395 (M. Bouvier).

2. *André Jandard,* 楊 安 德, C. M.

Voir Kiang-si septentrional.

---

(1) Sauf les trois sous-préfectures qui dépendent du Ho-nan occidental.

(2) Voir X$_5$ ; lettre du C$^{al}$ Préfet à Mgr de Bési, 23 mars 1844.

(3) M Etienne négociait la cession du Ho-nan (Lettre de Mgr Cattaneo).

3. *André Peyralbe*, C. M., né à Chalvignac, dioc. de S. Flour, 25 oct. 1825; Lazariste, 4 nov. 1850; parti pour la Chine, 7 juillet 1856 ; arrivé à Ning-po, 28 nov. 1856 ; parti pour le Ho-nan, 14 fév. 1857; provicaire, 1867-1869; transmet la mission au Séminaire de Milan; + 1871 (de M. Bouvier).

4. *Siméon Volonteri*, 安, né à Milan, 6 juin 1831 ; prêtre en 1857 à Milan ; entré au Séminaire des ME, 1857 ; parti, 15 sept. 1859; miss. à Hong-kong; nommé provicaire du Ho-nan, 1869 ; nommé év. de Paléopolis (Palaeopolitan.), et vic. ap. par bref du 13 juil. 1873; sacré, 22 fév. 1874, à Ou-tch'ang par Mgr Zanoli. En 1881, il obtient la division du vicariat. Par décret du 27 (28? 21?) août, 1882, il est désigné, sur sa demande, pour le Ho-nan septentrional; il revient au Ho-nan méridional, en avril 1884; c'est alors seulement qu'on fit la division formelle. + 21 déc. 1904.

Sur le passeport le nom chinois est 貴芳德. cf. X$_{16}$ 1873, 1874 (de Mgr Cattaneo).

4'. *Etienne Scarella.*

Voir le Ho-nan septentrional.

5. *Ange Cattaneo*, 何安糞, né au dioc. de Bergame, 1844; du Séminaire des ME; arrivé à Hong-kong, 15 oct. 1869; à Kin-kia-kang, 19 mars 1870 ; élu, 17 juin 1905, év. d'Hippus en II$^e$ Palestine (Hippusensis) ; sacré à Han-k'eou par Mgr Carlassare, le 1 nov. 1905 ; publié le 11 déc. 1905.  Acta S. Sedis p. 333. (de Mgr Cattaneo) + 13 décembre 1910 dans son vicariat.

6. *Noe Joseph Tacconi*, 譚維新. né à Pavia, près de Milan, le 23 février 1873; entré au séminaire des ME de Milan, le 6 octobre 1890; ordonné prêtre en septembre 1895; missionnaire en Chine le 27 septembre 1895 ; nommé par bref du 18 sept. 1911 évêque titulaire d'Arada en II$^e$ Phénicie et vicaire apostolique du Ho-nan méridional ; sacré à Pé-king le 30 novembre 1911 ; proclamé au conclave du 30 novembre 1911 (X$_1$ p. 602) (du R. P. Spada).

—◄◦:✳⊰✳:◦►—

## XIII. Vicariat Apostolique du Ho-nan Septentrional.

(Séminaire des Missions Etrangères de Milan).

---

### 1. Historique.

Le Vicariat a été séparé du Ho-nan, le 21 août 1882. Il a été rattaché à la première région ecclésiastique, à la demande de M<sup>gr</sup> Scarella, le 28 février 1885.

### 2. Préfectures civiles.

Toute la partie au nord du Hoang-ho.

Wei-hoei fou　　衛輝府　　　　Hoai-k'ing fou　　懷慶府
Tchang-té fou　　彰德府

---

1. *Etienne Scarella,* 司德望, né à Carpasio, dioc. de Vintimille, 11 août 1842; des ME de Milan; parti, 13 août 1864; prêtre, 13 août 1865 ; élu év. de Carpasie, en Chypre (Carpasiensis), et vic. ap. du Ho-nan sud, 1 sept. 1882; préconisé, 18 sept. 1882; sacré à Kin-kia-kang par M<sup>gr</sup> Volonteri, le 19 mars 1884. M<sup>gr</sup> V., lors de la division, avait demandé le Ho-nan septentrional. Mais les Bulles furent renouvelées et, en avril 1884, M<sup>gr</sup> V. reçut les Bulles pour le Ho-nan méridional et M<sup>gr</sup> Sc. pour le Ho-nan septentrional. + 21 sept. 1902 au Ho-nan (de M<sup>gr</sup> Menicatti).

2. *Jean Menicatti,* 梅占魁, né à Milan, 18 sept. 1866 ; venu en Chine, 1 avril 1889; élu év. de Tanis, en I<sup>e</sup> Augustamnique (Taniten.), et vic. ap., 12 sept. 1903 ; publié, le 12 nov. 1903 (X₁ p. 278); sacré à Pé-king, par M<sup>gr</sup> Jarlin, le 22 nov. 1903 (de M<sup>gr</sup> Menicatti).

## XIV. Vicariat Apostolique du Ho-nan Occidental.

(Séminaire S. François-Xavier de Parme).

### 1. Historique.

Le Ho-nan occidental a été séparé de Ho-nan méridional, le 22 janvier 1906, et formé en préfecture apostolique, puis érigé en vicariat apostolique par bref du 2 mai 1911 (X₁ p. 226).

### 2. Préfectures civiles.

| | | | | |
|---|---|---|---|---|
| Ho-nan fou | 河 南 府 | Tcheng tcheou | | 鄭 州 |
| Hiu tcheou | 許 州 | Yu tcheou | | 禹 州 |
| Jou tcheou | 汝 州 | Mi hien | de K'ai-fong fou | 密 縣 |
| Chen tcheou | 陝 州 | Sin-tcheng | | 新 鄭 縣 |

1. *Louis Calza,* 賈 師 誼, né le 26 juil. 1879, à Roccapre-balza (Berceto) au dioc. de Parme; entré au séminaire S. Xavier de Parme, le 4 novembre 1897 ; prêtre, 24 mai 1902 ; parti, 18 janvier 1904, avec 3 confrères ; élu préfet ap., 21 juin 1906. Nommé par bref du 18 sept. 1911, év. titulaire de Termesse, en Lycie (IIᵉ Pamphylie), et vic. ap. du Ho-nan occidental; proclamé au consistoire du 30 nov. 1911 (X₁ p. 601) ; sacré à Parme, 21 avril 1912, par Mᵍʳ Conforti. X₁₅ 1906 p. 304.

## XV. Vicariat Apostolique de Hong-kong.

(Séminaire des Missions Étrangères de Milan).

### 1. Historique.

La préfecture fut créée par bref du 22 avril 1841, aussitôt après la conquête anglaise. Elle a été érigée en vicariat le 17 novembre 1874.

### 2. Territoire.

Comprend : la colonie anglaise, et en plus :

Sin-ngan hien 新安縣  Hai-fong hien 海豐縣
Koei-chan hien 歸善縣

1. *Théodore Joset,* Suisse ; procureur de la Propagande, à Macao ; nommé premier préfet ap. de Hong-kong, par bref du 22 avril 1841 ; + 5 août 1842 (du R.P. Spada) (S₁ t. I. p. 48).

2. *Antoine Feliciani,* O. S. F., nommé préfet ap. et procureur, 11 déc. 1842 ; gouverne jusqu'au 4 oct. 1847, puis, après la démission de M$^{gr}$ Forcade, du 18 déc. 1850 au 20 juin 1855 (R. P. Spada).

3. *Théodore-Augustin Forcade,* M. E.

Voir Japon (M₂ p. 91 seqq.).

4. *Louis Ambrosi,* du diocèse de Vérone ; parti de Naples, 17 janvier 1846 (X₃) avec le titre de vice-procureur de la Propagande (M$^{gr}$ Raimondi, 14 mars 1867, dans X₃ 1867 p. 335), il fut nommé procureur et préfet apostolique, 20 juin 1855 (R.P. Spada). + 10 mars 1867 (it.).

5. *Jean-Timoléon Raimondi,* 高若望, de Séminaire des ME. de Milan; miss. apostolique en Mélanésie, 1852, puis à Labuan; envoyé à Hong-kong, 29 fév. 1858; pro-préfet apostolique, 17 nov. 1867 ; nommé préfet apostolique, procureur de la Propagande et protonotaire ap. en 1868 ; élu év. d'Acanthe, en Macédoine, et vic. ap. par bref du 17 nov. 1874; sacré à Rome,

22 nov. 1874 ; + à Hong-kong, 27 sept. 1894 (R. P. Spada). (X₁₅ 1883 p. 18).

6.  *Aloys Marie Piazzoli,* 和 類 斯, [羅 類 斯, d'après M. Cordier], né à Vallesiana dioc. de Bergame, 12 mai 1845 (B₂ 1905); élu év. de Clazomènes, en Asie (Clazomen.) par bref. du 11 janv. 1895 ; publié le 18 mars 1895 (X₂ p. 104) ; sacré à Hong-kong, 19 mai 1895; + 26 déc. 1904 (R.P. Spada).

7..  *Dominique Pozzoni,* 師 多 敏, élu év. de Tavia, en l° Galatie (Tavian.), 12 juil. 1905; sacré à Hong-kong, 1 oct. 1905; publié 11 déc. 1905.   (Acta S. Sedis p. 333 et R.P. Spada).

## XVI. Vicariat Apostolique du Hou-koang jusqu'en 1856.

### 1. Historique.

Le Hou-koang a été divisé en deux provinces en 1664, mais il ne forma qu'un vicariat jusqu'en 1856. Il fut séparé de l'évêché de Nan-king, le 15 octobre 1696, et forma d'abord un vicariat à part. Il fut ensuite administré avec le Se-tch'oan, puis réuni au Chen-si et Chan-si, 1762.

Le 14 août 1838, Grégoire XVI rétablit le vicariat, le sépara du Chen-si et le confia aux missionnaires de la Propagande.

En 1856, le Hou-nan fut séparé du Hou-pé.

La plupart des vicaires apostoliques furent Franciscains ($X_3$. 1880 p. 12).

-----

1. *François Pallu*, M. E.
(Voir Fou-kien).

2. *Jean-François de Leonessa*, O.S.F.
(Voir Nan-king).

3. *Claude de Visdelou*, S.J.
(Voir Koei-tcheou).

4. *Jean-Baptiste Maolelli*, O.S.F. né à Serravalle au Milanais ; miss. au Chen-si avec Castrocaro, à Si-ngan fou, Lantcheou fou, Liang-tcheou fou ; devient provicaire du Hou-koang ($C_5$ p. 265).

Il semble bien que ce fut au nom du vic. ap. du Chen-si. Cependant ce n'est pas sûr, et c'est pourquoi nous lui donnons place ici. Frappé d'apoplexie ($C_5$ p. 265) + 14 janv. 1723 (?).

Cette date se concilie mal avec l'assertion de Civezza qu'il dut fuir pendant la persécution générale (1724). ($X_{14}$ p. 534 sur la persécution de 1724) cf. $P_5$ p. 167.

(Voir Chen-si, Chan-si n. 7 p. 48).

5. *Jean Müllener*, C. M.
Voir Se-tch'oan.

6. *Louis Maggi*, O.P.
Voir Se-tch'oan.

7.  *Joachim de Martillat,* M. E.

Voir Se-tch'oan.

8.  *Joseph-Marie Rizzolati,* O. S. F., né à Clauzeto ; de la province séraphique de Venise; élu év. d'Aradas, en $II^e$ Phénicie (Aradius), le 30 août 1839; se réfugie à Hong-kong en 1848; ne peut rentrer au Hou-koang ; retourne en Europe sur l'invitation de la Propagande ($X_3$ t. 29 p. 364), en 1854 ($L_6$ I. p. 268) ; renonce, 1856 ($G_1$ p. 128); + à Rome en 1862.

9.  *François-Xavier Maresca,* O. S. F.

Voir Nan-king, p. 33.

10.  *Joseph Novella,* O. S. F., né à Carpasio, dioc. de Vintimille, le 13 février 1805. Son nom de baptême était Jacques. Son nom de religion était Joseph. Entré à 17 ans au couvent de Cimiès chez les Récollets; professeur à Cimiès, puis à Rome. En janvier 1845, envoyé de Rome à $M^{gr}$ Rizzolati. Nommé év. de Patares en Lycie et coadj. de $M^{gr}$ Rizzolati. Sacré le 22 mai 1847. Se réfugie à Hong-kong en déc. 1847. Rentre au Hou-koang, peu après le 19 juil. 1848. Malade, il s'embarque à Chang-hai, le 3 nov. 1851 (Il assista à la réunion de vicaires apostoliques de 1851). Se retire à Cimiès, près Nice. Y meurt le 26 février 1872. Cf. $X_{15}$ t. IV. p. 413. $X_3$ t. 25, p. 304.

10'.  *Basilla.*

$M^{gr}$ Thomine-Desmazures, écrivant de Hong-kong, 23 mai 1849, dit qu'il y rencontra "$M^{gr}$ Rizzolati... et $M^{gr}$ *Basilla,* son coadj. arrêtés sur la dénonciation de faux frères et déportés hors de l'empire". $X_3$ 1849 p. 199.

Voir $X_3$ 1850 p. 139, une lettre adressée, le 1 oct. 1849, à $M^{gr}$ Rizzolati, alors absent du vicariat, par le catéchiste Fou. Le coadjuteur de $M^{gr}$ Rizzolati était $M^{gr}$ Novella. Il n'y a évidemment ici qu'une faute d'impression. Nov a été lu Bas.

## XVII.  Vicariat Apostolique du Hou-nan méridional.

(Ordre de S. François).

---

### 1. Historique.

La province du Hou-nan fut séparée du Hou-koang en 1856 et constitua un Vicariat Apostolique, confié aux Frères Mineurs. Celui-ci fut divisé en 1879.

### 2. Préfectures civiles.

| | | | |
|---|---|---|---|
| Koei-yang tcheou | 桂 陽 州 | Pao-k'ing fou | 寶 慶 府 |
| Tsing tcheou | 靖　州 | Tch'eng tcheou | 郴　州 |
| Tch'ang-cha fou | 長 沙 府 | Yong-tcheou fou | 永 州 府 |
| Heng-tcheou fou | 衡 州 府 | | |

---

*B. Jean Lantrua,* O.S.F., né à Triora, dioc. de Vintimille, 15 mars 1760 (Son nom de baptême était François-Marie); entré chez les Frères Mineurs, 15 mai 1777; parti 1798.

L'auteur de sa vie dit qu'il fut provicaire au Hou-nan, sans spécifier la date.  Nous ne savons donc à quel titre il exerçait cette charge. ✝ étranglé à Tch'ang-cha, 13 fév. 1816 ; béatifié 7 mai 1900.  (X₁ p. 233. A₂ passim. X₁₄ t. V. p. 205).

On a repris sa cause pour la canonisation, 15 fév. 1910.

1.  *Michel Navarro,* 方來遠, O.S.F., né à Grenade, Espagne, 4 juin 1809; mineur réformé alcantarin, 25 nov. 1827; miss. à Hong-kong, 1841; puis au Hou-koang, 1843; provicaire de Mgr Rizzolati, 1853 (au plus tard) X₃ t. 25 p. 304; préconisé év. de Cucuse, en IIᵉ Arménie (Cucusien.), et premier vic. ap. du Hou-nan, le 8 avril 1856; sacré, le 8 déc. 1856, par Mgr Spelta; ✝ 9 sept. 1877, à Heng-tcheou fou.  (X₁₆ t. X. p. 211) (X₃ 1848, p. 250 son arrestation par les satellites).

2.  *Ezechias* (sic) *Banci,* 南熙, O.S.F., né à Semproniano, dioc. de Sovana-Petigliano, 22 janvier 1833 ; mineur réformé ; venu en Chine en 1861 avec le P. Grassi; provicaire du Hou-pé NW à la création du vicariat, 1870; nommé év. d'Halicarnasse,

en Carie (Halicarnassen.), et coadj. de M^gr Navarro, vic. ap. du
Hou-nan, 6 mai 1871 ; sacré, 15 mai 1872, par M^gr Navarro;
revient en Europe en 1876; nommé vic. ap. du Hou-pé NW,
30 sept. 1879 ; mort, 22 sept. 1903, à Fan-tchien (Siang-yang)
(C_5 II. p. 308. X_15 1872, p. 304).

3.  *Eusèbe-Marie Semprini*, 沈 道 南, O.S.F., né à Dongo,
en Lombardie, le 18 déc. 1823 ; mineur réformé, déc. 1846;
parti, avril 1858 ; préconisé év. de Tibériopolis, en Phrygie
Pacatiane (Tiberiopolitan.), et coadj. de M^gr Navarro, le 28 janv.
1876; sacré, 28 mai 1876; succède, 9 sept. 1877.

Le 19 sept. 1879, par la création du Hou-nan septentrional,
il devient vic. ap. du Hou-nan méridional.

Démissionne, 1892. + au Hou-pé NW, 8 janv. 1895 (X_15
1895 p. 143.)

4.  *Antonin Fantosati*, 范 懷 德, O.S.F., né à S^te Marie in
Valle, commune de Trevi, dioc. de Spolète, 16 oct. 1842; parti,
1862 [C_8 1191 dit 1867]; nommé administrateur du Hou-pé NW.
1878; puis vic. général de M^gr Banci, 1880; nommé év. d'Adraa,
en Arabie (Adrahorum), et vic. ap. du Hou-nan méridional, 5
avril 1892 ; préconisé, 11 juil. 1892 ; sacré par M^gr Banci, à
Kia-yuen-kou (Cucen.) Kou-tch'eng hien (Hou-pé), 11 nov. 1892;
massacré à Heng-tcheou fou, le 7 juil. 1900. (Sic M^gr Mondaini)
(X_15 1900 p. 393.  C_8 t. II. col. 1192.  L_11 拳 禍 記 t. 2. p.
389-396).

5.  *Jean-Pellerin Mondaini*, 翁 德 明, O.S.F., né à Vé-
rucchio, dioc. de Rimini, 15 janv. 1868 ; novice, 23 oct. 1884 ;
profès, 8 déc. 1889 ; prêtre, 25 juillet 1890 ; miss. en Chine,
1891 ; élu év. de Synao en Phrygie Pacatiane (Synaitan.) et
vic. ap. le 22 fév. 1902 (bulles datées du 23 janv.) ; publié, 9
juin 1902; sacré, 20 avril 1902 (de M^gr Mondaini) (X_3 p. 236).

## XVIII. Vicariat Apostolique du Hou-nan Septentrional.

(Ermites de S. Augustin, province du Très Saint Nom de Jésus, des Philippines).

### 1. Historique.

Le vicariat a été séparé du Hou-nan, le 19 septembre 1879, et confié aux Ermites de S. Augustin de la Province du Très-Saint Nom de Jésus, des Philippines.

### 2. Préfectures civiles.

| | | | | |
|---|---|---|---|---|
| Li tcheou | 灃　州 | | Tchang-té fou | 常 德 府 |
| Yong-choen fou | 永 順 府 | | Kien-tcheou t'ing | 乾 州 廳 |
| Tch'en-tcheou fou | 辰 州 府 | | Nan-tcheou t'ing | 南 州 廳 |
| Yong-soei t'ing | 永 綏 廳 | | Fong-hoang t'ing | 鳳 凰 廳 |
| Yuen-tcheou fou | 沅 州 府 | | Hoang-tcheou t'ing | 晃 州 廳 |
| Yo-tcheou fou | 岳 州 府 | | | |

1. *Ange Abasolo,* O. S. A., nommé provicaire, renonce. Cf. $X_{15}$ 1880 p. 208.

2. *Guadilla,* O.S.A., provicaire, avril 1880; meurt en mer, 28 août 1880. Cf. $X_{15}$ 1880 p. 208.

3. *Elie Suarez,* O.S.A., provicaire, 3 avril 1881; démission acceptée, 25 juil. 1884. Cf. $X_{15}$ 1884 p. 362.

N. B. Il était provicaire au synode du 16 avril 1880. Le date de 81 est donc erronée, semble-t-il.

4. *Saturnin de la Torre,* 羅 安 希, O.S.A., né à Palencia, le 29 novembre 1852; arrivé à Han-k'eou, le 1er juin 1862; nommé vicaire général du Hou-nan septentrional, le 25 juillet 1884. (du T. R. P. de la Torre) (cf. $X_{15}$ 1884 p. 362).

5. *Ludovic Perez y Perez,* 方 類 思, O.S.A., né à Tuda de Sayago, dioc. de Zamora, en Espagne, 30 mai 1846 (date sûre); profès à Valladolid, 12 nov. 1865 ; arrivé aux Philippines, 24 mai 1869; ordonné prêtre en décembre 1870; arrivé en Chine en 1880; nommé év. de Corico, en Ie Cilicie (Coryciens.) et premier vicaire apostolique du Hou-nan septentrional, le 10 mars 1896;

publié, le 25 juin 1896 (X₂ p. 261); sacré, le 12 sept. 1897. + le 15 avril 1910, avec les RR. PP. Benoit Gonzalez et Augustin de Paz, pendant l'insurrection du Hou-nan, en se rendant au synode de Han-k'eou (de Mgr Perez).

Le synode célébra ses obsèques le 11 mai 1910.

6. *Juventius Hospital*, 胡文賓, O.S.A., né à Palencia, en Espagne, le 4 février 1870; entré dans la Province du Très Saint Nom de Jésus des Philippines en 1885 ; nommé par bref du 18 sept. 1911 évêque de Caune, en Syrie (Caunensis) et vicaire apostolique ; sacré le 4 février 1912 par Mgr Jérémie Harty, archevêque de Manille; proclamé le 30 nov. 1911. X₁ p. 602.

## XIX. Vicariat Apostolique du Hou-pé Oriental depuis 1856.

(Ordre de S. François).

### 1. Historique.

Le Hou-pé, séparé du Hou-nan en 1856, fut partagé en trois vicariats en 1870.

### 2. Préfectures civiles.

| | | | |
|---|---|---|---|
| Ou tch'ang fou. | 武 昌 府 | Han-yang fou | 漢 陽 府 |
| Hoang-tcheou fou | 黃 州 府 | Té-ngan fou | 德 安 府 |
| Ngan-lou fou | 安 陸 府 | | |

1. *Louis-Célestin Spelta,* O.S.F.
Voir Nan-king, p. 34.

2. *Eustache-Guy-Modeste Zanoli,* 明 希 聖, O.S.F., né à Morbirazzo en Emilie, 19 mai 1831; mineur réformé; miss. au Hou-pé, déc. 1855, ($X_3$ t. 29, p. 366); préconisé év. d'Eleuthéropolis en I[e] Palestine (Eleutheropolitanus) et coadj. de Mgr Spelta, le 15 sept, 1861 [Il signe Eleutheropolitan. au synode de 1880, donc Halicarnasse est une erreur]; succède, 12 sept. 1862 ($X_3$ 1862 p. 332). + 17 mai 1883.

Il fut administrateur du Hou-pé NW, du 1 oct. 1871 à 1876. $X_{15}$ 1883 p. 348.

3. *Epiphane Carlassare,* 江 成 德, O.S.F., né à Montecchio, dioc. de Vicence, le 25 juin 1844; novice, 9 janv. 1861; profès, 21 déc. 1865; prêtre, 21 déc. 1866; miss. en 1870; sacré, év. de Madaure, en Numidie, (Madauren.), 14 sept. 1884 (de Mgr Carlassare);+au Chan-si, à la station de Tsen-tao, 24 juil. 1909.

4. *Gratien Gennaro,* 田 瑞 玉, O.S.F., né à Isola-Vicentina, dioc. de Vicence, le 9 mai (6 sept. ?) 1863; franciscain, 1885; parti pour la Chine, 1 nov. 1891; prêtre, 2 avril 1892; élu év. de Jéricho, en I[e] Palestine (Hierichuntin.) et coadj. de Mgr Carlassare, par bref du 25 août 1906; publié, 6 déc. 1906 · sacré, 8 déc. 1906; succède, 24 juil. 1909 (de Mgr Gennarro).

### XX.  Vicariat Apostolique du Hou-pé Nord-Ouest.

(Ordre de S. François).

#### 1. Historique.

Le Vicariat fut erigé en 1870 par démembrement du Hou-pé.

#### 2. Préfectures civiles.

Siang-yang fou  襄 陽 府  Yuen-yang fou  鄖 陽 府

1. *Ezéchias Banci,* O.S.F.
Voir Hou-nan S, p. 87.

2. *César dal Ceggio,* 楊 化 周, O.S.F., né à Telve, dioc.
de Trente, 11 oct. 1821; Franciscain, dans la marche d'Ancône;
miss. en Chine, 1854, au Hou-koang, 1855 ; vicaire général de
M^{gr} Navarro, 1856.

Le Hou-pé étant divisé en trois vicariats, en 1870, il
demande à échanger avec M^{gr} Banci.  Il est nommé vic. ap. du
Hou-pé NW. mais meurt le 2 août 1871, avant son sacre. cf.
X_{15} 1872. p. 304.

3. *Eustache-Guy-Modeste Zanoli,* O.S.F.
Voir Hou-pé Oriental n. 2, p. 91.

4. *Pascal Billi,* 畢 禮, O S.F., né à Florence, 21 janv.
1835 ; mineur réformé, 1853 ; parti en 1861 ; vic. gén. de M^{gr}
Zanoli pour le Hou-pé NW., 1870 ; élu, 27 nov. 1876, év. de
Gratianopolis, en Mauritanie Césarienne (Gratianopolitan.) et
vic. ap. du Hou-pé NW.; sacré, 22 juil. 1877, par M^{gr} Volonteri;
+ 12 mai 1878. cf. X_{15} 1878 p. 357. 524.

5. *Antonin Fantosati,* O.S.F.
Voir Hou-nan méridional, p. 88.

6. *Ezéchias Banci,* O.S.F.
Voir Hou-nan méridional, p. 87.

7. *Fabien Landi,* 畢 世 修, O. S. F., né à Radda, dioc. de
Fiesole, 10 mars 1872; novice, 3 sept. 1887; profès, 6 oct. 1891;
prêtre, 1894; élu év. de Ténare (Matapan), en Grèce (Tænarensis),
et vic. ap. le 27 mai 1904; sacré, à Han-k'eou, le 2 oct. 1904;
publié, 14 nov. 1904 (de M^{gr} Landi).

## XXI.   Vicariat Apostolique du Hou-pé Sud-ouest.

(Ordre de S. François).

### 1. Historique.

Le Hou-pé sud-ouest fut érigé en 1870, quand la province fut divisée en trois vicariats.

### 2. Préfectures civiles.

I-tch'ang fou 宜昌府 Kin-tcheoufou 荊州府 Ho-fong t'ing 鶴峯廳 Che-nanfou 施南府 Kin-men tcheou 荊門州

1. *Alexis-Marie Filippi,* 董文芳, O. S. F., né à Modène, 16 déc. 1818 ; mineur réformé ; provicaire, 1870 à 1876 ($G_1$) ; préconisé év. de Panéade (c.-à-d. Césarée de Philippe) en I$^e$ Phénicie (Paneaden.), le 20 janv. 1876 ($G_1$); sacré, à Ou-tch'ang, 7 mai 1876; + fin de 1888.

Il était déjà au Hou-pé en 1856 ($X_3$ t. 29 p. 367; $G_8$ col. 1192; $X_{15}$ 1889 p. 252).

Le P. Christaens annonce sa mort, le 1 janv. 1889.

2. *Benjamin Christaens,* 祁國良, O.S.F., né à Thielt, dioc. de Bruges, 24 fév. 1844; novice, 12 oct. 1861; profès, 14 oct. 1865; prêtre, 6 juin 1868; miss. en Chine, 1873; élu, év. de Colophon, prov. d'Asie (Colophonius), et vic. ap., le 13 fév. 1889; démissionne en 1899 et se retire en Belgique, au couvent de Gand, où il travaillait encore en septembre 1910 (M$^{gr}$ Everaerts). cf. $X_{15}$ 1878 p. 305.

3. *Théotime-Mathieu Verhaegen,* O.S.F., né en 1867, au diocèse de Malines; nommé év. de Syène, en II$^e$ Thébaide (Syenen.); publié le 19 avril 1900 ($X_2$ p. 148); sacré à I-tch'ang, le 11 nov. 1900; massacré à Cha-se-ti, Che-nan-fou, avec son frère le P. Frédéric et le P. Florent Robberecht, 19 juillet 1904 (de M$^{gr}$ Everaerts).

4. *Modeste Everaerts,* 楊睦多, O.S.F., né à Anvers, 3 déc. 1845; novice récollet à Thielt, 24 oct. 1862; prêtre, 22 mai 1869; miss. en Chine, 1873; év. de Tadama, en Mauritanie Césarienne (Tadamatensis), 24 déc. 1904 ; sacré à Lao-hou k'eou, 2 avril 1905. (de M$^{gr}$ Everaerts. $B_2$ 1909 p. 325).

## XXII.  Mission d'I-li.

(Congrégation du Cœur Immaculé de Marie.   Schéutveld près Bruxelles),

### 1. Historique.

La province civile du Sin-kiang fut créée en 1885. Elle fût séparée du Kan-sou et érigée en mission indépendante, 1 octobre 1888. Elle ne comprend pas le Kou-kou-nor.

### 2. Territoire.

Tout le Sin-kiang 新 疆.

---

1. *Daniel-Bernard van Koot,* 高 達 道, C.I.C.M., premier supérieur de la mission, 1888.

2. *Jean-Baptiste Steeneman,* 石 天 基, C. I. C. M., né à Brielle (Zélande) en Hollande, le 5 février 1853 ; prêtre, 10 juin 1876 ; voeux, 4 mars 1878 ; parti pour la Mongolie, le 4 mars 1878 ; passe au Kan-sou en 1880 ; à I-li, sept. 1883 ; supérieur de la mission d'I-li, sept. 1893 (du R. P. Hoogers).

## XXIII.  Vicariat Apostolique du Kan-sou Septentrional.

(Congrégation du Cœur Immaculé de Marie, Scheutveld près Bruxelles).

---

### 1. Historique.

Le province civile du Kan-sou a été créée en 1666.

Néanmoins elle a toujours fait partie du vicariat apostolique du Chen-si.  Le vicariat du Kan-sou fut créé par le bref du 21 mai 1878, qui séparait du Chen-si le Kan-sou, le Sin-kiang et le Kou-kou-nor, et les confiait aux Pères de Scheut.

Le Ning-hia fou fut rattaché au Vicariat des Ortos, le 12 octobre 1886.

Le Sin-kiang en fut séparé, 1 oct. 1888, pour former la mission d'I-li. p. 94.

Une préfecture apostolique fut encore détachée du Vicariat, le 28 avril 1905.

Le Kou-kou-nor est sous la juridiction ecclésiastique du Kan-sou septentrional.  Cependant le T.R.P. Préfet Apostolique est délégué par le Vicaire Apostolique pour travailler dans les régions voisines du Thibet (de M$^{gr}$ Otto).

### 2. Préfectures civiles.

| | | | |
|---|---|---|---|
| Si-ning fou | 西 寗 府 | Lan-tcheou fou | 蘭 州 府 |
| Liang-tcheou fou | 凉 州 府 | Ngan-si tcheou | 安 西 州 |
| Kan-tcheou fou | 甘 州 府 | Le Kou-kou nor | 青 海 |
| Sou tcheou | 蕭 州 | | |

---

1.  *Ferdinand Hamer*, C. I. C. M.

Voir Mongolie occidentale.

2,  *Hubert Otto*, 陶 福 音, C. I. C. M., né à Bruxelles, (B$_2$ 1905), 12 sept. 1850; prêtre, 1873; vœux, 21 février 1876; parti, 27 février 1876 ; arrivé à Si-wan-tse, 西 灣 子, 30 avril 1876 ; nommé év. d'Assura, en Afrique Procons. (Assuritan.), le 20 juin 1890 ; sacré, 11 janvier 1891 (La date 31 est fausse).  X$_{16}$ 1890. p. 272 et lettres de M$^{gr}$ Otto).

## XXIV. Préfecture Apostolique du Kan-sou Méridional.

(Congrégation du Cœur Immaculé de Marie, Scheutveld près Bruxelles).

### 1. Historique.

Préfecture apostolique séparée du Kan-sou, par décret du 28 avril 1905.

### 2. Préfectures civiles.

| | | | |
|---|---|---|---|
| Ts'in-tcheou | 秦 州 | Kiai tcheou | 階 州 |
| Kong-tch'ang fou | 鞏 昌 府 | K'ing-yang fou | 慶 陽 府 |
| King tcheou | 涇 州 | Kou-yuen tcheou | 固 原 州 |
| P'ing-liang fou | 平 凉 府 | | |

Le Kou-yuen tcheou n'avait d'abord été assigné, en 1905, ni au Vicariat, ni à la Préfecture.

1. *Everard Terlaak,* 藍 克 復, C. I. C. M., né à Diedam en Gueldre (Hollande), le 5 nov. 1868; vœux, 17 nov. 1889; prêtre, 3 avril 1892 ; parti pour la Mongolie centrale, 18 sept. 1892 ; premier préfet apostolique du Kan-sou méridional, le 21 juin 1905 (R. P. Hoogers).

## XXV.  Vacariat Apostolique du Kiang-nan.

(Compagnie de Jésus, province de Paris).

---

### 1. Historique.

Le vicariat a été érigé le 21 janvier 1856, à la suppression
du diocèse de Nan-king, p. 34.

### 2. Territoire.

Il comprend la double province du Kiang-nan : Kiang-sou
et Ngan-hoei.

---

1.  *André Borgniet,* 年 文 思, 安 德, S.J., né le 14 février
1811, à Mayence sur le Rhin ; ordonné prêtre en 1835 ; Jésuite,
6 décembre 1845 ; arrivé en Chine, 24 oct. 1847 ; provicaire
apostolique (ad beneplacitum), à la suppression du diocèse de
Nan-king, 2 avril 1856, par égard pour Mgr Spelta.  Lettre du
Cal Préfet de la Propagande du 29 avril 1856.  Nommé év. de
Bérisse, en Ie Arménie (Berissen.) et premier vic. ap. du Kiang-
nan, par brefs du 24 mai 1859 ; sacré à Chang-hai, par Mgr
Mouly, 2 oct. 1859; + à Tchang-kia-tchoang, Tche-li, 31 juill.
1862.  Dans d'autres brefs : Berissanus, Beristensis (X₅).

2.  *Mathurin Lemaître,* 梅德爾, 正心, S.J., né à Sᵗ Charles,
Mayenne, 1 janv. 1816 ; novice, 11 août 1841 ; arrivé en Chine,
30 août 1846 ; supérieur régulier, du 21 nov. 1855 au 23 nov.
1862 ; provicaire, du 31 juil. 1862 à sa mort ; + 3 mai 1863.
cf. C₈ 1081.

3.  *Joseph Gonnet,* 鄂 爾 璧, 若 瑟, S.J., né à Glun, près
Tournon, Ardèche, le 31 déc. 1815 ; entré au noviciat, 18 janv.
1840 ; prêtre, 2 juillet 1843 ; arrivé à Chang-hai, 15 oct. 1844 ;
supérieur de la mission du Kiang-nan, du 23 nov. 1862 au 6
mai 1866 ; provicaire ap. du 3 mai 1863 au 22 mars 1865 ;
supérieur de la mission du Tche-li SE, du 20 mai 1866 au 29
août 1877 et du 18 avril 1878 au 18 avril 1884; provic. ap., du
18 avril 1878 au 15 juil. 1880 ; + à Hien-hien, 2 juil. 1895.
(B₂ p. VIII).

13

4.   *Adrien-Hippolyte Languillat,* 郎 懷 仁, 厚 甫, S.J., né à
Chantemerle au dioc. de Châlons s. Marne, 28 sept. 1808; prêtre,
2 octobre 1831; Jésuite, 21 février 1841; s'embarque à Brest, 29
décembre 1843 ; arrive à Chang-hai, 15 oct. 1844; miss. au
Kiang-sou et au Chan-tong; nommé év. de Sergiopolis en Syrie
Enphratésienne (Sergiopolitan.), par bref du 27 mai 1856 et
premier vic. ap. du Tche-li SE. par brefs du 30 mai 1856
[Ses pouvoirs sont datés du 18 mai (X$_5$)].   (Sur une erreur relative au Tche-li SW, voir S$_6$ p. 21. S$_1$ p. 318).   Sacré à Ngan-
kia-tchoang par M$^{gr}$ Mouly, le 22 mars 1857 (it) ; transféré au
Kiang-nan par brefs du 9 sept. 1864 (it). + à Chang-hai le 29
nov. 1878 (P$_4$. S$_6$).

5.   *Valentin Garnier,* 倪 懷 綸·藹爾, S.J., né à S$^t$ Germain-
en-Coglès, dioc. de Rennes, le 6 mai 1825 ; entré prêtre dans
la C$^{ie}$, le 24 janv. 1852; derniers vœux, le 16 juin 1862; arrivé
en Chine, 3 fév. 1869 ; nommé év. de Titopolis, en Isaurie
(Titopolitan.), et vic. ap. par brefs du 21 janv. 1879 ; sacré à
Chang-hai par M$^{gr}$ Guierry, le 27 avril 1879; + mort à Chang-
hai, le 14 août 1898 (X$_5$).

6.   *Jean-Baptiste Simon,* 蘇 繼 章, 志 高, S.J., né à Issé,
dioc. de Nantes, le 20 déc. 1846; Jésuite, le 25 août 1868;
arrivé en Chine, le 18 oct. 1886; profès, le 2 fév. 1887; nommé
év. de Circesium, en Osrhoène (Circesien.), et vic. ap. par
brefs du 7 janvier 1899 ; publié, 22 juin 1899 ; sacré à Chang-
hai par M$^{gr}$ Bulté, le 25 juin 1899; + à Ou-hou, le 18 août
1899 ; enseveli à **Ou-hou** (C$_8$ p. 1095).

7.   *Prosper Paris,* 姚 宗 李, 思 白, S.J., né à Nantes, le 1
sept. 1846 ; entré dans la Compagnie de Jésus, le 17 oct. 1866;
prêtre, le 18 sept. 1880 ; arrivé en Chine, le 24 oct. 1883 ;
profès, le 23 février 1884; supérieur régulier de la mission, 10
sept. 1893-22 juil. 1900 ; provicaire, 14 août 1898-25 juin 1899
et 11 août 1899-11 nov. 1900; nommé év. de Silandus, en Lydie
(Silanden.), et vic. ap. par brefs du 6 avril 1900 (X$_5$); publié au
consistoire du 19 avril 1900 (X$_2$ p. 148); sacré à Chang-hai, par
M$^{gr}$ Reynaud, le 11 nov. 1900 (de M$^{gr}$ Paris).

—➤═╂·✳·╂═◄—

## XXVI. Vicariat Apostolique du Kiang-si Septentrional.

(Lazaristes).

### 1. Historique.

Nous réunissons ici tout ce qui regarde le Kiang-si.

La province a été séparée du diocèse de Nan-king, le 15 octobre 1696, puis unie au Fou-kien, de 1718 au mois de mars 1838. ($X_{15}$ 1873, p. 218). En 1838, elle est unie au Tché-kiang, puis forme un vicariat distinct, pour Mgr Laribe, 1846, et est enfin divisée, en 1879 et en 1885.

N.B. Les Lazaristes arrivèrent au Kiang-si et au Hou-pé, en 1832, mais sous les vicaires apostoliques. Le Kiang-si leur fut donné en 1838. Voir $X_3$ 1880 p. 6.

### 2. Préfectures civiles.

| Nan-tch'ang fou | 南昌府 | Nan-k'ang fou | 南康府 |
| Kieou-kiang fou | 九江府 | Lin-kiang fou | 臨江府 |
| Choei-tcheou fou | 瑞州府 | Yuen-tcheou fou | 袁州府 |

1. *Pierre de Lamotte-Lambert,* M. E.
Voir Tché-kiang.

2. *Jean Pin,* M. E.
Voir Tché-kiang.

3. *Alvare de Benavente,* O.S.A., est envoyé de Macao à Canton, déc. 1678 ($S_5$ p. 1021), et, si je comprends bien, fonde une maison au Koang-tong; supérieur des missionnaires de son Ordre, 1683 ($P_5$ §. 30. p. 61) ; nommé vic. ap. et év. d'Ascalon, en Iᵉ Palestine (Ascalonen. ou Ascalonitan.), en 1696; sacré à Nan-king, le 30 mai 1700, par Mgr della Chiesa (Lettre de Mgr B. à la Propagande, 27 nov. 1700, dans les Anecdotes Orˡᵉˢ III).✝à Macao, 20 mars 1709 ($G_1$) et enterré le 21 dans l'église S. Augustin. $P_5$ p. 133, 145, 161 etc.

Voir une lettre de lui dans $P_5$ l. c. Il était partisan des rites et avait adopté pour son Ordre les méthodes des Jésuites.

Il demanda un jésuite français pour provicaire ($X_{10}$ t. 10. p. 15). Il protesta contre Mgr de Tournon, appela à Rome, 1707.

$M_3$ p. 25 le fait enterrer le 21 mars 1731 (!) et l'appelle Bonaviile.

4.   *Jean de la Balluère*, M. E.

Voir Se-tch'oan.  $L_{10}$ p. 538.

5.   *François-Alexis Rameaux*, C. M.

Voir Tché-kiang.

6.   *Bernard-Vincent Laribe*, 和, C. M., né à Sousceyrac, dioc. de Cahors, 12 mai 1802 ; Lazariste, 31 oct. 1823 ; parti, sept. 1831 ; arrive à Macao, 3 mars 1832 ; envoyé au Kiang-si ($X_3$ t. 6. p. 352), provicaire de M$^{gr}$ Carpena Diaz; nommé év. de Sozopolis, ｜prov. du M$^t$ Hémus en Thrace (Sozopolitan.), et coadj. de M$^{gr}$ Rameaux, 2 mars 1844; sacré, 13 mai 1845; succède, 14 juil. 1845;+à Ou-tcheng, Nan-tchang fou, Kiang-si, 20 juil. 1850.

[Ou-tcheng est près du Lac Po-yang.]

A la mort de M$^{gr}$ Rameaux, le Tché-kiang fut séparé du Kiang-si. M$^{gr}$ L. ne succéda que pour le Kiang-si (de M. Bouvier).

7.   *André Jandard*, 賀安德, C.M., né à Ardillats, dioc. de Lyon, 21 mars 1809 ($Y_9$ : 1911) ; Lazariste, 1841 ; parti en mai ou juin 1844 ($X_3$ t. 16 p. 286) ; miss. au Ho-nan ; élu év. d'Andrinople en Honoriade (Adrianopolitan.) et vic. ap. du Kiang-si, le 27 août 1850 ; refuse et retourne au Ho-nan ; provicaire du Ho-nan, 1865-67 ; mort à Pé-king, 15 nov. 1867, pendant un voyage (de M. Bouvier).

8.   *Louis Gabriel Delaplace*, C. M.

Voir Tche-li N.

9.   *François-Xavier-Timothée Danicourt*, 顧, C. M., né à Authie-lès-Doullens, dioc. d'Amiens, 18 mars 1806 ; Lazariste, 1828; parti pour la Chine avec M$^{gr}$ Mouly, sept. 1833 ($X_3$ t. 7. p. 16) ; arrivé à Macao, 14 juin 1834 (voir cpdt. $X_3$ t. XI. p. 154); miss. au Tché-kiang; élu év. d'Antiphellos, en Lycie (Antiphellensis), et vic. ap. du Tché-kiang, 22 déc. 1850 ; sacré, 7 sept. 1851 ($G_1$ p. 130) ; transféré au Kiang-si (1), 1855 ($X_3$ 1867

---

(1) *Note*. Nous trouvons deux dates pour le transfert de M$^{gr}$ Danicourt et de M$^{gr}$ Delaplace. M$^{gr}$ Danicourt écrivit à Rome et fit retourner M$^{gr}$ Delaplace au Kiang-si. Rome ayant maintenu sa décision, le transfert définitif eut lieu en 1855 (de M$^r$ Dauverchain).

p. 449) ; rentré en Europe, 1859-60 ; † à Paris, 2 fév. 1860.
X₁₅ t. XXI. 1889 p. 96 ; E. Danicourt. Vie de M^gr Danicourt.
Ponssielgüe. 1889. p. 96.

Il rend Ou-si et Tchang-tcheou à M^gr Maresca. Approuvé
par le C^nl Barnabo, fév. 1853.

10. *Antoine Anot,* 羅安當, C.M., né à Menneville, arrond^ut
de Laon, diocèse de Soissons, 3 mai 1814; Lazariste, 5 oct. 1838;
parti, 20 janv. 1843; arrivé à Macao le 24 août 1844; provicaire,
1860 à 1865; † 21 nov. 1893 à Fou-tcheou fou.

11. *Jean-Henri-Maximilien Baldus,* C. M.

Voir Ho-nan Méridional.

12. *François-Tagliabue,* C. M.

Voir Tche-li Sud-Ouest.

13. *Gérald Bray,* 白振鐸, C.M., né à Syran (Cantal), le 4
déc. 1825; Lazariste, 12 déc. 1848; prêtre, 21 mai 1853; parti,
8 août 1858 ; arrivé à Chang-hai, 23 déc. 1858 ; miss. en Mongolie; nommé év. de Légion en II^e Palestine (Lingonum) (sic); et
vic. ap. du Kiang-si, le 15 mars 1870; publié, le 21 mars; sacré,
le 20 nov.; † 24 sept. 1905 à Kieou-kiang (de M^gr Ferrant).

14. *Paul-Léon Ferrant,* 郎 守 信, C. M., né à Wervicq,
Nord, 2 juil. 1859; Lazariste, 26 sept. 1880; prêtre, 7 juin 1884;
parti, 1884 ; miss. au Tché-kiang ; élu év. de Barbalissus, en
Syrie Euphratésienne (Barbalissen.), et coadj. de M^gr Bray, le 27
juin 1898 ; sacré, le 2 oct. 1898, à Ning-po par M^gr Reynaud ;
publié, le 28 nov. 1898 (X₂ p. 444) ; succède, le 24 sept. 1905 ;
mort à Chang-hai, le 5 novembre 1910 ; enseveli à Kieou-kiang
(de M^gr Ferrant et de M^r Bouvier).

15. *Elisée-Louis (Ludovicus) Fatiguet,* 樊 體 愛, C.M., né
à Bordeaux, le 21 décembre 1855; ordonné prêtre, 17 décembre
1881; entré dans la Congrégation de la Mission, le 17 septembre
1885; missionnaire en Chine, le 20 sept. 1886; nommé, par bref
du 24 février 1911, évêque titulaire d'Aspendus (Aspendius), en
I^e Pamphylie, et vicaire apostolique du Kiang-si septentrional
(Acta ap. Sedis p. 139); sacré, le 11 juin 1911, à Kieou-kiang, par
M^gr Jarlin; proclamé au conclave du 30 novembre 1911 (X₁ p. 602).

## XXVII.   Vicariat Apostolique du Kiang-si Méridional.

### (Lazaristes).

### 1. Historique.

Le Vicariat a été démembré du Kiang-si en 1879.

### 2. Préfectures civiles.

| | | | |
|---|---|---|---|
| Ki-ngan fou | 吉 安 府 | Nan-ngan fou | 南 安 府 |
| Kan-tcheou fou | 贛 州 府 | Ning-tou tcheou | 寧 都 州 |

1. *François-Adrien Rouger*, 王 吾 伯, C. M., né aux Montmartins, comm. de Pourrain, dioc. de Sens, 21 sept. 1828; Lazariste, 1 oct. 1851; prêtre, 5 juin 1852; parti pour Alexandrie; arrivé à Ning-po, 16 déc. 1855 ; miss. au Kiang-si, 1 mars 1856 ; préfet apostolique, par bref du 19 août 1879 ; élu év. de Cisame en Crète (Cisamen.) et premier vic. ap. du Kiang-si méridional, le 7 sept. 1883; publié, le 27 mars 1884; sacré par Mgr Bray, 27 avril 1884 ; + à Paris, 31 mars 1887. X₁₆ 1887 p. 227. Notice et lettre de Mgr Ciceri).

Le Bref autorisant la division, 19 août 1879, nomme M. R. provicaire sans caractère épiscopal. (Y₁)

2. *Auguste Coqset*, C.M.

Voir Tche-li Occidental.

3. *Nicolas Ciceri*, 徐則麟, C.M., né à Brusciano (Caserta), le 26 mai 1854 ; Lazariste, 5 mai 1874 ; prêtre, 15 juin 1878 ; parti pour la Chine, 25 août 1878; miss. puis provic. au Kiang-si, puis sous-procureur à Chang-hai ; élu év. de Dausara, en Osrhoène (Dausaren.), et vic. ap. du Kiang-si méridional, en juin 1907 (bulles du 3 juil. 1907) ; publié, 19 déc. 1907 ; sacré à Kieou-kiang, 16 fév. 1908, par Mgr Coqset (de M. Bouvier).

## XXVIII.   Vicariat Apostolique du Kiang-si Oriental.

(Lazaristes).

---

### 1. Historique.

Vicariat créé le 11 juillet 1885 ; bref du 28 août 1885.

### 2. Préfectures civiles.

| | | | |
|---|---|---|---|
| Jao-tcheou fou | 饒 州 府 | Koang-sin fou | 廣 信 府 |
| Kien-tch'ang fou | 建 昌 府 | Fou-tcheou fou | 撫 州 府 |

---

1. *Casimir Vic,* 和 安 當, C.M., né à Graissac (Mourmenras) dioc. de Rodez, le 29 sept. 1852 ; Lazariste, 14 mai 1873 ; prêtre, 26 mai 1877 ; parti, 26 août 1877 ; arrivé à Chang-hai, 5 oct. 1877 ; miss. au Kiang-si ; élu év. de Metellopolis en Phrygie Pacatiane (Metellopolitan.) et premier vic. ap. du Kiang-si oriental, le 11 juillet 1885 ; bulles du 11 septembre 1885 ; sacré le 24 janv. 1886, à Fou-tcheou fou, Kiang-si, par M$^{gr}$ Bray (de M$^{gr}$ Vic) + le 2 juin 1912, à Kia-hing fou (Tché-kiang).

2. - *Louis Clerc-Renaud,* 田 烈 諾, C. M., né le 18 juin 1866, à Lyon (Croix-Rousse) ; entré dans la Congrégation de la Mission, le 26 sept. 1885 ; ordonné prêtre, 17 déc. 1892 ; arrivé en Chine, 12 février 1893 ; miss. au Kiang-si Oriental, 3 oct. 1896 ; nommé par bref du 19 août 1912 (X$_1$ p. 628) év. d'Elée en Asie Mineure (Elaeenae.) et vicaire apostolique du Kiang-si Oriental ; sacré, le 3 novembre 1912, à Yao-tcheou, par M$^{gr}$ Reynaud; publié le 2 décembre 1912 (X$_1$ p. 703).

## XXIX. Vicriat Apostolique du Kien-tchang.

(Missions Étrangères de Paris).

### 1. Historique.

Le Vicariat a été créé par bref du 12 août 1910.
Ts'ing-k'i a été ajouté le 30 avril 1912.

### 2. Préfecture civiles.

Ning-yuen fou    寧遠府    Ts'ing-k'i hien    清溪縣

1. *Jean-Baptiste Marie Budes de Guébriant*, 光若翰, M.E.
né à Paris, 11 décembre 1860 ; entré au séminaire des Missions
Etrangères, le 14 septembre 1883 ; ordonné prêtre le 5 juillet
1885 ; parti le 7 oct. 1885 ; missionnaire, puis provicaire du Se-
tch'oan méridional ; nommé évêque d'Eurée, en Vieille Epire
(Euroen.), et premier vicaire ap. du Kien-tchang, le 10 août
1910 ; sacré le 20 novembre 1910, à Siu fou, par Mgr Chouvellon ;
proclamé au conclave du 30 nov. 1911 (X, p. 603).

## XXX. Préfecture Apostolique du Koang-si.

(Missions Étrangères de Paris).

---

### 1. Historique.

La province a été érigée en mission en 1848, avec le Koang-tong, et en préfecture apostolique distincte, le 6 août 1875. Voir $L_4$.

### 2. Territoire.

Il comprend toute la province.

---

1. *François Pallu,* M.E.

Voir Fou-kien p. 71 ($L_4$ p. 17)

2. *Jean Basset,* M. E.

Voir Se-tch'oan.

3. *François Varo,* O.P.

Voir Yun-nan.

4. *Napoléon-François Libois,* M. E.

Voir Koang-tong p. 108.

5. *Simon-Jude-Alphonse Mihières,* 梅例黑, M.E., né à Simiane (Bouches du Rhône), 12 fév. 1821 ; entré aux M.E, 16 fév. 1848; parti, 9 août 1848; provicaire du Koei-tcheou, 1861; pro-préfet et supérieur du Koang-si, avec pleins pouvoirs, 16 juil. 1868; mort à Koei-yang, 16 oct. 1871. $L_4$ p. 95. $X_{13}$ t. IV. p. 328. A sa mort la séparation d'avec le Koang-tong cesse.

6. *Louis Jolly,* 文禮, M.E., né à Lencloître, dioc. de Poitiers, 5 déc. 1836; entré aux M.E, 27 août 1857; prêtre, 8 (?) juin 1860; parti, 25 juil. 1860 ; pro-préfet du Koang-tong, 1869, puis aussi du Koang-si, 1871; sup. de la mission du Koang-si, 30 sept. 1874.

Attaqué de la lèpre, il part pour la France en 1875. L'érection du Koang-si en préfecture est décidée, le 22 juin 1875, et effectuée par bref du 6 août 1875. M. Jolly, nommé préfet, nomme M. Foucard pro-préfet, puis le fait élire son successeur, 1876; démissionne; ✝ 16 mars 1878. Voir $L_4$ p. 167 sqq.

7.  *Pierre-Noel-Joseph Foucard,* 富格爾, M.E., né à Olivet, près d'Orléans, 24 déc. 1830 ;  entré prêtre aux M.E., 26 juil. 1859; parti, 25 juil. 1860 (X₃ t. 32. p. 472); nommé préfet ap. et év. de Zéla, en Hélénopont, Asie min. (Zelen.),  15 juil. 1878 (L₄ p. 199); sacré à Koeï-yang, par Mgr Lions, le 23 mars 1879; + à Chang-sê, 31 mars 1889 (L₄ p. 126 seqq. 201 et C₈ col 1120).

8.  *Paulin Renault,* 賴 保 理, M E., né à Thilay, dioc. de Reims, le 3 juin 1846; entré aux M.E, 28 mai 1868; prêtre, 11 juin 1870 ; parti pour le Koang-si, 20 juil. 1870 ; pro-préfet de Mgr Foucard ; pro-préfet pendant la vacance, 31 mars 1889 à 19 juil. 1891 (L₄ p. 120).

9.  *Jean-Benoît Chouzy,* 斯席, M.E., né à Panissière, dioc. de Lyon, 5 mars 1837 ;  parti, 25 juil. 1860 ;  miss. au Koang-tong, puis, 13 sept. 1871, au Koang-si ; nommé préf. ap. et év. de Pedlinisse, en IIᵉ Pamphylie (Pedlinissenus), au consistoire du 19 juil. 1891 (brefs datés du 21 août) (L₄ p. 316) ; sacré à Hong-kong, pendant le deuxième synode de la 5ᵉ région, par Mgr Chausse, le 22 nov. 1891 (ibid p. 319); + à Ou-tcheou fou, 22 sept. 1899 (p. 397).

10.  *Joseph-Marie Lavest,* 羅惠良, M.E., né à Lapeyrouses, comm. de Pourpières, dioc. de Clermont, 23 mai 1852 ; prêtre, 30 nov. 1875; entré aux M.E, 23 oct. 1879; parti, 1 sept. 1880; miss. au Koang-si ; nommé préfet ap. et év. de Sophène, en IIᵉ Arménie (Sophenen.), par bref du 26 avril 1900; publié, 19 avril 1900 (X₂ p. 148) ; sacré à Hanoï, par Mgr Marcou, le 24 août 1900; mort à Béthanie, Hong-kong, le 23 août 1910.  cf. X₃ juil. 1910 p. 219 seqq.

Notice dans Catholic missions. january 1911. p. 23.

11.  *Maurice-François Ducœur,* 劉志中, M.E., né à Nanton, au diocèse d'Autun, 31 octobre 1878 ;  entré aux M.E, 21 sept. 1896 ; ordonné prêtre, 23 juin 1901 ; parti pour le Koang-si, le 24 juillet 1901; nommé par bref du 22 décembre 1910 év. tit. de Barbalissus en Syrie Euphratésienne, et préfet apostolique du Koang-si; sacré, le 4 juin 1911, à Nan-ning par Mgr Marcou; proclamé le 30 nov. 1911 (X₁ p. 603).

## XXXI. Préfecture Apostolique du Koang-tong.

### (Missions Étrangères de Paris).

### 1. Historique.

La mission fut confiée aux M.E, dès 1848. Elle comprenait alors le Koang-si et Hai-nan et faisait toujours partie du diocèse de Macao.

La préfecture a été détachée du diocèse de Macao par bref du 17 septembre 1858. Les limites ont été plusieurs fois modifiées.

Le Koang-si a été séparé, le 6 août 1875.

### 2. Territoire.

La préfecture comprend tout le Koang-tong, sauf 1) les trois sous-préfectures attribuées à Hong-kong, 2) le territoire attribué au diocèse de Macao, depuis le décret pontifical du 3 février 1903 et le décret de septembre 1908, à savoir le domaine portugais en Chine, la sous-préfecture de Hiang-chan 香 山, quelques iles à l'est, appartenant à San-choei 三 水, et toute la préfecture de Tchao-k'ing 肇 慶 府 avec ses 12 districts (1).

1. *Pierre de Lamotte-Lambert,* M. E.
Voir Tché-kiang.
2. *François Varo,* O. P.
Voir Yun-nan.
3. *Jean Basset,* M. E.
Voir Se-tch'oan.

(1) C'est-à-dire les 4 sous-préfectures de Tchao-k'ing fou: Kao-yao 高要, Se-hoei 四 會, Sin-hing 新 興, Yang-tch'oen 陽 春, et les 8 qui ont formé une nouvelle préfecture c.-à-d. Yang-kiang tchcou 陽 江 州, savoir: Kao-ning 高 明, Neng-p'ing 恩 平, Koang-ning 廣 寧, K'ai-p'ing 開 平, Ho-chan 鶴 山, Té-k'ing 德 慶, Fong-tch'oan 封 川 et K'ai-kien 開 建.

4. *Napoléon-François Libois,* M.E., né à Champbois, dioc. de Séez, 14 déc. 1805 ; prêtre, 18 sept. 1830 ; professeur, puis chanoine hon. de Séez; entré aux M.E., 29 juil. 1836; parti pour Hin-hoa (Fou-kien), 20 fév. 1837; puis procureur à Macao (seul depuis 1842); transporte la procure à Hong-kong, 1847; nommé supérieur de la mission du Koang-si, 1849 ($L_4$ p. 20); puis préfet apostolique, 30 juin 1850 ($L_4$ p. 25).   On considère souvent cette date comme celle de l'érection de la Préfecture apostolique : cependant le territoire n'était pas détaché du diocèse de Macao ($L_4$ p. 28).

Il s'occupa de l'administration du Japon, sans doute comme délégué du vicaire apostolique de Corée.   Mgr Berneux se déchargea entièrement sur lui du soin du Japon, et le Mémorial lui donne le titre d'administrateur du Japon de 1854 (mort de M. Collin le 23 mai 1854) à 1859 (c.-à-d. probablement jusqu'à la nomination de M. Girard (Cf. $M_2$ p. 91 seqq.).   Directeur au Séminaire de Paris, 1866, puis procureur à Rome. ✝ à Rome, 6 avril 1872. ($X_{15}$ 1872 p. 317, 400 et $M_2$).

5.   *Philippe-François-Zéphyrin Guillemin,* 明稽埒, M.E., né à Vuillafans, dioc. de Besançon, 16 mars 1814; prêtre, 1839; entré aux M.E, 1848 ; parti, 9 août 1848 ; arrivé à Canton, 12 oct. 1849 ; nommé préfet apostolique du Koang-tong, Koang-si et Hai-nan par bref du 16 nov. 1853.   Ce territoire n'était cependant pas soustrait à la juridiction de Macao.   Nommé év. de Cybistra, en IIᵉ Cappadoce (Cybistren.), par bref du 8 août 1856 ; se rend à Rome au début de 1857, et est sacré par Pie IX dans sa chapelle privée, le 25 janv. 1857.

Le 17 sept. 1858, un bref de séparation érige la préfecture du Koang-tong, Koang-si et Hai-nan.

En 1875, Hai-nan est rendu à Macao, ainsi que le district de Hiang-chan.   Accord signé 23 mars 1876.   Voir Boletim de Macau, mai 1909 p. 258; ✝ à Besançon, 5 avril 1886 ($L_4$ p. 47 seqq.).

*Rem.*   Le concordat de février 1857 ne fut pas ratifié par Pie IX ($X_8$ 1886 p. 155).

6. *Augustin Chausse,* 邵斯, M.E., né à S. Didier-la-Séauve, dioc. du Puy, le 19 fév. 1838; entré aux M.E. sept. 1859; parti, 14 août 1862; élu év. de Capse, en Byzacène, (Capsen.), et coadj. de Mᵍʳ Guillemin, 29 nov. 1880; publié, 16 déc. 1880; sacré, 25 juil. 1881, par Mᵍʳ Foucard; succède, 3 avril 1886; + 12 oct. 1900, à Hong-kong. Cf. X₈ 1900 p. 271-293. La notice le nomme Auguste.

7. *Jean-Marie Mérel,* 梅, M.E., né à Vay, dioc. de Nantes, 18 sept. 1854 : parti, 26 oct. 1881 ; élu év. d'Orcisto, en IIᵉ Galatie (Orcistien.) le 3 avril 1901; préconisé, 18 avril 1901 (X₂ p. 153); sacré, le 6 oct. 1901, par Mᵍʳ Van Camelbeke.

Sur les nouveaux décrets apostoliques relatifs au territoire, 3 fév. 1903 et sept. 1908, cf. Boletim de Macau p. 259. et X₈ 1900 p. 117.

## XXXII.  Vicariat Apostolique de Koei-tcheou.

(Missions Étrangères de Paris).

### 1. Historique.

Le vicariat a été créé le 15 octobre 1696, puis réuni de fait au Se-tch'oan, depuis M$^{gr}$ de Visdelou, enfin érigé de nouveau, par bref du 27 mars 1846.

### 2. Territoire.

Le vicariat s'étend à toute la province.

1. *François Pallu,* M. E.
Voir Fou-kien, p. 71.

2. *Charles Turcotti,* 杜 加 祿, 天 受, S. J., né à Milan en 1644 ; Jésuite, 25 mars 1660 ; arrivé en Chine, 1681 ; profès, 2 fév. 1685 ; nommé év. d'Andreville (en IV$^e$ Achaïe), et vic. ap. du Koei-tcheou, 1701 ; paraît n'avoir pas voulu être sacré ; + 15 oct. 1706.

Le lieu de sa mort est douteux: Koei-tcheou, Fou-chan ou Canton. Cf. L$_6$ p. 7 et P$_2$ n$_o$ 155 p. 504.

Voir X$_{10}$ tome 9 et 10, passim.

3. *Claude de Visdelou,* 劉應, 聲聞, S.J., né à Bienassis en Pléneuf, 12 août 1656; Jésuite, 5 sept. 1673; parti, 3 mars 1685; arrivé en Chine, 23 juil. 1687; miss. à Pé-king, à Nan-king, à Canton, au Chan-si, à Fou-tcheou; nommé par le C$^{al}$ de Tournon (alias par Clément XI) év. de Claudiopolis en Isaurie (Claudiopolitan.), vic. ap. du Koei-tcheou et du Yun-nan et administrateur du Hou-koang, 12 janv. 1708.  C$_8$. 1099. écrit: 12 février. Il remplaçait Leblanc au Yun-nan et Turcotti au Koei-tcheou, mais je ne sais qui était chargé du Hou-koang de 1697 à 1708. Peut-être était-ce encore Leonessa, quoiqu'il fût à Rome.  Voir p. 25.  Il est sacré dans le couvent où le Cardinal était prisonnier, 2 fév. 1709 ; s'embarque, 24 juin 1709, pour Pondichéry, d'où le Régent lui défend de sortir ; + chez les Capucins, à Pondichéry, 11 nov. 1737.  Cf. L$_6$ p. 9-14.

Cordier, Bibliotheca Sinica t. II. col. 1100, cite trois éloges funèbres. Dans tous M<sup>gr</sup> de V. est qualifié de Jésuite ; il vécut donc chez les Capucins et y mourut, mais sans cesser d'être considéré comme Jésuite. Cf. P$_2$ p. 578.

4. *Jean Müllener*, C. M.

Voir Se-tch'oan. Cf. L$_6$ p. 11, 12, 14.

5. *Louis Maggi*, O. P.

Voir Se-tch'oan. Cf. L$_6$ p. 14.

6. *Joachim de Martillat*, M. E.

Voir Se-tch'oan. Cf. L$_6$ p. 14.

7. *Jean-Baptiste Maigrot*, M. E.

Voir Se-tch'oan. Cf. L$_6$ p. 14.

8. *Pierre-Etienne La Cerre*, M. E.

Voir Se-tch'oan. Cf. L$_6$ p. 15.

9. *Claude-Auguste de Reymond*, M. E.

Voir Se-tch'oan. Cf. L$_6$ p. 15.

10. *Pierre Kerhervé*, M. E.

Voir Se-tch'oan. Cf. L$_6$ p. 23.

11. *François Pottier*, M. E.

Voir Se-tch'oan. Cf. L$_6$ p. 16 seqq.

12. *Jean-Didier de S. Martin*, M. E.

Voir Se-tch'oan.

13. *Gabriel Dufresse*, M. E.

Voir Se-tch'oan. Cf. L$_6$ p. 52, 88 seqq.

14. *Jean-Antoine Escodéca*, M. E.

Voir Se-tch'oan.

15. *Louis Fontana*, M. E.

Voir Se-tch'oan.

16. *Jacques-Léonard Pérocheau*, M. E.

Voir Se-tch'oan. Cf. L$_6$ p. 170 seqq.

17. *Etienne-Raymond Albrand*, 白, M. E., né à S$^t$ Crépin, dioc. de Gap, H$^{tes}$ Alpes, 4 avril 1805; prêtre, 13 juin 1829; au séminaire, 3 déc. 1831 ; parti, 12 mars 1832 ; s'embarque en avril; miss. à Singapore, 16 oct. 1832, puis au Siam et à Macao, 1846; envoyé au Koei-tcheou par M. Libois, 15 ou 16 fév. 1847;

nommé par Mgr Pérocheau en vertu de pouvoirs spéciaux, par
lettre du 24 fév. 1849, év. de Sura, en Syrie Euphratésienne,
et vic. ap. du Koei-tcheou ; sacré, 18 mars 1849, par Mgr Desflèches, au petit séminaire du Se-tch'oan oriental; mort, 22 avril
1853, à Koei-yang, de la typhoïde, prise au chevet des malades
(L₆ p. 332).

Son nom chinois était 白. A partir de la persécution de
1849, il le changea en 任 (L₆ p. 283).

Vie par Dourif in 8°. Lecoffre. 1865. Lettre de M. Gourdon.
L₆ t. I. p. 177 seqq.

18.   *Paul-Hubert Perny,* 童 文 獻, M. E., né à Pontarlier,
dioc. de Besançon, 21 avril 1818; entré prêtre aux M.E, 11 nov.
1846 ; quitte la France, 5 juil. 1847 ; arrive au Koei-tcheou en
fév. 1848 ;  à la mort de Mgr Albrand, 1853, administre comme
plus ancien jusqu'en 1860 ;  passe au Se-tch'oan, 1862-1872 ;
rentre en France et quitte la Société, 1872; + à Garches lès St
Cloud (Seine et Oise), le 2 mars 1907.

Sur ses ouvrages, voir Cordier.  L₆ p. 192 seqq.

19.   *Louis (Ludovicus)-Simon Faurie,* 胡, M.E., né à Mon-
ségur, dioc. de Bordeaux, 12 juin 1824 ;  entré aux M.E, 8 mai
1850; prêtre, 22 déc. 1850; parti, 12 mars 1851; arrive au Koei-
tcheou, fév. 1852 ;  nommé vic. ap. par Mgr Albrand, dans son
testament, 1853 (Mgr A. avait reçu, par bref du 8 avril 1851, le
pouvoir de se nommer un coadjuteur.) ; refuse à plusieurs
reprises.

Mgr Desflèches reçut alors mission de nommer un vic. ap.,
12 juil. 1856; mais il était en route pour la France.

Elu de nouveau en 1860, Mgr Faurie accepte; sacré év.
d'Apollonie, en Macédoine (Apollonien.), par Mgr Desflèches, au
séminaire de Tch'ong-k'ing, 2 sept. 1860 ; + en revenant du
concile du Vatican, 21 juin 1871, à Koei-tcheou (Se-tch'oan)
X₁₅ 1872 p. 27.  C₈ 1127 dit à tort. 18 juill.

Vie par Castaing.  Lecoffre.  1884.  L₆ I. passim et II.
entier.

20. *François-Eugène Lions,* 李 萬 美, M.E., né à Faucon, Barcelonnette, dioc. de Digne, 1 nov. 1820 ; entré aux M.E, 11 juil. 1846 ; parti, 29 mars 1848 ; désigné par testament de M^gr Faurie, et nommé par bulles du 22 déc. 1871, vic. ap. et év. de Basilinopolis, en I^e Bythinie (Basilinopolitan.) [au synode de 1886 il signe Basilitensis] ; sacré par M^gr Desflèches, au petit séminaire de Pe-ko-hou (Se-tch'oan), 29 juin 1872 ; remet l'administration à son coadjuteur, mars 1888 ; + a Koei-yang, 24 avril 1893. L$_6$ II et III passim. X$_8$ 1893 p. 280.

21. *François-Mathurin Guichard,* 易德謙, M.E, né à Bois-de-Céné, dioc. de Luçon, 18 nov. 1841; ordonné prêtre, 17 déc. 1864 ; parti, 15 fév. 1865 ; nommé év. de Toron, en Macédoine (Toronaeus), et coadj., 14 sept. 1884 ; préconisé, 13 nov. 1884 ; sacré à Koei-yang, 26 avril 1885; administrateur du vicariat, mars 1888 ; succède, 24 avril 1893 ; mort, 21 octobre 1913 (L$_6$ t. III. passim).

22. *François-Lazare Seguin,* 施恩, M.E., né à Ménaissaire, dioc. de Dijon, 16 fév. 1868; ordonné prêtre, 3 juillet 1892; parti, 31 août 1892 ; élu év. de Pinara, en Lycie (Pinaren.), et coadj. par bulles du 23 février 1907 ; publié, 18 avril 1907 ; sacré à Koei-yang, le 6 oct. 1907 (de M^gr Guichard) ; succède, 21 oct. 1913.

### XXXIII.   Vicariat Apostolique de Mandchourie Méridionale.

(Missions Etrangères de Paris)

#### 1. Historique.

Toute la partie *extra murum* a été séparée du diocèse de Pé-king, le 8 novembre 1838, à la mort de M^{gr} Pires-Pireyra et confiée aux Missions Etrangères de Paris. La Mongolie fut séparée de la Mandchourie, le 28 août 1840. M^{gr} Vérolles arriva le 8 novembre 1840.

La Mandchourie a été divisée en deux vicariats par décret du 10 mai 1898 (X$_{17}$ 1907 p. 281), à la demande de M^{gr} Guillon.

Il y a eu plusieurs rectifications de limites avec la Mongolie, depuis les origines.

#### 2. Préfectures civiles.

Le vicariat comprend actuellement le Cheng-king 盛 京 ou Liao- tong 遼 東, sauf K'ang-p'ing hien 康 平 縣, qui dépend de la Mongolie Orientale.

---

1. *Emmanuel-Jean-François Vérolles*, 方 濟 各, M.E., né à Caen, 12 avril 1805 ; prêtre, 31 mai 1828 ; entré aux M.E, 5 juill. 1830 ; parti, 4 nov. 1830; arrivé à Tch'ong-k'ing, 13 déc. 1832 ; préconisé év. de Colombie, en Afrique (Columbien.), et vic. ap. de la Mandchourie et du Liao-tong, 12 déc. 1838 ; sacré près de Tai-yuen fou par M^{gr} Salvetti, le 8 nov. 1840 (L$_3$ p. 98); + de la typhoïde à Ing-tse, le 29 avril 1878 (Voir L$_3$).

Il fit deux voyages en Europe au sujet de la délimitation du vicariat et un pour le concile. Nous ne pouvons donner ici de détails sur les diverses limites assignées au vicariat: elles ont encore été rectifiées à la fin de 1907.

2. *Maxime de la Brunière*, M.E., d'une famille noble de Paris ; parti, 10 mai 1841 (M. Gourdon); miss. en Mandchourie. M^{gr} Verolles, dans un voyage à Rome, 1845, l'obtient pour coadj. avec le titre d'év. de Trémite, en Chypre (L$_3$ p. 142). Entreprend, 1845, un voyage dans le nord, pendant lequel il meurt assassiné, juillet 1846, par les Barbares Kilimis.

Il n'a jamais connu sa nomination.  L$_3$ p. 172.

3.  *Siméon-François Berneux*, M.E.

Voir Corée.  D$_1$ et L$_3$.

4.  *Constantin Dubail*, 杜伯勒, M.E., né à Dorans, alors du dioc. de Strasbourg, 11 mars 1838, entré aux M.E. 12 oct. 1858 ; parti, 31 mars 1862 ; sacré év. de Bolina, en Achaïe (Bolinen.), et vic. ap. de Mandchourie, 11 mai 1879 ; + 7 déc. 1887.  X$_8$ 1887 p. 219.

N.B. Au synode de 1880 il signe Constantinus.

5.  *Joseph-André Boyer*, 包若瑟, M.E., né à Aix en Provence, 18 juin 1824 ; prêtre, 1851 ; entre aux M.E., 16 janv. 1854 ; parti, 25 août 1854 ; provicaire, 1869 ; nommé év. de Myrina, en Asie (Myrinaeus), et coadj. 22 mai 1886 (Cordier a : 1885) ; sacré par M$^{gr}$ Tagliabue, 15 août 1886 ; mort, 8 mars 1887, à Pa-ien-sou-sou, Hé-long-kiang.  (L$_3$ p. 315. 363. 373, X$_8$ 1887 p. 211).

6.  *Aristide-Louis-Hippolyte Raguit*, 祁類斯, M.E., né à Vendeuvre, dioc. de Poitiers, 16 déc. 1848; parti, le 7 juil. 1872; arrivé en Mandchourie, 29 sept. 1872 ; nommé év. de Trajanopolis, en Phrygie Pacatiane (Trajanopolitan.), le 23 mars 1888 ; sacré à Pé-king par M$^{gr}$ Tagliabue, le 9 sept. 1888 ; + du typhus à Pa-ien-sou-sou, le 17 mai 1889.

Notice dans X$_8$ 1889 p. 269.

7.  *Laurent Guillon*, 紀隆, M. E., né à Chindrieux, dioc. de Chambéry, 8 nov. 1854 ; entré aux M.E., en 1873 ; parti, 10 janv. 1878 ; préconisé év. d'Euménie, en Phrygie Pacatiane (Eumenen.), et vic. ap., 30 déc. 1889 ; sacré, 25 mai 1890 ; massacré à Moukden, à l'autel, 2 juil. 1900.  C$_8$ p. 1131.  X$_{15}$. X$_8$ 1900 p. 265 seqq.

8.  *Marie-Félix Choulet*, 蘇裝理, M.E., né à Grésy-sous-Aix, dioc. de Chambéry, 4 oct. 1854; parti, 1 sept. 1880 ; préconisé év. de Zéla, en Hélénopont, Asie min. (Zelen.), 10 fév. 1901; publié, le 18 avril 1901 (X$_2$ p. 153); sacré à Pé-king par M$^{gr}$ Favier, le 24 novembre 1901 (de M$^{gr}$ C.).

## XXXIV.    Vicariat Apostolique de Mandchourie Septentrionale.

(Missions Etrangères de Paris)

### 1. Historique.

Vicariat demembré de la Mandchourie par décret du 10 mai 1898.

### 2. Territoire.

Provinces de Ki-lin 吉林 et Hé-long-kiang 黑龍江.

---

1. *Pierre-Marie Lalouyer,* 藍祿業, M.E., né à Alcigné, dioc. de Rennes, 12 mars 1850 ; prêtre, 1873 ; parti, 16 juil. 1873 ; nommé év. de Raphanée, en II° Syrie (Raphaneæ), et coadj. de M<sup>gr</sup> Guillon ; sacré, 10 déc. 1897 ; publié, 21 mars 1898 (X₂ p. 103) ; nommé premier vic. ap. de la Mandchourie septentrionale, 24 mars 1898 (de M<sup>gr</sup> Lalouyer).

## XXXV.  Vicariat Apostolique de Mongolie Centrale.

(Congrégation du Cœur Immaculé de Marie. Scheutveld près Bruxelles).

### 1. Historique.

. La Mongolie dépendit d'aord du diocèse de Pé-king.

La mission y prit de l'importance surtout depuis 1830. Le prêtre chinois Sue 薛, supérieur de la mission de Pé-king, 1834, y fonda alors la chrétienté de Si-wan-tse, d'où il administrait le Tche-li.

La Mandchourie et la Mongolie furent séparées de Pé-king, le 8 novembre 1838, et confiées aux Missions Etrangères de Paris. Le 28 août 1840, la Mongolie fut érigée en vicariat apostolique et confiée à Mgr Mouly, de la Mission. Mgr Vérolles ne fut sacré que le 8 novembre 1840 et Mgr Mouly le 22 juillet 1842. Celui-ci étant devenu administrateur de Pé-king, Mgr Daguin, de la Mission, fut nommé vicaire apostolique.

Plusieurs provicaires se succédèrent, d'abord Lazaristes, puis Pères de Scheutveld. Le 7 septembre 1864, la mission fut cédée à cette congrégation.

Elle fut de nouveau érigée en vicariat pour Mgr Bax, le 23 octobre 1874.

Elle fut divisée en 3 vicariats, le 21 décembre 1883.

### 2. Territoire.

Le vicariat comprend toute la Mongolie, sauf les parties attribuées aux deux autres vicariats, de sorte que le qualificatif de centrale est assez impropre, puisque la mission comprend tout le nord et le nord-ouest de la Mongolie.

La partie évangélisée en fait ne s'étend guère qu'à la région colonisée par les Chinois le long de la grande muraille : en ce sens elle est bien *centrale*.

1.  *Joseph-Martial Mouly, C.M.*
Voir Tche-li Septentrional.

2.  *Florent Daguin,* 孔, C.M., né à Baujeu, dioc. de Lyon, 4 janv. 1815 ; Lazariste, 30 août 1837 ; parti pour la Chine, 15 janv. 1840 ;  év. de Troade, en Hellespont (Froaden.); et coadj. de Mgr Mouly, 2 mars 1844; sacré, 1847 ; vic. ap. de Mongolie, 1856 ; + 29 mai 1859, à Kou-li-tou (Y₉).

Après sa mort, vacance jusqu'en 1874, les Lazaristes négociant la cession de ce vicariat à une autre société.

3.  *François Tagliabue,* C.M.

Voir Tche-li S.W.

4. *Théophile Verbist,* 南, C.I.C.M., né à Anvers, juin 1823; élève, puis professeur (1847) au Petit Séminaire de Malines ; aumônier de l'école militaire, 1853 ; directeur général de la S^te Enfance en Belgique ; fonde en 1861 la Congrégation du Cœur Immaculé de Marie; provicaire de Mongolie, 7 sept. 1864; parti le 25 août 1865 avec 3 compagnons (premier départ) ; meurt à Lao-hou-keou 老 虎 溝, (val des tigres), en Mongolie orientale, le 23 février 1868.

5. *Edouard Smorenburg,* 司 牧 靈, né à Soest, prov. d'Utrecht, le 14 janv. 1827 ; prêtre, 17 août 1851 ; Lazariste, 24 déc. 1852 ; parti pour la Chine, 17 oct. 1853 ; arrivé à Ning-po, 19 juin 1854 ; miss. au Tche-li N. et en Mongolie; entré dans la Congrégation de Scheut en 1863 (?); provicaire de Mon-golie, 1869; rentra en Hollande et mourut curé de Wyk by Daurstede, dioc. d'Utrecht (M. Bouvier).

6. *Jacques Bax,* 巴 耆 賢, C. I. C. M., né à Weelde, dioc. de Malines, 26 juin 1824; prêtre, 17 décembre 1853; entré dans la Congrégation en 1863 ; parti, 22 oct. 1871 ; provicaire, 13 août 1871.

La mission est de nouveau érigée en vicariat, bref du 6 juin 1874, et Mgr Bax est nommé, par bref du 23 oct. 1874, év. d'Adras, en Isaurie (Adrassen.) ; sacré à Si-wan-tse 西 灣 子, par Mgr Moccagatta, le 6 juin 1875.

Le vicariat est divisé par bref du 21 déc. 1883 et Mgr Bax garde la Mongolie centrale. + 4 janv. 1895, à Si-ying-tse 西 營 子.

Notice.  X₁₅ IX. 1877 p. 232; XXVII. 1895 p. 83. Mᵍʳ van Aertselaer. R. P. Hoogers.

7.  *Jérôme van Aertselaer,* 方濟衆, C.I.C.M., né à Hoogstraeten, dioc. de Malines, le 1 novembre 1845 (P. Hoogers) ; prêtre, 11 juin 1870, profès, 24 mars 1873, missionnaire, 30 mars 1873 ; supérieur général, 1887, à l'assemblée générale de Eul-che-san hao 二 十 三 號 (Mong. Cent.); élu, le 7 mai 1898, év. de Zarai, en Numidie (Zaraiten.), et vic. ap. ; sacré, le 21 juillet 1898, à Anderlecht; parti pour son vicariat en oct. 1898; publié, 28 nov. 1898 (X₂ p. 444).

Sur le passeport: 安 思 洛, d'après M. Cordier.

## XXXVI. Vicariat Apostolique de Mongolie Occidentale
### (Ortos).

(Congrégation du Cœur Immaculé de Marie. Scheutveld près Bruxelles).

### 1. Historique.

Le Vicariat fut érigé par bref du 21 décembre 1883, qui divisait la Mongolie en trois.

La préfecture de Ning-hia fou 寧夏 (Kan-sou), et le Sa-la-tsi t'ing 薩拉齊 (Kou-liuen), furent rattachés au vicariat des Ortos par le décret du 12 octobre 1886 (X₇₁. p. 289).

### 2. Territoire.

Le Vicariat comprend le territoire des Ortos, des Eleuthes, des Ourats, et des Maomingas, et Ning-hia fou.

---

1. *Alphonse de Vos,* 德玉明, C. I. C. M., né à Messines (Flandre occid.), le 21 avril 1840 ; entré dans la Congrégation en 1868; parti en 1869; fonde la mission des Ortos en 1874; élu év. d'Abdère, prov. Rhodope, en Thrace (Abderitan.), et premier vic. ap. des Ortos, par bref du 21 déc. 1883 ; sacré, par Mᵍʳ Bax, à Si-wan-tse, le même jour que Mᵍʳ Rutjes, 21 mai 1884; + 21 juil. 1888, à San-tao-ho, pays des Ortos (R. P. Hoogers).

2. *Ferdinand Hamer,* 韓默理, C. I. C. M., né à Nimègue, 21 août 1840 ; ordonné prêtre à Utrecht, 10 août 1864 ; entré dans la Congrégation en octobre 1864 ; parti de Marseille pour la Chine, le 19 septembre 1865 ; un des quatre premiers mis- sionnaires de Scheut (X₁₆ 1901 p. 280) ; élu év. de Trémite en Chypre (Tremitensis) et premier vic. ap. du Kan-sou, 6 mai 1878 ; sacré à Si-wan-tse, le 21 juin 1878 ; envoie en 1883 les premiers missionnaires à I-li; transféré aux Ortos, 30 août 1888; quitte le Kan-sou, 29 juillet 1889 ; arrêté le 20 juillet 1900 par les Boxers à Eul-che-se-k'ing-ti; mis à mort, le 25 juillet, près de T'o-cheng (R. P. Hoogers).

Sur son martyre, voir L$_{11}$. t. II. p. 253-263 et t. III. p. 318-331 et X$_{20}$. p. 55. 60.

3. *Alphonse Bermyn*, 閔 玉 清, C. I. C. M., né à S$^t$ Paul-Waes (Flandre orientale). 2 août 1853 ; prêtre, 10 juin 1876 ; profès, 4 mars 1878 ; missionnaire, 10 mars 1878 ; sacré à Péking, év. de Stratonicée, en Carie (Stratonicen.), 15 avril 1901 ; publié au consistoire du 18 avril 1901 (X$_2$ p. 153).

## XXXVII.  Vicariat Apostolique de Mongolie Orientale.

(Congrégation du Cœur Immaculé de Marie, Scheutveld près Bruxelles).

### 1. Historique.

Le vicariat fut érigé par bref du 21 décembre 1883, par démembrement de la Mongolie.

### 2. Territoire.

Il y eut plusieurs délimitations entre la Mandchourie et la Mongolie, depuis 1840.

Le Vicariat comprend actuellement deux préfectures civiles: Tcheng-té fou 承德府  Tch'ao-yang fou 朝陽府 plus Liang-pouo fou et la partie extra murum du Cheng-kin 盛京 et du Yong-ping fou 永平府.

Pour le reste, voir Missiones catholicae.

1.  *Théodore-Herman Rutjes,* 呂繼美, C. I. C. M., né à Duiven-lez-Arnhem (Hollande), le 7 avril 1844 ; parti, 1867 ; nommé év. d'Eleuthéropolis, en Iᵉ Palestine (Eleutheropolitan.), et premier vic. ap. de Mongolie orientale, par brefs du 21 déc. 1883 ; publié, 27 mars 1884 ; sacré par Mᵍʳ Bax, à Si-wan-tse, le même jour que Mᵍʳ De Vos, 21 mai 1884; ✝ à N.D. des Pins 松樹咀子, 4 août 1896.

2.  *Conrad Abels,* 葉步司, C. I. C. M., né à Weert, dioc. de Ruremonde, 31 janv. 1856, prêtre, 30 mars 1879 ; vœux, 1 mars 1881; parti, 1 mars 1881; élu év. de Lagania, en Iᵉ Galatie (Laganien.), et vic. ap., le 5 juin 1897 ; sacré le 30 oct. 1897 par Mᵍʳ Guillon ; publié, le 21 mars 1898 (X₂ p. 102) (R. P. Hoogers).

## XXXVIII  Vicariat Apostolique du Se-tch'oan Occidental.

(Missions Etrangères de Paris).

### 1. Historique.

.Le vicariat fut créé le 15 octobre 1696. Les vicaires apostoliques eurent l'administration du Koei-tcheou, depuis M$^{gr}$ de Visdelou jusqu'au 24 février 1849, celle du Yun-nan, de 1781 au 24 août 1840, celle du Hou-koang, du temps de M$^{gr}$ Müllener. Par périodes, certaines régions furent réunies au Thibet.

La province fut divisée en deux vicariats en 1856. Elle en compte maintenant quatre, en plus du Thibet.

### 2. Préfectures civiles.

| | | | |
|---|---|---|---|
| Tch'eng-tou fou | 成 都 府 | Song-p'an t'ing | 松 潘 廳 |
| Mien tcheou | 綿 州 | T'ong-tch'oan fou | 潼 川 府 |
| Meou tcheou | 茂 州 | K'iong tcheou | 邛 州 |
| Pao-ning fou | 保 甯 府 | sauf P'ou-kiang hien | 蒲 江 縣 |
| Choen-k'ing fou | 順 慶 府 | T'ien-tsiuen tcheou | 天 全 州 |
| Long-ngan fou | 龍 安 府 | dans Ya-tcheou fou | 雅 州 府 |

1. *François Pallu,* M. E.
Voir Fou-kien, p. 71.

2. *Artus de Lyonne* (ou *Lionne*), 梁 弘 仁, M. E., fils de Hugues de Lyonne, depuis ministre de Louis XIV; né à Rome, 1655 ; parti avec M$^{gr}$ Pallu (3$^e$ voyage), 25 mars 1681 ; miss. à Siam puis au Tché-kiang, au Fou-kien, au Kiang-si, peut-être au Kiang-nan (P. Gourdon); nommé év. de Rosalie, en Pisidie, et vic. ap. du Se-tch'oan, 12 déc. 1696 (L$_2$ t. 1. p. 393); sacré à Canton par M$^{gr}$ Maigrot, 30 nov. 1699; n'alla pas au Se-tch'oan, mais se rendit en Europe pour la querelle des rites ; il envoya MM. Basset, M. E, provicaire, et de la Balluère, M. E, dans la partie sud et ouest, MM. Appiani, provicaire, et Müllener, Lazaristes, dans la partie nord et est (Voir L$_5$ p. 369). ✝ à Paris, le 2 août 1713. (X$_{10}$ t. IX. p. 486. L$_{10}$ p. 538. L$_3$ p. 659. L$_2$ p. 393).

3. *Jean Basset*, 白 日 陞, M.E., né au dioc. de Lyon vers 1662; bachelier de Sorbonne; des M.E. de Paris; parti, 13 fév. 1685.

Il ne fut pas provicaire à titre indépendant. Cf. L₅ p. 417. Provicaire pour le Koang-tong et le Koang-si (1688-91, dit M. Gourdon), puis dans le sud et l'ouest de Se-tch'oan, (1702-1707 dit M. Gourdon : 1700 d'après L₅ p. 369). Il y entre avec M. de la Balluère. Il est expulsé avec M. de la Balluère en 1707 pour avoir refusé la patente. + au Koang-tong, 2 nov. 1707.

4. *Louis-Antoine Appiani*, 畢 天 祥, C.M., né à Dogliani, dioc. de Saluces; Piémont, le 22 mars 1663; docteur en théologie; Lazariste, le 20 mai 1687; envoyé en Chine par la Propagande, comme vice-visiteur apostolique, en 1697; arrivé à Canton, 14 août 1699 (C₆ p. 537) ; entra au Se-tch'oan comme provicaire de Mᵍʳ de Lyonne, pour le nord et l'est de la province, 1702 (L₁₀ p. 185); accompagna Mᵍʳ de Tournon à Pé-king et y arriva, le 4 déc. 1705 ; quitta Pé-king avec le légat, 28 août 1706 ; fut ramené à Pé-king, envoyé au Se-tch'oan chargé de chaines, 1707, jugé de nouveau, battu, exilé en Mandchourie, jugé encore à Pé-king, conduit à Canton, où il resta 12 ans en prison ; + 27 août 1732, à Macao (29 août, d'après Y₉).

Nous lui donnons place ici à cause de son titre de visiteur, bien qu'il ne semble pas en avoir exercé les fonctions. La division de la province par Mᵍʳ de Lyonne eut quelques suites jusqu'en 1753. C₃ II. p. 262, 263.

5. *Jean-François Martin de la Balluère*, 梁 弘 仁, M. E., du dioc. de Rennes; des M E.; parti, 10 mars 1698; miss. au Se-tch'oan, où il pénètre en 1702 (L₅ p. 427) avec M. Basset, provicaire pour le sud et l'ouest (it. p. 369); expulsé pour avoir refusé la patente, 1707; miss. au Kiang-si; nommé vic. ap. du Kiang-si; sans caractère épiscopal, 1713; transféré au Se-tch'oan sud et ouest, 1715 ; + à Tch'eng-tou, 2 nov. 1715, sans avoir été sacré.

M. Dauverchain pense qu'il ne fut pas vic. ap. du Kiang-si. Voir sa lettre du 23 mars 1910.

Mgr de la B. a exactement le même nom chinois que Mgr de Lyonne.  La chose est singulière, mais attestée par l'inscription tumulaire de Mgr de la B. (Lettre de M. Gourdon, 14 mars 1910). Cf. L₅ p. 417.

6. *Jean Müllener* 穆天尺, C.M., né à Brème, dioc. d'Osnabrück, 4 oct. 1673; élève de la Propagande; prêtre vers 1697; part pour la Chine en 1697 ; reçu Lazariste à Madras par M. Appiani, 25 janv. 1699 ; miss. au Se-tch'oan nord et est, 1702 ; expulsé en 1707; rentre en 1712; nommé év. de Myriopolis (alias Myriophite) (André Ly, un de ses prêtres, dit Myriopolytan.) et vic. ap. du Se-tch'oan, 1716 ; sacré au Chan-tong par Mgr della Chiesa, en déc. 1716 (1715?) ; administrateur du Hou-koang et du Koei-tcheou.  Il écrit le 7 août 1721 à Mgr Mezzabarba que Mgr de Visdelou lui a confié ces deux provinces (M. Gourdon dit 1723) (Voir L₂ t. I. p. 1-11) ; + 17 déc. 1742, à Sin-tou hien, administré par Mgr de Martillat et enterré à Tch'eng-tou.

André Ly, p. 426-436, a une assez longue notice, mais qui parait avoir été écrite de mémoire.  Voir aussi L₆ t. I. p. 5 et 11.

7. *François d'Ottaiano,* O.S F., Italien, miss. au Chen-si avec Mgr de Castrocaro, puis à Lan-tcheou avec le P.J.B. de Serravalle; fuit en 1724; rentre au Chen-si; nommé év. et coadj. de Mgr Müllener; + 12 juin 1737, sans être sacré, en se rendant au Se-tch'oan.  (L₂ t. p. 544 et C₅ II. 265).

8. *François Marie Ferreri* O.S.F.
Voir Chen-si-Chan-si, n. 5 p. 46.

9. *Louis (Ludovicus* L₃) *Marie Maggi,* 陸文仁, O.P., Dominicain de la province de S. Marc; miss. au Se-tch'oan, 1728 (M. Gourdon.) (Dans A, t. I. p. 213, on dit: envoyé par la Propagande en 1737); nommé év. de Barianée (Barianensis L₃) et coadj. de Mgr Müllener, par brefs de nov. 1738 (L₃ p. XIII); sacré au Se-tch'oan, 3 octobre 1739 (ibid.) ; succède, 17 déc. 1742; administrait le Hou-koang et le Koei-tcheou, comme Mgr Müllener (L₆ I. p. 14), au moins de fait.  Mort 20 août 1743 (inscr. tumulaire).

A. Ly dit 1744, mais ailleurs, p. 370, ''post mortem B. Müllener vix unum annum suo in vicariatu supervixit." Du reste en général, A. Ly donne ses dates de mémoire.

Mᵍʳ M. avait confié la mission du Se-tch'oan et du Koei-tcheou à Mᵍʳ de Martillat, jusqu'à ce que le S. Siège décidât (L₅ p. 345. L₅ p. 471).

10  *Joachim Enjobert de Martillat* (ou *Martiliat*), 馬, (M. Gourdon écrit Martillac.) d'une ancienne famille d'Auvergne ; né au dioc. de Clermont ; M E ; parti en 1727; exclu du Se-tch'oan par Mᵍʳ Müllener, en 1733, il travaille au Hou-koang; reçu provisoirement au Se-tch'oan, mars 1734 ; exclu de nouveau en 1736 ; reçu enfin pour le sud et l'ouest du vicariat, 23 mars 1737; nommé év. d'Ecrinée et vic. ap. du Yun-nan par brefs du 2 oct. 1739 (L₂ p. 545) ; sacré, 23 juil. 1741; il n'alla jamais au Yun-nan, mais resta au Se-tch'oan. A la mort de Mᵍʳ Maggi, il lui succéda comme administrateur du Se-tch'oan et du Hou-koang, 20 août 1743 (L₅ p. VIII-XV. p. 22-23. p. 425. p. 345).

D'après M. Launay, il aurait aussi été administrateur du Koei-tcheou (L₁₄ t. I. p. 6). Cependant, en 1744, en promulguant les règles des Vierges du Se-tch'oan, il prend le titre de vicaire apostolique de la province du Yun-nan et administrateur des provinces du Se-tch'oan et du Hou-koang, sans parler du Koei-tcheou (G₃ p. 2).  Son nom était Ma Tsing-chaen. cf. L₅ p. 20. Il part malade pour Macao, à la fin de 1746, puis pour l'Europe, 1 déc. 1547 (L₆ p. 14), nommant M.J.B. Maigrot son provicaire; procureur des M E. à Rome, 1752.  Arrivé à Rome, il obtient, en 1753, que le Se-tch'oan entier soit attribué exclusivement à la Société des M.E. de Paris (G₃. p. IV).

Mort à Rome, 24 août 1755 (L₁₀ p. 539 et L₂ p. 553).

11. *Jean-Baptiste Maigrot,* M.E., du diocèse de Langres (L₁₀ p. 539) ; entré aux M.E ; parti en 1740 (ib.) ; procureur général à Macao (L₅ passim); nommé aux instances de Mᵍʳ de Martillat, alors procureur à Rome, év. de Sura, en Syrie Euphratésienne (L₂ p. 322. 370), et vic. ap. du Se-tch'oan; mort à Macao, avant

de recevoir la nouvelle de sa nomination. (L₅ p. 370), le 20 oct.
1752 (L₁₀ p. 539. L₅ p. 442).

12. *Pierre-Etienne La Cerre,* M.E., du dioc. de Toulouse ;
prêtre des M.E; parti, 1737 (L₁₀ p. 539); miss. au Siam jusqu'en
1750, puis procureur à Macao, 1751-1753 ; nommé év. de Zéla
en Ilélénopont, Asie min., (Zelanus), vic. ap. du Se-tch'oan,
1753, et administrateur du Yun-nan et du Koei-tcheou. Il
n'accepta pas et retourna en France en 1756 ou 1757. cf. L₁₀ p.
539. L₈ p. 422 et passim. L₆ t. I. p. 15.

13. *Claude-François de Reymond* (sic), M.E., du dioc. de
S. Claude ; parti en 1753 ; nommé év. de Cinna, vic. ap. du
Se-tch'oan et administrateur du Yun-nan et du Koei-tcheou,
1756 ; mort à Macao, avant d'être sacré, 28 nov. 1756 (L₆ t. I.
p. 15. L₁₀ p. 539). L₁₀ p. 539 a: mort le 19 mars.

14. *Pierre-Jean Kerhervé,* M.E., né au dioc. de Quimper ;
parti en 1750 ; miss. au Siam, 1752 ; nommé coadjuteur au
Siam, 1763 ; nommé év. de Gortyne, en Crète, vic. ap. du Se-
tch'oan, et administrateur du Yun-nan et du Koei-tcheou, en
1763 ou 1764 ; sacré au Siam, 1764 (G₁). Cependant M. A.
Launay (L₆ t. I. p. 23) dit qu'il refusa l'épiscopat (cf. L₂ t. II.
p. 73). + à Chantaboun, Siam, 22 janv. 1766, sans avoir
pénétré dans sa mission (L₁₀ 539 et lettre du P. Gourdon, 14
mars 1910).

15. *Eugène Piloti,* O.S.F., cf. L₈ p. 162 et passim.
Voir Chan-si n. 6, p. 47.

16. *François Pottier,* 博四爺、范益盛, M.E., né (ou
baptisé?) à la Chapelle S. Hippolyte, dioc. de Tours, 9 mars
1726 (extrait de baptême dans Guiot) ; entré aux M.E. en mai
1753; prêtre, 22 sept. 1753; parti, 27 oct. 1753; miss. au Se-
tch'oan, 1756 ; administrateur provisoire du Koei-tcheou, 15
nov. 1762 (L₂ p. 22) ; nommé év. d'Agathopolis, prov. du Mᵗ
Ilémus (Agathopolitan.), et vic. ap. du Se-tch'oan, par brefs du
24 janv. 1767 ; administrateur du Yun-nan et du Koei-tcheou ;
sacré à Si-ngan fou par Mᵍʳ Magi, 10 sept. 1769; mort à Tsong-
kin tcheou, près de Tch'eng-tou, le 28 sept. 1792. (G₅. L₈

passim. G₄ p. 3. L₁₀ 539).

Il s'appela dabord Po Se-yé (L₆ p. 374) ou Po Fang-tsi (p. 549) ou même Fang (14 fév. 1762 p. 547). Il s'appela encore Fan I-chen (G₄ p. 3).

17. *Jean-Didier de Sᵗ Martin*, 馮若望, 郭恆開, M.E., né à Paris, 18 janv. 1743; docteur en Sorbonne; parti en déc. 1772; miss. au Se-tch'oan, 1774; sacré, par Mᵍʳ Pottier, év. de Caradre en Isaurie et coadj. le 13 juin 1784, dim dans l'octave de la Fête-Dieu (X₁₄ t. II. p. 1); fait prisonnier, 8 fév. 1785, puis exilé, il rentre au Se-tch'oan, 14 janv. 1789; succède, 28 sept. 1792. + 15 nov. 1801 (ibid. t. III. p. 482) à Tsong-kin-tcheou (le 5 nov. d'après M. Gourdon).

Il prenait le titre de vic. ap. du Se-tch'oan et administrateur du Yun-nan et du Koei-tcheou (G₄ Acta. p. 3 et L₁₀ p. 539).

Il s'appela Tsong (?) Jo-ouang, pendant la persécution de 1785 (X₁₄ t. IV. p. 96. 97), Fong Jo-ouang, en 1795. Il changea ce nom en Ko Hen-k'ai, en rentrant d'exil, en oct. 1788. (G₄ Beati Martyres p. 13. 25).

Didier devait être son nom de baptême : les bulles le nomment Desiderius episcopus.

18. Bʳ *Louis-Gabriel Taurin Dufresse*, 李多林, 徐德新, M. E., né à Ville-de-Lézoux, dans le Bourbonnais, dioc. de Clermont, 1751; entré aux M.E, 2 juil. 1774; parti, 4 déc. 1775; arrivé au Se-tch'oan, 1777; nommé év. de Tabraca, en Numidie (Tabracensis), et coadj. par Mᵍʳ de Sᵗ Martin; sacré par Mᵍʳ de Sᵗ Martin, 25 juil. 1800 (cf. X₁₄ t. 3. p. 433); succède, 15 nov. 1801; arrêté, 18 mai 1815 (t. 5. p. 146); décapité, 14 sept. 1815 (t. 5. p. 150); béatifié, 27 mai 1900. Fête, le 25 novembre.

Il s'appela Li Tô-lin jusqu'à la persécution de 1784, et prit le nom de Siu Teh-sin, en rentrant en Chine, en octobre 1788 (G₄ p. 23).

Il était administrateur du Yun-nan et du Koei-tcheou (L₁₀ p. 539).

Il s'appelait Louis-Gabriel, et on ignore pourquoi dans les actes de béatification il est nommé Jean-Gabriel (G₄ p. 1).

19. *Pierre Trenchant,* 黃, M. E. (G$_3$ p. V) ; du dioc. de Bayeux (L$_{10}$ p. 539,; parti 13 février 1781; sacré à Tch'ong-k'ing év. de Caradre, en Isaurie (Caradren.) par le B. Dufresse, en vertu des pouvoirs spéciaux reçus de Pie VI (X$_7$ t. IV), le 25 juil. 1802 (X$_{14}$ t. IV p. 21 et t. III. p. 483) ; + d'une maladie contagieuse contractée, le 8, au chevet des malades, 18 avril 1806, dans le district de Kiang-pé, près de Tch'ong-k'ing. (X$_{14}$ t. 4. p. 258. L$_{10}$ p. 539. G$_4$ p. 34).

20. *Jean-Louis (Ludovicus) Florens,* 羅, M. E., du diocèse de Cavaillon (auj Vaucluse) ; parti 8 octobre 1780 ; entra le premier au Se-tch'oan par la voie du Fou-kien X$_{14}$ t. 2. p. 381 ; administrait le Se-tch'oan oriental (?) (ibid. t. 2. et 3 passim) ; nommé év. de Zéla en Hélénopont (Asie min.) (Zelen.) et coadj. du B. Dufresse en 1807.

Les bulles arrivèrent le 24 mai 1810 et on dit qu'elles avaient près de 3 ans de date. Donc deuxième moitié de 1807.

Sacré, le 29 juin 1810, par le B. Dufresse (X$_{14}$ t. 4. p. 379); il fuit au Yun-nan, oct. 1814 (ibid. t. 5 p. 100);+au Tong-king à Ke-so, 14 déc. 1814 (X$_{14}$ p. 178) L$_{10}$ p. 539. G$_4$ p. 44.

Ne pas le confondre avec son frère, M$^{gr}$ Esprit Florens, mort en 1830 vic. ap. de Siam.

21. *Jean-Antoine Escodéca de la Boissonade,* 楊, M E., né à Monclar, dioc. d'Agen, vers 1762; prêtre avant 1789; refuse le serment ; se joint aux M.E. à Venise, 1799; part de Londres pour Macao, 1800; arrive au Se-tch'oan, 1805 (ou 1804. X$_{14}$ t. 5 p. 119); provicaire, 14 sept. 1815 jusqu'en 1820.

Le B. Dufresse l'avait nommé vic. général, et éventuellement provicaire jusqu'au retour de M$^{gr}$ Florens, si lui-même était arrêté ou mis à mort. A son défaut le provicaire serait M. Fontana ou M. Mathias Lo (7 avril 1815). M$^{gr}$ Florens étant déjà mort, M. Escodeca devenait provicaire à la mort du B. Dufresse. (G$_4$ p. 50. X$_{14}$ t. 5. p. 119 et passim. L$_{10}$ p. 541); + 24 oct. 1836 à 74 ans, à Fang-ky près de Kiang-tcheou. (Ainsi écrit M$^{gr}$ Fontana en 1838). (Voir X$_3$ t. XI p. 187) (L$_{10}$ p. 541 dit 14 octobre 1836 et M. Gourdon p. 50 dit en 1833 à 76 ans).

22.  *Louïs Fontana,* 馮, M.E., né au dioc. d'Ivrée, Piémont, 2 juil. 1780; part de Rome pour les missions en fév. 1807; s'embarque à Lisbonne en juillet 1807; un an malade à Goa, un an retenu au collège de Pi-nang, arrive au Se-tch'oan par le Tong-king en fév. ou mars 1812 ; nommé en 1818, vic. ap. du Se-tch'oan et administrateur du Yun-nan et du Koei-tcheou. Du moins une lettre datée du 18 janv. 1818 accompagnait ses bulles ($X_{14}$ t. 5 p. 595); sacré év. de Sinite, en IIe Arménie (Siniden.), le 21 mai 1820 ($G_1$) par son coadjuteur Mgr Pérocheau; + à Houi-sy, près Tch'eng-tou, 11 juil. 1838.  ($L_{10}$ p. 539. $L_3$ p. 88 etc.. $G_4$ p. 36).

23.  *Jacques-Léonard Pérocheau,* 馬, M.E., né aux Sables d'Ollonne ; prêtre du dioc. de La Rochelle ; préconisé coadj. du Se-tch'oan et év. de Maxula, en Afrique (Maxulen.), 30 sept. 1817 ($G_1$); sacré dans la chapelle des M.E. à Paris, 1 fév. 1818, part du Hâvre, 4 avril 1818; arrive dans sa mission, 30 mai 1820; sacre Mgr Fontana, le jour de la Pentecôte, 21 mai 1820; lui sucède, 11 juill. 1838, comme vic. ap. du Se-tch'oan et administrateur du Yun-nan et du Koei-tcheou; fait le démembrement du Yun-nan en 1843, du Koei-tcheou en 1849, du Se-tch'oan E. en 1858; + à Tch'eng-tou, 6 mai 1861.  Cf. $L_{10}$ p. 539.

24.  *Eugène Desflèches,* M.E.

Voir Se-tch'oan Oriental p. 131.

25.  *Jean-Théophile-Annet Pinchon,* 洪廣化, M. E., né à Char, dioc. de Limoges, 6 janv. 1814; parti, 20 fév. 1846; préconisé év. de Polémonium, dans le Pont (Polemonien.), et coadj. de Mgr Pérocheau, le 23 avril 1858; succède, 6 mai 1861; + 26 oct. 1891.  ($X_4$ p. 274. $X_{15}$ 1891 p. 576. $X_3$ 1846 p. 310. $X_8$ 1891 p. 241 seq.).

26.  *Marie-Julien Dunand,* 杜昂, M. E., né à S. Jean de Belleville, dioc. de Tarentaise, le 23 janv. 1841; prêtre, 19 sept. 1863; entré aux M.E., 18 juin 1868; parti, 3 août 1869; élu év. de Caloé en Asie (Calöen.) et vic. ap., 11 août 1893 ; sacré, 26 nov. 1893; publié, 21 mai 1894 ($X_2$ p. 208).

## XXXIX. Vicariat Apostolique du Se-tch'oan Oriental.

(Missions Etrangères de Paris).

### 1. Historique.

Ce vicariat fut formé en 1858 par la division en deux du Se-tch'oan. Il a été divisé en 1860.

### 2. Préfectures civiles.

Comprend les préfectures du Tch'oan-tong 川 東 :

| | | | | |
|---|---|---|---|---|
| Tch'ong-k'ing fou | 重 慶 府 | Tchong tcheou | 忠 | 州 |
| Soei-ting fou | 綏 定 府 | Yeou-yang tcheou | 酉 陽 | 州 |
| Koei-tcheou fou | 夔 州 府 | Che-tchou ting | 石 砫 | 廳 |

1. *Eugène-Jean-Claude-Joseph-Etienne Desflèches,* 范若瑟, M.E., né à Jonage, dioc. de Grenoble, 13 fév. 1814 ; entré aux M.E, avril 1837; prêtre, 1837; parti, 15 mai 1838; év. de Sinite, en II° Arménie (Siniten.), et coadj. de Mgr Pérocheau, 1843 ; sacré, 28 avril 1844 par Mgr Pérocheau; nommé vic. ap. du Se-tch'oan oriental, 1858 ; assiste au concile du Vatican ; donne sa démission en 1882 ; nommé archev. de Claudiopolis, en Honoriade, 20 fév. 1883 ; préconisé, 15 mars 1883 ; + à Montbeton, près Montauban, 7 nov. 1887. ($X_{16}$ 1888 p. 23. $X_8$ 1887 p. 199. $G_3$ p. VI. dit 1856; voir ses lettres).

(Les dates de $G_1$ et de $C_8$ semblent peu exactes).

2. *Paul-Eugène Coupat,* 顧巴德, M. E. (Le nom de Paul lui fut imposé à son sacre) ; né à Eglise-neuve-des-Liards, au dioc. de Clermont, 8 juin 1842; entré aux M.E, 30 août 1864; prêtre, 13 janvier 1867 ($X_8$ 1890 p. 222); parti, 15 sept. 1867; nommé év. de Tagaste, en Numidie (Tagasten.), et coadj. de Mgr Desflèches, 28 août 1882; préconisé, 18 sept. 1882; succède, 20 fév. 1883; + 26 janv. 1890, à Tch'ong-k'ing ($X_8$ 1890 p. 221).

3.  *Laurent Blettery,* 向 德 立, M. E., né à Sᵗ Bonnet-des-Quarts (Loire, dioc. de Lyon), 3 (2?) mars 1825; entré prêtre aux M.E, 18ᵢ9 ; parti, 10 juil. 1859 ; miss. au Se-tch'oan oriental ; provicaire 1868; dirige la mission pendant le concile du Vatican (1869-1872), puis de 187ⁿ à 1882 et enfin en 1890-91 ; élu en 1890 év. de Zéla; refuse l'épiscopat; + 25 sept. 1898. (Lettres de M. Gourdon et X₈ 1898 p. 351).

(Sur le passeport, le ming-t'eou est 德 理).

4.  *Joseph-Célestin-Félix Chouvellon,* 舒 福 隆, M.E., né à la Breure, dioc. de Lyon, 19 déc. 1859; parti, 5 nov. 1873; miss. au Se-tch'oan E. ; sacré év. de Dansara, en Osrhoène (Dansaren.), 27 déc. 1891 (de Mᵍʳ Chouvellon).

## XL. Vicariat apostolique du Se-tch'oan Méridional.

(Missions Étrangères de Paris).

### 1. Historique.

Le vicariat a été créé en 1860.

Quelques territoires ont été cédés au Thibet, à qui Ta-tsien-lou appartient depuis 1856, et au nouveau vicariat apostolique du Kien-tch'ang, formé en 1910.

### 2. Préfectures civiles.

| | | | | |
|---|---|---|---|---|
| Siu-tcheou fou | 叙 州 府 | Mei tcheou | 眉 | 州 |
| Kia-ting fou | 嘉 定 府 | Tse tcheou | 資 | 州 |
| Lou tcheou | 濾 州 | Yong-ning tcheou | 永 甯 州 | |
| P'ou-kiang hien | 蒲 江 縣 du Kiong tcheou. | | | |
| Ya-tcheou fou | 雅 州 府 sauf les districts qui appartiennent | | | |

aux autres vicariats.

---

1. *Pierre-Marie-Joseph-Julien Pichon*, 秦, M E., né à Neuilly-le Vendin, au dioc. de Blois, le 8 sept. 1816 ($X_{15}$ t. IV. p. 18) ; incorporé au Mans ; parti, 10 mars 1845 ($X_3$ juil. 45 p. 272) ; miss. au Se-tch'oan ; préconisé év. d'Hélénopolis en Ie Bythinie (Helenopolitan.), et premier vic. ap. du Se-tch'oan méridional, 24 janv. 1860 ; sacré, 8 sept. 1861 ; + à Saint-Fraimbault, au dioc. de Laval, 12 mars 1871 ($L_7$. I. p. 293).

2. *Jules Lepley*, 孟 普 賴, M.E., né Bayeux, 6 déc. 1836; entré aux M.E, 16 août 1858 ; prêtre, 25 mai 1861 ; parti, 9 août 1861 ; provicaire, 1870 ; préconisé év. de Gabala, en Ie Syrie (Gabalitan.), et vic. ap. le 22 déc. 1871 ; sacré, 26 mai 1872, par Mgr Ponsot. + 24 sept. 1886, à Hong-kong ($X_{13}$ 1872 p. 120).

3. *Marc Chatagnon*, 沙 得 容, M.E., né à Cellien, dioc. de Lyon, 14 fév 1839 ; entré aux M.E en sept. 1859 ; prêtre, le 20 déc. 1862 ; parti, le 19 (ou 16) mars 1863 ; miss. au Se-tch'oan méridional ; provicaire en 1885 ; préconisé év. de Chersonèse en

Crète, et vic. ap., le 25 janvier 1887; sacré le 24 avril 1887 (de
Mgr Chatagnon).

4. *Marie-Pierre Fayolle,* 劉若望, M.E., né à Duerne,
dioc. de Lyon, 25 avril 1865; entré tonsuré aux M.E, 18 sept.
1886; prêtre, 21 sept. 1889; parti, 13 nov. 1889; miss. au Se-
tch'oan S; nommé év. de Lampas, en Crète (Lampaeus), et
coadj. par bref de 15 juillet 1909; préconisé le 15 juillet 1909;
sacré à Suei-fou, dans l'église votive du S. Rosaire érigée en
l'honneur des BB. Martyrs Chinois, le 24 oct. 1909, par Mgr
Chatagnon ; proclamé au conclave du 30 nov. 1911 (X, p. 604)
(de Mgr Chatagnon).

## XLI. Vicariat Apostolique du Tché-kiang Oriental.

(Lazaristes)

### 1. Historique.

.Séparé de l'évêché de Nan-king, le 15 oct. 1696, le vicariat fut réuni, avec le Kiang-si, au Fou-kien, en 1718. Le 14 août 1838, a lieu la création du vicariat du Tché-kiang et Kiang-si. Le Kiang-si est séparé à la mort de M$^{gr}$ Rameaux, pour former un vicariat spécial.

Enfin le Tché-kiang est divisé en deux en 1910.

### 2. Préfectures civiles.

| | | | |
|---|---|---|---|
| Ning-pouo fou | 寧 波 府 | Ting-hai tieng | 定 海 廳 |
| Chao-hing fou | 紹 興 府 | Wen-tcheou fou | 溫 州 府 |
| T'ai-tcheou fou | 台 州 府 | Tch'ou-tcheou fou | 處 州 府 |

1.  *Pierre-Marie de la Motte-Lambert,* M. E., (Nous dirions aujourd'hui Lambert de la Motte), né à la Boissière, dioc. de Lisieux, le 28 janvier 1624 ; magistrat, puis prêtre, vers 1655 ; se joint à François Pallu; nommé, par bref du 17 août 1658, év. de Beryte (Berytensis), vic. ap. de Cochinchine et administrateur de 4 provinces de Chine, Tché-kiang, Fou-kien, Kiang-si et Koang-tong.

Voir aussi la bulle du 13 sept. 1669 (Bulle : *Speculatores domus Israel.* Bullarium magnum p. 355. X, p. 170) "Petrus, episcopus Beritensis, vicarius apostolicus Cocincinæ, cum administratione provinciarum Sinæ, videlicet Cechiang, Fochien, Quantung, Chiamsi, Insulæ Haynan et aliarum insularum." Sacré à Paris, dans l'église de la Visitation, rue S. Antoine, par l'arch. de Tours, 1660 ; parti de Paris, 18 juin 1660, par la route de terre (Launay p. 54 dit 18 juillet); arrive à Juthia (Bangkok) 22 août 1662; + à Juthia, 15 juin 1679. (L$_{10}$ p. 338. L$_2$ t. I).

2.  *Jean Pin,* M.E., né vers 1643 ; du dioc. de Nevers ; docteur en Sorbonne ; parti avec M$^{gr}$ Pallu (3$^e$ voyage), 25 mars

1681: arrivé à Amoy, 5 juin 1684: était déjà miss. au Kiang-si en 1691; vic. ap. du Tché-kiang et du Kiang-si, 1691 (?), 1688 (?), sans caractère épiscopal; mort à Congo en Perse (et non au Congo) en se rendant en Europe pour les affaires des missions, 11 mai 1692 (L$_{10}$ p. 181. et 538 et M. Gourdon).

3. *Pierre d'Alcala*, O.P., né vers 1610 (G$_2$ III. p. 441); profès du couvent de S$^e$ Croix de Grenade (G$_2$ II. p. 19); arrivé à Manille, 1666; passe au Fou-kien, 1667, puis au Tché-kiang; plusieurs fois vic. provincial; nommé vic. ap. du Tché-kiang, 9 août 1697 (G$_2$ II. p. 39); + 14 sept. 1705 à Lan-ki (Tché-kiang) (G$_2$ II. p. 40).

Son nom chinois était Hy (希?).

Il ne fut pas évêque. X$_{10}$ t. IX p. 475. G$_2$ l. c.

Le catalogo cronologico que M$^{gr}$ Gentili donne en appendice (t. III. p. 441 seq) dit qu'il mourut sexagénaire: cela doit se prendre au sens large, car il n'a pu commencer son apostolat à 21 ans. Il est né après 1636.

Voir dans P$_5$ § 30 p. 64 une lettre de lui au P. Intorcetta S.J. du 13 mars 1680, où il déplore les manques de charité contre la C$^{ie}$ dans la dispute des rites.

4. *Jean-Donat Mezzafalce*, Italien; quitte l'Europe en 1697; miss. au Tché-kiang, désigné par le Cardinal de Tournon; parait n'avoir pas pris possession; exilé par Kang-hi, 21 déc. 1706 (ou 16 déc.); rentre en Europe, 1707, et devient bénéficier de S. Pierre, à Rome, où il meurt. G$_5$ II. 262-263.

Le décret d'exil l'appelle Honato. Je n'ai pas trouvé le texte chinois. L$_2$. I. p. 475. P$_5$. p. 153 et passim. L$_{10}$. C$_6$.

5. *François de Montigny*, M.E.; du dioc. de Paris; miss. au Canada, 1692; parti pour la Chine, 1701; exilé en 1707; directeur au séminaire de Paris, 1711; procureur à Rome, 1714-1720; + au séminaire, 19 déc. 1742. (L$_{10}$ p. 540. Voir M. Gourdon).

Il aurait été provicaire ou vicaire apostolique du Tché-kiang (?).

6. *Philibert Leblanc*, M.E.

Voir Yun-nan.

7. *François-Alexis Rameaux,* 張, C. M., né à Desne (Jura),
le 24 mai 1802 (X₃ 1845 p. 89); Lazariste, 18 juillet 1824; arrive
à Macao, 3 mars 1832 (X₈ t. 6 p. 3⁵2) ; miss. et supérieur des
Lazaristes au Hou-pé ; élu év. de Myre, en Lycie (Myrensis), et
vic. ap. du Tché-kiang et du Kiang-si, le 11 déc. 1838; sacré à
Ke-sen par Mᵍʳ Carpena Diaz (G₂ t. II. p. 430); + mort à Macao èn se baignant, le 14 juillet 1845 (de M. Bouvier).

8. *Pierre Lavaissière* 石. C. M., né à Grandelles, dioc. de
S. Flour, le 25 oct. 1813; Lazariste, 25 oct. 1835; parti, 3 juin
1838; arrivé à Macao, 3 janv. 1839; miss. au Kiang-nan, avant
le retour des jésuites, 1839.

Il était au Kiang-nan, le 15 mai 1843, seul Européen avec
Mᵍʳ de Besi et nos 3 premiers Pères (X₈ t. 16 p. 432).

Il resta miss. au P'ou-tong jusqu'au 5 fév. 45, date du
départ des Lazaristes (C₆ p. 132) ; élu év. de Myre, en Lycie
Myren.), et vic. ap. du Tché-kiang, 27 mars 1846. + à Ning-
po, 19 déc. 1849 (X₃ t. 23. p. 256).

Il signait vic. ap. du Tché-kiang et du Tchang-tcheou fou
(Mᵍʳ Reynaud).

*Note.* Le Tchang-tcheou fou, etc. avait été provisoirement
uni au Tché-kiang à la demande de Mᵍʳ Rameaux en 1844. La
rétrocession fut signée à Chang-hai par NN. SS. Danicourt et
Maresca, le 7 octobre 1853. Elle semble avoir été exécutée dès
1850.

9. *François-Xavier Danicourt,* C. M.
(Voir Kiang-si), p. 100.

10. *Louis-Gabriel Delaplace,* C. M.
Voir Tche-li N, p. 141.

11. *Edmond-François Guierry,* 蘇發旺, C.M., né à Estrée,
commune de Magny, près Avallon, au dioc. de Sens, 4 juil. 1825;
Lazariste, 8 oct. 1848; prêtre, 14 juin 1851; parti, 28 oct. 1852;
arrivé à Ning-po, 7 mai 1853; nommé év. de Danaba, en IIᵉ
Phénicie (Danaben.) et coadj. au Tche-li N., 6 sept. 1864; publié
le 22 sept. 1864; sacré à Pé-king, le 30 avril 1865 (X₃ 1867

p. 426); vic. ap. du Tché-kiang, sept. 1869; ✝ à Ning-po, 8 août 1883. Cf. X$_{15}$ 1883 p. 432.

12.  *Paul-Marie Reynaud,* 趙 保 祿, C. M., né à S$^{te}$ Croix en Jarez, dioc. de Lyon, le 12 avril, 1854 ; Lazariste, 19 mai 1873; prêtre, 7 juin 1879; parti, 10 août 1879; arrivé à Chang-hai, 24 sept. 1879 ; miss. au Tché-kiang ; élu év. de Fussola. en Numidie (Fussolan.), et vic. ap., le 7 mars 1884 ; publié, 27 mars 1884; sacré, 29 juin 1884 (de M$^{gr}$ Reynaud).

## XLII.  Vicariat Apostolique du Tché-kiang Occidental.

(Lazaristes).

### 1. Historique.

Ce vicariat fut créé par le décret *Quœ Christiano nomini,*
du 10 mai 1910.

### 2  Préfectures civiles.

| | | | |
|---|---|---|---|
| Hang-tcheou fou | 杭 州 府 | Yen-tcheou fou | 嚴 州 府 |
| Kia-hing fou | 嘉 興 府 | K'iu-tcheou fou | 衢 州 府 |
| Hou-tcheou fou | 湖 州 府 | Kin-hoa fou | 金 華 府 |

1.  *Paul-Albert Faveau,* 田 法 服, C. M., né à Crochte,
arrond^t de Dunkerque, Nord, le 7 avril 1859 ; entré dans la
Congrégation de la Mission, le 25 sept 1883 ; prêtre, le 15 août
1887; missionnaire, 15 août 1887; nommé, par bref du 10 mai
1910, évêque de Tamassa en Chypre et vicaire apostolique du
Tché-kiang occidental; sacré, le 2 octobre 1910, à Ning-po, par
Mgr Reynaud ; proclamé au conclave du 30 novembre 1911 (X₁
p. 603) (de Mgr Faveau).

## XLIII.   Vicariat Apostolique du Tche-li Septentrional.

(Lazaristes).

### 1. Historique.

Le vicariat fut formé en 1856, lors de la suppression du diocèse de Pé-king et de la division de la province en trois vicariats.

On en a séparé le Tche-li NE, le 23 décembre 1899, le Tche-li central, 14 février 1910 et le Tche-li maritime, le 27 avril 1912.

### 2. Préfectures civiles.

Choen-t'ien fou    順天府        Siuen-hoa fou    宣化府
jusqu'à la Grande muraille.

---

1. *Joseph-Martial Mouly.* 孟振生, C. M., né à Figeac, dioc. de Cahors, 2 août 1807 ; Lazariste, 1825 ; parti, 1 oct. 1833 ; arrivé à Macao, 14 juin 1834 ; miss. au Hou-pé, puis supérieur de la mission des Lazaristes français de Pé-king (résidant à Si-wan-tse), au moins depuis 1836 ; nommé év. de Fussola, en Numidie (Fussolan.), et premier vic. ap. de Mongolie, par bulles du 23 août 1840, tout en restant supérieur des Lazaristes de Pé-king ; sacré, 22 juil. 1842, par M$^{gr}$ Salvetti ; administrateur de l'évêché de Pé-king (1846) ; transféré au Tche-li N, en 1856 ; garde l'administration du Tche-li W, que les M.E. de Paris refusaient d'accepter, jusqu'en 1858 ; mort à Pé-king, 4 déc. 1868 (Notice dans X$_{15}$ t. 2. p. 61. 62).

Voir plus haut la notice de M$^{gr}$ França-Castro e Moura, p. 39, et de M$^{gr}$ de Besi, p. 31.

Le 18 sept. 1842 il écrit encore qu'il reste "supérieur de *notre* mission chinoise." Il n'était donc pas administrateur du diocèse, du moins en titre (X$_8$ t. 15. p. 446).

2. *Jean-Baptiste Anouilh,* C.M.

Voir Tche-li S.W, p. 145.

3. *Louis-Gabriel Delaplace*, 田 魯 斯, C.M., né à Auxerre, 19 janvier 1820 ; Lazariste, 9 août 1842 ; s'embarque, 12 juil. 1845 (X₃ p. 184) ; arrive à Macao, 13 mai 1846; miss. puis provicaire au Ho-nan ; préconisé év. d'Andrinople en Honoriade (Adrianopotitan.) et vic. ap. du Kiang-si, le 27 février 1852 ; sacré à Lou-i hien 鹿 邑 縣, par Mᵍʳ Baldus ; transféré au Tché-kiang, (1) 12 juin 1854 (X₃ 1867. p. 449); transféré au Tche-li N., 1870 (G₈ 1159 dit sept. 1869); + 24 mai 1884, à Pé-king. cf. X₁₅. 1884 p. 489-492 et X₃ passim.

Lettres de NN. SS. Ferrant, Cattaneo, de M. Dauverchain, de M. Bouvier.

4. *Edmond-François Guierry*, C. M.
Voir Tché-kiang, p. 137.

5. *François Tagliabue*, C. M.
Voir Tche-li S.W, p. 145.

6. *Jean-Baptiste Sarthou*, 都 士 良, C. M., né à Doazit (Landes), 1840 ; Lazariste. 1 juil. 1861 ; prêtre, 26 mai 1866 ; parti, 21 août 1870 ; arivé à Chang-hai, 4 oct. 1870 ; miss. au Tche-li Nord; nommé év. de Myriophyte, en Iᵉ Thrace (Myriophyten.), et vic. ap. du Tche-li occidental, le 16 janv. 1885 ; sacré à Tcheng-ting fou par Mᵍʳ Tagliabue, 1885 ; transféré au Tche-li N, 6 juin 1890 ; + à Pé-king, 13 avril 1899 (de Mᵍʳ Coqset, de M. Bouvier. X₁₅ XXXI. p. 203. X₃ 1899 p. 242).

7. *Alphonse-Marie Favier*, 樊國棟, C.M., né à Marsannay-la-Côte, dioc. de Dijon, le 22 sept. 1837 (B₂ 1905 p. 328) (ou 28 déc. X₁₅); Lazariste, 5 oct. 1858; prêtre, 18 oct. 1861; parti, 23 février 1862 (X₃ 1862 p. 336) ; miss. au Tche-li Nord; élu év. de Pentacomie, en Arabie Pétrée (Pentacomien.), et coadj. de Mᵍʳ Sarthou, 12 nov. 1897 ; sacré, 20 fév. 1898 ; publié, 21 mars 1898 (G₈ p. 103); succède, 13 mai 1899 ; + 3 avril 1905, à Pé-king (X₁₅ 1900 p. 559 et 1905 p. 167. 179. Toung-pao. 1905. n. 2).

---

(1) Voir Danicourt note. p. 100.

8. *Stanislas Jarlin*, 林懋德, C.M., né à Cette, dioc. de Montpellier, 20 janv. 1856; Lazariste, 7 mai 1884; prêtre, 26 sept. 1886; arrivé à Chang-hai, 4 nov. 1886; miss. au Tche-li Nord; prêtre, à Pé-king, 20 janv. 1889; nommé év. de Farbeto, en IIe Augustamnique (Pharbæti) (Mgr J. signe Pharbætitensis.). et coadjuteur de Mgr Favier par brefs du 28 déc. 1899; publié, 19 avril 1900 ($X_2$ p. 148); sacré, 29 avril 1900; succède, 4 avril 1905 (de M. Bouvier) cf. $X_{15}$ 1900 p. 15.

## XLIV. Vicariat Apostolique du Tche-li S.E.

(Compagnie de Jésus — province de Champagne).

---

### 1. Historique.

Formé en 1856, à la supression de l'évêché de Pé-king, et à la division du Tche-li en trois vicariats.

### 2. Préfectures civiles.

| | | | |
|---|---|---|---|
| Ki tcheou | 冀 州 | Koang-p'ing fou | 廣 平 府 |
| Chen tcheou | 深 州 | Ta-ming fou fou | 大 名 府 |
| Ho-kien fou | 河 間 府 | | |

---

**1.** *Adrien Languillat,* S.J.

Voir Kiang-nan, p. 98.

**2.** *Edouard-Auguste Dubar,* 杜 巴 爾, 厄 督, S.J., né à Roubaix, dioc.-de Cambrai, le 12 oct. 1826; Jésuite, 9 oct. 1852; prêtre, 22 sept. 1860; parti, 26 mars 1861; arrivé au Tche-li, 10 août 1861; derniers voeux, 17 avril 1864; nommé év. de Canathe, dans le Hauran (Canathen.), et vic. ap. Tche-li SE, par brefs du 9 sept. 1864; publié au consistoire du 22 sept. 1864; sacré à Tchang-kia-tchoang 張 家 莊, (Ho-kien fou 河 間 府), par Mgr Languillat, le 19 février 1865; mort à Ou-kiao hien 吳 橋 縣, le 1er juillet 1878.

Voir L. 9. La vie, p. 1, dit à tort; né le 14 oct.

**3.** *Henri Bulté,* 步 天 衢, 亦 趨, S.J., né à Héricourt (Pas-de-Calais), le 18 nov. 1830; prêtre en 1854; Jésuite, 9 nov. 1861; arrivé au Kiang-nan, 9 avril 1864; derniers voeux, 8 sept. 1872; nommé év. de Botra, en Ie Phénicie (Botrensis), et vic. ap. du Tche-li SE, le 14 mars 1880 (brefs du 23 mars 1880); sacré à Chang-hai, par Mgr Garnier, le 29 juin 1880; publié le 20 août 1880; mort à Hien-hien, le 14 oct. 1900.

En réalité, nommé par la Propagande le 23 fév., approuvé par le Pape, 14 mars. Brefs du 23 mars. $X_{15}$ 1880. p. 157, 414.

4.  *Henri Maquet,* 馬 澤 軒, 霖 浦, S.J., né à Juvigny sur Loison, dioc. de Verdun, le 30 nov. 1843; prêtre, le 6 juin 1868; entré au noviciat, 29 oct. 1871; parti de France le 1ᵉʳ fév. 1874; arrivé en Chine, 4 avril 1874 ; derniers voeux, 4 déc. 1882 ; supérieur régulier, du 24 sept. 1894 au 8 sept. 1901; provicaire apostolique, 14 oct. 1900 ; nommé év. d'Amathonte en Chypre (Amathuntin.) et vic. ap. du Tche-li SE par brefs du 31 juillet 1901 ; sacré à Chang-hai par Mgr Paris, le 8 déc. 1901 ; publié au consistoire du 16 déc. 1901 (X₂ p. 487) (de Mgr Maquet).

## XLV. Vicariat Apostolique du Tche-li Occidental.

(Lazaristes).

### 1. Historique.

. Formé, 30 mai 1856, à la suppression de l'évêché de Pé-king, le vicariat avait d'abord été proposé aux Missions Etrangères de Paris, qui refusèrent en 1858.

### 2. Préfectures civiles.

| Tcheng-ting fou | 正定府 | Tchao tcheou | 趙 州 |
| Choen-té fou | 順德府 | Ting tcheou | 定 州 |

1. *Joseph-Martial Mouly,* C.M.
Voir Tche-li Septentrional, p. 140.

2. *Jean-Baptiste Anouilh,* 董, C.M., né à Prat, près St Liziers, dioc. de Pamiers, le 8 nov. 1819 (Mgr Coqset); Lazariste, 18 juil. 1843; prêtre, 1846; parti, sept. 1847, avec les premières Filles de la Charité; arrivé à Macao, 21 juin 1848; parti pour le Tche-li Nord, en mai 1849; nommé en 1850 év. d'Abydos, en Hellespont (Abyden.), et coadj. de Mgr Mouly, alors administrateur de l'évêché de Pé-king; sacré, 22 juin 1851.

En 1856, Mgr Mouly lui confie le Tche-li occid. Quand les M. E. eurent définitivement refusé ce vicariat, il fut nommé vic. apostolique, 14 déc. 1858; + à Tcheng-ting fou, 18 fév. 1869 (Mgr Coqset. X₁₃ II. p. 166).

3. *François Tagliabue,* 戴濟世, C.M., né à Coinay L'abbaye, dioc. de Soissons, 29 nov. 1822; prêtre, 17 juin 1848; Lazariste, 24 sept. 1852; parti en 1853; arrivé à Ning-po, 19 juin 1854; provicaire de Mongolie, à la mort de Mgr Daguin, 1859; préconisé év. de Pompéiopolis, en Cilicie (Pompeiopolitan.), et coadj. au Kiang-si, le 25 sept. 1868; transféré, avant son sacre, au Tche-li S.W, le 22 juin 1869; sacré, à Tcheng-ting fou, par Mgr Delaplace, 11 nov. 1870; transféré au Tche-li N,

le 5 août 1884 ; + à Pé-king, 12 mars 1890 (de M. Bouvier).
(X₁₅ 1890 p. 155).

4. *Jean-Baptiste Sarthou,* C.M.

Voir Tche-li Septentrional, p. 141.

5. *Jules Bruguière,* 包 儒 畧, C.M., né à Nant, au dioc.
de Rodez, 12 août 1851 ; Lazariste, 16 déc. 1872 ; prêtre, 26
mai 1877; parti, 26 août 1877 (M. Bouvier); élu év. de Cina, en
Iᵒ Galatie (Cinen.), et vic. ap., le 28 juil. 1891; sacré à Tcheng-
ting fou, 13 déc. 1891 ; + à Chang-hai, 19 oct. 1906; enseveli
à Tcheng-ting fou (de Mᵍʳ Coqset).

6. *Auguste Coqset,* 顧 其 衡, C.M., né à Ambleny, au
diocèse de Soissons, 28 juin 1847; entré dans la Congrégation
de la Mission, 1 oct. 1866; ordonné prêtre, 8 juin 1871; parti
pour la Chine, 21 mai 1875 ; missionnaire au Tche-li septentrional ; nommé évêque de Cardique ou Cardica, en Thessalie
(Cardicen.), et vic. ap. du Kiang-si méridional, le 29 juin 1887
(bulles du 19 juillet); sacré par Mᵍʳ Tagliabue, le 16 oct. 1887;
transféré au Tche-li occidental par bref du 3 mai 1907 (de Mᵍʳ
Coqset).

## XLVI. Vicariat Apostolique du Tche-li NE.

(Lazaristes).

---

### 1. Historique.

Le vicariat fut séparé du Tche-li septentrional par décret du 23 déc. 1899.

### 2. Préfectures civiles.

Yong-p'ing fou 永 平 府 sauf la partie hors des murs.

Ts'uen-hoa tcheou 遵 化 州

---

1. *Ernest-François Geurts,* 武 致 中, C.M., né à Maashees, dioc. de Bois-le-duc, Hollande, 9 déc. 1862 ; Lazariste, 8 oct. 1882 ; prêtre à Tcheng-ting fou, 11 mai 1887 ; miss. au Tche-li W. puis au Tche-li N.; élu év. de Rhinocolure en Iᵉ Augustamnique et premier vic. ap. du Tche-li NE. le 24 déc. 1899 (B₂ 1905 p. 530); sacré, 4 fév. 1900, à Bois-le-duc ; publié le 19 avril 1900 (X₂ p. 148. X₁₃ 1900. p. 15. M. Bouvier).

## XLVII. Vicariat Apostolique du Tche-li Contral.

### (Lazaristes).

---

### 1. Historique.

Le vicariat fut érigé par le bref *Nobis in sublimi* du 14 février 1910, aux dépens du Vicariat du Tche-li septentrional. (X₁ 1910 p. 141).

### 2. Préfectures civiles.

| Pao-ting fou | 保 定 府 | I tchcou | 易 州 |
| --- | --- | --- | --- |

---

1. *Joseph Fabrègues*, 富 成 功, C. M., né à Montpellier, le 26 nov. 1872; entré dans la Congrégation de la Mission, le 6 octobre 1890; ordonné prêtre, 20 mai 1896; missionaire au Tche-li; nommé par bref du 22 février 1910 évêque titulaire d'Alali et vicaire apostolique du Tche-li central; publié le 3 ou 4 mars; sacré par Mᵍʳ Jarlin, le 22 mai 1910, à S. Pierre et S. Paul de Pao-ting fou; proclamé au conclave du 30 décembre 1911 (X₁ p. 603. X₁₈ 1910 p. 100).

## XLVIII. Vicariat Apostolique du Tche-li Maritime.

(Lazaristes).

### 1. Historique.

Il fut érigé par décret du 27 avril 1912 et ne comprend qu'une préfecture. X, p. 489.

### 2. Préfecture civile.

T'ien-tsin fou 天 津 府.

---

1. *Paul Dumond,* 杜 保 祿, C.M., né à Lyon, le 2 avril 1864; entré dans la Congrégation de la Mission le 2 avril 1883; missionnaire au Tche-li, 16 octobre 1888 ; nommé par bref du 27 avril 1912 évêque titulaire de Curubi, en Afrique Proconculaire (Curubitanus), et vicaire apostolique du Tche-li maritime ; sacré, le 30 juin 1912, à Pé-king, par Mgr Jarlin ; proclamé au consistoire du 2 décembre 1912 (de Mgr Dumond).

## XLIX. Vicariat Apostolique du Thibet.

(Missions Étrangères de Paris).

----

### 1. Historique.

Au XVIIe siècle, il y avait une Préfecture Apostolique, confiée aux Capucins, qui fut rattachée au Vicariat Apostolique d'Agra en 1820.

Le Vicariat de Lhassa fut rétabli par bref du 27 mars 1846, puis divisé en deux Préfectures Apostoliques. Il fut rétabli en 1857.

Mgr Thomine Desmazures abandonna en 1860-61 les villes chinoises de la frontière, ainsi que les régions thibétaines du Se-tch'oan et du Yun-nan, y compris Ta-tsien lou, ne gardant sous sa juridiction que le royaume de Lhassa, dont missionnaires et chrétiens furent chassés en 1865.

Le 28 juillet 1868, les marches Thibétaines du Se-tch'oan et du Yun-nan furent de nouveau réunies au Vicariat du Thibet et restent le champ de travail des missionnaires (L. 7 date le décret de 1869).

La résidence épiscopale est à Ta-tsien-lou, au Se-tch'oan, en thibétain Tar-tsé-do, confluent du Tar et du Tsé, deux torrents.

### 2. Préfectures civiles en Chine.

Ta-tsien-lou t'ing 打箭爐廳 (Ya-tcheou fou. Se-tch'oan).
Oui-si t'ing       維西廳 (Yun-nan).

Il y a eu encore une rectification de frontières, le 30 avril 1898.

Une partie du Boutan a été attribuée au Thibet par décret du 20 mars 1912 (X₁ p. 272).

Pour les nombreuses modifications du territoire ecclésiastique, consulter l'ouvrage de M. A. Launay.

----

1. *Julien Rabin,* M.E., né à Punecé, dioc. de Nantes, 2 avril 1819 ; entré prêtre aux M.E, 22 janv. 1849 ; nommé sup. de la mission du Thibet, 1849; parti, 23 déc. 1849; préfet intérinaire du Thibet occidental, 4 mars 1850; tente la voie de l'Inde; rentre malade en France, 22 fév. 1852; meurt, 17 février 1876. $L_7$ p. 27, 101-177.

2. *Nicolas-Michel Krick,* M. E., né à Lixheim, dioc. de Nancy, 1 mars 1819; entré prêtre aux M.E, 28 oct. 1848; parti pour le Thibet, via Assam, 23 déc. 1849; pénètre au Thibet, 15 déc. 1851 — 18 mars 1852 ; préfet intérimaire, 7 nov. 1852, pour la partie occidentale ; massacré avec M. Bourry, 1 sept. 1854. $C_8$ p. 1134. $L_7$ p. 101.

3. *Charles-Alexis Renou,* 羅, M.E., né à Vernantes, dioc. d'Angers, 22 août 1812; entré diacre aux M.E, 14 sept. 1836; prêtre, 20 mai 1837; parti pour le Se-tch'oan, 15 mai 1838; envoyé par Mgr Pérocheau au Thibet (Ta-tsien-lou), 11 juil. 1847; préfet apostolique, 17 sept. 1851 ; ✝ à Kiangka (Markam ou Garto), 18 oct. 1863.

Le nom chinois était Lo Le-nou. $L_7$ I. p. 201-409. $X_3$ 1850 p. 135. $L_3$ p. 98.

4. *Jacques-Léon Thomine-Desmazures,* 杜 多 明, M.E., né à Caen, dioc. de Bayeux, 17 fév. 1804 ; prêtre, 22 sept. 1827 ; chanoine et vicaire général de Bayeux; entré aux M.E, 26 juin 1847 ; parti, 16 déc. 1847 ; miss. au Se-tch'oan, 1849 ; nommé év. de Sinopolis, en Cilicie (Sinopolitan.), et vic. ap. du Thibet, par Mgr Desflèches, 17 fév. 1857, en vertu de pouvoirs spéciaux reçus par bref du 14 avril 1856; sacré, 3 mai 1857, par Mgr Desflèches, à Ho-pao-tchang; se retire en 1863; démission acceptée, 28 août 1864; mort à Mouen, près de Caen, 25 janv. 1869. (Notice par Mabire). Cf. $L_7$ I. p. 286-383.

5. *Joseph-Marie Chauveau,* 丁, M.E., né à Luçon, 25 fév. 1816; prêtre, sept. 1839; entré aux M.E, 6 oct. 1843; parti, 6 fév. 1844; quitte Macao pour le Yun-nan, 21 nov. 1845 ($X_3$ 19. p. 110); nommé év. de Sebastopolis en I° Arménie, et coadj. de Mgr

Ponsot, au Yun-nan, le 6 juill. 1850, par M$^{gr}$ Ponsot; sacré, 21 sept. 1850 (L$_7$ II. p. 16); transféré au Thibet par bref du 9 sept. 1864 ; publié le 22 sept. 1864 ; accepte, 4 août 1865 ; + à Ta-tsien-lou, 21 déc. 1877. (L$_7$ t. II. 1-140. X$_{15}$ X. p. 140. Nécrologie 1879 p. 60).

6. *Félix Biet,* 畢耶 (C$_7$), M.E., né à Langres, 21 oct, 1838; parti, 15 mars 1864; nommé provicaire un peu avant la mort de M$^{gr}$ Chauveau ; nommé év. de Diana, en Numidie (Dianen.), par bref du 23 juil. 1878, et vic. ap. du Thibet par bref du 27 août 1878; sacré par M$^{gr}$ Pinchon, à Leang-ho k'eou (Se-tch'oan occid.), le 24 nov. 1878; part malade pour la France, 1892 ; + à S.Cyr au Mont d'Or près de Lyon, le 9 septembre 1901.

(Notice.   X$_8$ 1902. p. 303-312. et L$_7$ II. p. 140-fin.)

7.   *Pierre-Philippe Giraudeau,* 倪德隆, M.E., né à S. Marc de Contais, dioc. de Nantes, le 17 mars 1850 ; prêtre, 29 juin 1876; parti, 11 juil. 1878; provicaire; reçoit tous les pouvoirs d'administrateur, en 1896; nommé év. de Tiniade en Bythynie (Tiniaden.), coadj. de M$^{gr}$ Biet, et administrateur, par bref du 15 fév. 1897; publié, 19 avril 1897 (X$_2$ p. 146); sacré, 12 déc. 1897, à Sui-fou, par M$^{gr}$ Chatagnon ; succède, 25 sept. 1901 (de M$^{gr}$ Giraudeau).

## L. Vicariat Apostolique du Yun-nan.

(Missions Etrangères de Paris).

### 1. Historique.

D'abord attribué, 1659, à M^gr Pallu, Vicaire Apostolique du Tong-king, puis à M^gr Lopez, Vicaire Apostolique de Nan-king, le Yun-nan fut détaché du diocèse de Nan-king, le 15 octobre 1696. Il fut réuni au Se-tch'oan de 1781 au 24 août 1840, où le Vicariat fut rétabli par Grégoire XVI.

Les Marches thibétaines furent par moments réunies au Vicariat Apostolique de Lhassa.

Encore maintenant Oui-si t'ing appartient au vicariat du Thibet.

### 2. Préfectures civiles.

Toute la province, sauf Oui-si t'ing 維 西 廳, dans Li-kiang fou 麗 江 府.

---

1. *François Pallu,* M,E.
Voir Fou-kien, p. 71.
2. *Bernardin della Chiesa,* O.S.F.
Voir Pé-king, p. 35.
3. *François Varo,* O.P., prend l'habit au couvent des dominicains de S^t Paul de Séville, donc probablement Andalou; quitte l'Espagne et est affilié à la province du Rosaire, 12 janv. 1647; arrive à Manille, 29 juin 1648; part pour le Fou-kien, vers le 10 juin 1649 ; nommé par Innocent XI év. de Lydda en l^e Palestine (Lydden.) et vic. ap. des provinces de Yun-nan, Koang-si et Koang-tong, pour succéder à M^gr Pallu, 25 janv. 1687 (G₂ II. p. 92).

Les bulles étaient adressés à M^gr Maigrot. + à Fou-ngan en janv. 1687, sans avoir reçu ses bulles.

(G₂ II. p. 77-93: F₂ III. p. 562-567. Memor. Soc. Sinico-Jap. VI. avril 1887. p. 117. Voir Echard II. p. 714).

4.    *Philibert Leblanc*, M.E., né à Beaune, dioc. d'Autun ; parti, 22 déc. 1678 ; miss. à Siam, puis en Chine, 1684 ; miss. au Koang-tong, 1691, puis au Fou-kien, jusqu'en 1702 ; nommé vic. ap. du Yun-nan, sans caractère épiscopal, par bref d'oct. 1696 ; entre au Yun-nan, 1702 ; expulsé, pour avoir refusé la patente, 1707 ; s'échappe et va travailler au Fou-kien ; nommé par M$^{gr}$ de Tournon vic. ap. du Tché-kiang à la place de M$^{gr}$ Mezzafalce, 1708 ; élu év. de Troade, dans l'Hellespont (Troaden.), 1717 ; ne fut pas sacré. + au Koang-tong, peu après sa nomination, 2 sept. 1720.   L$_2$ t. I. p. 365. 462. 478 etc. — L$_{10}$ p. 538. L$_5$ p. 418.   X$_{10}$ t. IX. p. 468-471.

5.    *Claude de Visdelou*, S.J.

Voir Koei-tcheou, p. 110.

6.    *Joachim de Martillat*, M.E.

M$^{gr}$ de M. n'entra jamais au Yun-nan. cf. Se-tch'oan, p. 126.

7.    *François Pottier*, M.E.

Voir Se-tch'oan, p. 127.

8.    *Jean-Didier de S$^t$ Martin*, M.E.

Voir Se-tch'oan, p. 128.

9.    *B$^x$ Louis-Gabriel Taurin Dufresse*, M.E.

Voir Se-tch'oan, p. 128.

10.    *Jean-Antoine Escodéca de la Boissonade*, M.E.

Voir Se-tch'oan, p, 129.

11.    *Louis Fontana*, M.E.

Voir Se-tch'oan, p. 130.

12.    *Jacques-Léonard Pérocheau*, M.E.

Voir Se-tch'oan, p. 130.

13.    *Joseph Ponsot*, 袁 繃 索, M. E., né à Vy-le-Ferroux, dioc. de Besançon, le 3 mai 1803 ; parti, 21 janv. 1830 (Catalogue de 1862. L$_7$ p. 202) ; miss. au Se-tch'oan (L$_{10}$ p. 541) ; préconisé év. de Philomélie, en Pisidie (Philomelien.), 28 août 1840 ; sacré, 1843. + 17 nov. 1881, à Long-ki (L$_7$ I. p. 202).

*Rem.*   M. Xavier Bourgeois représenta le Vicariat comme provicaire au synode de 1880.   Sans doute M$^{gr}$ Ponsot était déjà malade.

14. *Joseph-Marie Chauveau,* M.E.
Voir Thibet, p. 151.

15. *Jean-Joseph Fenouil,* 古 分 類, M.E., né à Rudelle, dioc. de Cahors, 18 nov. 1821 ; entré aux M.E, 7 août 1844 ; prêtre, 29 mai 1847 (ou le 2 mai?) ; parti, 16 sept. 1847, d'Anvers; miss. à Hong-kong, puis au Yun-nan, 1851, provicaire, 1863 ; nommé év. de Ténédos, en Grèce (Tenedius), et vic. ap. 29 juil. 1881 ; publié, 4 août 1881 ; sacré au Koei-tcheou, 27 déc. 1881. + 10 janv. 1907 (Voir $X_8$ 1907. p. 327 seq).

16. *Joseph-Claude Excoffier,* 曹 幼 晨, M.E., né à S. Sylvestre, dioc. d'Annecy, 23 déc. 1861 ; parti, 3 nov. 1886 ; miss. au Yun-nan ; élu év. de Métropolis (1) (Metropolitan.) et coadj. de Mgr Fenouil, 30 mars 1895 ; sacré, 18 août 1895 ; publié, 2 déc. 1895 ($X_2$ p. 443); retourne en France au commencement de 1904.

17. *Edouard-Ernest Maire,* 明, M.E., né au dioc. de Nancy en 1848 ; parti, 6 nov. 1872 ; provicaire et supérieur de la mission, 1907.

18. *Charles-Marie-Félix de Gorostarzu,* 金 夢 旦, M.E., né à Saint-Vincent-de-Tyrosse (Landes), dioc. d'Aire, le 6 octobre 1860 ; entré au Séminaire d'Issy S. Sulpice, en 1878, puis au Séminaire français à Rome en 1880 ; prêtre, le 19 mai 1883.

Entré au Séminaire des Missions Etr. en sept. 1884 ; parti, 7 oct. 1885, pour le Yun-nan ; nommé év. d'Aila, en III<sup>e</sup> Palestine (Ailensis), et vic. apostolique, par brefs du 10 déc. 1907; publié au consistoire du 19 déc. 1907 (Civiltà cat. p. 106); sacré à Hanoi, par Mgr Gendreau, le 29 mars 1908 (de Mgr de Gorostarzu).

---

(1) Métropolis est un siège suffragant d'Ephèse.

## Divers.

1. *Melchior Nuñes Barreto,* S.J., frère du Patriarche (p. 5), né à Porto ; docteur en droit canon ; entré au noviciat de la Cⁱᵉ de Jésus, 11 mars 1543 ; parti, 1551 ; arrivé à Goa, le 5 sept. 1551, avec le titre de recteur du collège de S. Paul donné par S. Ignace; vice-provincial des Indes après le P. Barzée, 18 oct. 1553 ; parti pour le Japon en 1554.

Il passe à Malacca, 15 avril, à Sancian, à Canton en 1555; arrive au Japon, juin 1556, comme visiteur ; revient en 1557; profès en 1558. $+$ 1571 ($F_3$ au 10 août). Voir $O_2$ l. 14. n° 138 etc. et $P_2$ p. 2.

$P_5$ § 15 p. 5. note 53, dit qu'il écrivit de Macao aux Jésuites de l'Inde, le 23 nov. 1555.

Il serait resté en Chine près d'un an. Il passa deux fois un mois à Canton ($D_2$). Voir Brou. Sᵗ François Xavier t. II.

2. *Dominique Navarrette,* O.P., était supérieur de tous les Dominicains de Chine à la mort du P. J.B. de Morales ($A_1$ t. I. p. 200 et avant).

Il refusa d'être chef de toutes les missions de Chine, c.-à-d. évêque, et Mᵍʳ Lopez fut nommé Vicaire Apostolique de Nan-king.

Il mourut archevêque de S. Domingue en 1689.

3. *Louis (Ludovicus) Laneau,* M.E., du dioc. du Chartres; s'embarque avec Mᵍʳ Pallu, le 3 janv. 1662. Elu par Mᵍʳ Pallu et Mᵍʳ de La Motte-Lambert, év. de Métellopolis, en Phrygie Pacat. (Metellopolitan.), et premier vic. ap. de Siam, après la mort de Mᵍʳ Cotolendi, il est sacré le 25 mars 1674 ($L_2$ I. p. 205).

Il fut administrateur général du Tong-king et de la Cochin-chine, 1681. Mᵍʳ Luquet dit qu'à la mort de Mᵍʳ Pallu, 1684, il lui succéda comme administrateur général des missions, et c'est à ce titre que nous le nommons ici. De fait, dans Dunin Szpot, p. 1181, qui écrit Lenau, on le voit agir comme administrateur et comme supérieur de Mᵍʳ Bernardin. On accuse devant lui Mᵍʳ della Chiesa de trop favoriser les jésuites et

Lancau écrit à Mgr Basile, provicaire de Bernardin, pour se plaindre de celui-ci.

Par ailleurs on dit que Mgr Pallu laissa tous ses pouvoirs à M. Maigrot. + 16 mai 1696 (L₁₂ t. I. p. 61 dit : 1690). cf. L₁₀ p. 541.

D'après M. Launay, L₂ p. 242, il fut nommé Vicaire Apostolique du Japon en 1680. Cette nomination parait avoir été sans suite. Faut-il la comprendre ainsi? Le décret de la Propagande, 21 mars 1663, et le bref *E sublimi* accordaient à Mgr Pallu et à Mgr de La Motte de nommer un successeur à Mgr Cotolendi (L₂. I. 94). C'est pourquoi Mgr L. fut élu év. de Métellopolis, avant sept. 1673 (L₁₀. p. 69).

Survint la nouvelle division de 1680 ; Mgr Lopez était nommé. Alors Mgr L. aurait été nommé au Japon.

4. *Louis Quémener,* M. E., né à Brest vers 1644 ; parti pour Siam, 6 avril 1682 ; arrivé à Amoy, avec M. Pin, 5 juin 1684 (X₃ t. V. p. 675).

Envoyé à Rome par Mgr Laneau pour les affaires des missions, il y porte le mémoire de M. Maigrot à Innocent XII, 1690.

Il fut nommé év. de Sura (Mgr Luquet écrit Léza) et chargé par un indult spécial de sacrer les nouveaux vic. ap., 1697.

Je ne sais quel était son vicariat, sans doute hors de Chine. Il revient en Chine, 1701. + à Chao-tcheou (Koang-tong), 17 nov. 1704 (L₁₀ p. 538. L₂ t. I. p. 363. 393).

5. *Bernard Martineau,* M.E., d'Angers ; né vers 1653 ; parti, 22 déc. 1678 ; miss. et provicaire au Siam ; désigné comme délégué à Paris pour la confection du règlement de la Société, 1695.

Avant de partir, il voulut consulter ses confrères de Chine et mourut en mer, près de Hai-nan, le 25 août 1695 (Mémorial des M.E et L₂ t. I. p. 393 note 2).

Il fut nommé coadj. de Mgr Laneau, vic. ap. de Siam, en 1697 (L₂ ibid.), deux ans après sa mort, et un an après celle de Mgr Laneau.

*Note*.   M. Launay, p. 413, date sa délégation du 25 oct. 1695.   Il faudrait, si cette date est correcte, admettre pour date de la mort le 25 août 1696, date donnée en effet par M$^{gr}$ Luquet (p. 538). On comprendrait mieux que sa mort ne fût pas connue en Europe en 1697.

Nous ne donnons place ici à M. M. que par ce que Luquet et Gams le placent parmi les vic. ap. de Chine, à tort sans aucun doute, et sans désigner son vicariat (L$_2$ p. 393).

(Lettre de M. Gourdon, 14 mars 1910).

6.   Vice-province espagnole de la Compagnie de Jésus.

Sur la tentative, au moins prétendue, de fonder une vice-province espagnole de la Compagnie de Jésus en Chine, vers 1685, et le retour à Manille des deux survivants de cet essai, on peut voir P$_2$. 147. 148. 149 et D$_4$. p. 1279 et seqq. (P$_3$. 140. 141. 142).

7.   Tentative d'un Patronat Espagnol.

Le 22 août 1779, le Roi Catholique, Charles III, demanda que l'on établit quatre évêques ou quatre Vicaires Apostoliques Espagnols : un Augustinien au Koang-tong, un Franciscain au Koang-si et un en Cochinchine, un Dominicain au Fou-kien. Dans une instance, 22 septembre 1782, on demandait le droit de présentation, et on proposait d'établir quatre évêques résidentiels.   Le principal motif, mis en avant par Pie VI dans le refus, était tiré des fâcheuses conséquences du Patronat Portugais (G$_2$ II. 283).

# IVᵉ PARTIE.

# LA CORÉE ET LE JAPON DEPUIS LE 19ᵉ SIÈCLE.

## I. CORÉE.

### I. Vicariat Apostolique de Corée.

(Missions Étrangères de Paris).

### 1. Historique.

Le Vicariat fut détaché du diocèse de Péking, le 6 septembre 1831, et confié aux Missions Etrangères de Paris.

Les Vicaires Apostoliques étaient à l'origine chargés du Japon.

Le Vicariat de Tai-kou en fut détaché, le 8 avril 1911.

### 2. Territoire.

Toute la Corée, sauf le territoire du Vicariat de Tai-kou.

---

1. *Barthélemy Bruguière,* 蘇, M.E., né à Reissac, dioc. de Narbonne, en 1793 ; entré prêtre aux M.E., en 1825 ; parti en mars 1826 ; miss. puis coadj. du vic. ap. de Siam, Mgr Esprit-Marie-Joseph Florens, év. de Sozopolis (p. 129) ; sacré év. de Capse, en Byzacène (Capsensis), à Bangkok, le 29 juin 1829 ; nommé premier vic. ap. de Corée (et des Lieou-kieou), par brefs du 9 sept. 1831 ; ✝ à Pie-li-kou 咧 咧 溝 (Gorges contiguës), près Si-wan-tse 西灣子, en Mongolie, avant d'avoir pu pénétrer dans son Vicariat, le 20 oct. 1835. X₃ t. 9. p. 332.

Sa pierre tombale porte l'inscription :

首鐸 蘇公之墓　　道光十五年八月二十九日　立

Voir M₂. p. 77. X₃ t. 28 p. 414. M₆.

Voir le texte des brefs du 9 sept. 1831 dans D₁ t. II. p. 19.

2.   V^ble *Pierre-Philibert Maubant,* 羅, M. E., né à Vassy, dioc. de Bayeux, 20 sept. 1803; entré prêtre aux M.E, le 18 nov. 1831; parti, 12 mars 1832; destiné au Se-tch'oan, puis associé à M^gr Bruguière; entré en Corée, 13 janv. 1836; dirige la mission jusqu'à l'arrivée de M^gr Imbert, 13 déc. 1837; + martyr à Seoul, 21 sept. 1839; déclaré vénérable, le 23 sept. 1857. M₆. D₁ p. 85 etc.

3.   V^ble *Laurent-Marie-Joseph Imbert,* 范世亭, M.E., né à Cabriès, dioc. d'Aix, le 15 avril 1797; entré aux M.E, le 8 oct. 1818; prêtre, le 18 déc. 1819; parti, le 20 mars 1820; miss. au Se-tch'oan, où il n'arrive qu'en 1825 (M. Gourdon); nommé év. de Capse, en Byzacène (Capsen.), et vic. ap. de Corée; sacré au Se-tch'oan, par M^gr Fontana, le 14 mai 1837; entré en Corée, le 18 déc. 1837; + martyr à Sainam près de Séoul, le 21 sept. 1839; déclaré vénérable, le 23 sept. 1857.

Son nom chinois au Se-tch'oan était Lou 羅 (M. Gourdon). Cf. D₁ p. 156 seq. C₈ p. 1134 dit: né 23 mars 1796 et martyrisé 21 sept. 1830.   Cf. M₂ p. 83.

4.   *Jean-Joseph Férreol,* 高, M. E., né à Cucurron, dioc. d'Avignon, en 1808; entré prêtre aux M.E, en 1838; parti, le 28 avril 1839; nommé év. de Belline en Syrie (Bellinen.) et coadj. du vic. ap. de Corée, c.-à-d. en fait vic. ap. de Corée; sacré, par M^gr Verrolles, à Yang-koan, près de Kai-tcheou en Mandchourie, le dim. 31 déc. 1843; entré en Corée, le 12 oct. 1845; + à Seoul, le 3 fév. 1853. (D₁ p. 242, 380. L₃ p. 169. M₆).

5.  *Ambroise Maistre,* 李, M. E., né à Entremont, dioc. d'Annecy, 19 sept. 1808; entré prêtre aux M.E, en 1839; parti, le 8 janvier 1840; nommé provicaire avant son entrée en Corée; entré en Corée, le 29 août 1852; par droit d'ancienneté, chef de la mission, depuis le 3 fév. 1853 jusqu'à l'arrivée de M$^{gr}$ Berneux, 26 mars 1856; + en Corée, 20 déc. 1858. Cf. D, p. 302, 362, 451.

6.  *Siméon-François Berneux,* 張敬一, M.E., né à Château-du-Loir, dioc. du Mans, 14 mai 1814; prêtre, 20 mai 1837; entré aux M.E, 27 juillet 1839; parti, fév. 1840; miss. au Tong-king, 16 mai 1841, en Mandchourie, mars 1844 (L$_3$ p. 163).
M$^{gr}$ Vérolles le choisit pour coadjuteur à la place de M$^{gr}$ de la Brunière, mort en 1845.  Il est donc nommé év. de Trémite, en Chypre (Tremiten.), et coadj. en 1854.

Mais M$^{gr}$ Ferréol était mort, en le nommant son successeur. Il est donc nommé év. de Capse en Byzacène et vic. ap. de Corée par bulles du 5 août 1854.

Sacré par M$^{gr}$ Vérolles et M$^{gr}$ Daguin à Cha-ling 沙林 (bourg des Sables), le 27 déc. 1854 (X$_3$ 1866 p. 428) ou le 25 déc. (L$_3$ p. 312); entré en Corée, 26 mars 1856; martyr à Séoul, 8 mars 1866.

D'après le passeport, le ming-t'eou est 爾洛.

M$^{gr}$ B. a pu avoir deux noms successifs, un en Chine et un en Corée.  Ou bien celui du passeport lui a été attribué à la légation et l'autre est celui qu'il a porté.  (X$_3$ 1866; deux dates diffèrent de quelques jours.  D, p. 521. L$_3$.)

Le procès de béatification, été ouvert le 25 nov. 1901.

7.  *Marie-Antoine-Nicolas Daveluy,* 安斐理, M. E., né à Amiens, le lundi saint, 16 mars 1818; prêtre, le 18 déc. 1841; entré aux M.E, le 4 oct. 1843; parti, le 6 fév. 1844; entré en Corée, le 12 oct. 1845; nommé év. d'Acònes (ou Ptolémaïs, en l$^e$ Phénicie?), et coadj. de M$^{gr}$ Berneux; sacré à Seoul par M$^{gr}$ Berneux, le 25 mars 1857; succède, le 8 mars 1866; + martyr, près de Sou-rieng, le vendredi saint, 30 mars 1866.  X$_3$ 1866 p. 423. D, p. 521 seq. M$_6$).

8. *Stanislas Féron,* 權隆, né à Domfront, dioc. de Sées, le 28 fév. 1827 ; prêtre, 21 décembre 1850 ; entré aux M.E, le 14 oct. 1854 ; parti, le 23 janv. 1856 ; entré en Corée, fin mars 1857; supérieur de la mission, du 30 mars 1866 à sept. 1868; travaille en France, puis aux Indes, 1870; + à Viriour (Indes), le 3 juin 1903.   (M$_6$. X$_8$ 1904).

Le compte-rendu p. 319 dit : 22 février 1827.

9.  *Félix-Clair Ridel,* 李福明, M.E., né à Chantenay, dioc. de Nantes, le 7 juil. 1830; prêtre, le 21 déc. 1857; entré aux M.E, le 29 juil 1859 ; parti, le 25 juil. 1860; entré en Corée, le 7 avril 1861; supérieur de la mission en sept. 1868; nommé év. de Philippopolis, en Arabie (Philippopolitan.), et vic. ap. le 27 avril, 1869; préconisé, 25 juin 1869; sacré au Gesù de Rome, par le C$^{al}$ de Bonnechose, le 5 juin 1870; + à Vannes, le 20 juin 1884. (Cf. X$_{15}$ 1884 p. 336. M$_6$).

10. *Jean-Marie-Gustave Blanc,* 白圭三, M.E., né à Reugney, dioc. de Besançon, le 6 mai 1844; incorporé au dioc. de Lyon; entré aux M.E, le 5 oct. 1864 (X$_{15}$ 1890 p. 108); prêtre, le 22 déc. 1866; parti, le 15 fév. 1867; entré en Corée, le 11 mai 1876; nommé év. d'Antigone, dans l'Hellespont (Antigonen.), et coadj. le 26 juil. 1882, par M$^{gr}$ Ridel, en vertu d'un bref du 17 avril 1877; sacré à Nagasaki, 長崎, par M$^{gr}$ Petitjean, le 8 juil. 1883; succède, le 20 juin 1884; + à Séoul, le 21 février 1890. (X$_8$ 1890 p. 227 seq. M$_6$).

11.  *Gustave-Charles-Marie Mutel,* 閔德孝, M.E., né à Blumerey, dioc. de Langres, le 8 mars 1854; entré aux M.E, le 4 oct. 1873; prêtre, le 24 fév. 1877; parti, le 5 avril 1877; entré en Corée, le 12 nov. 1880; nommé év. de Milo, dans les Cyclades, et vic. ap. par brefs du 2 sept. 1890; sacré à Paris, le 21 sept. 1890 (M$_6$).

## II. Vicariat Apostolique de Tai-kou.

(Missions Etrangères de Paris).

___

### 1. Historique.

Erigé par bref du 8 avril 1911.

### 2. Territoire.

Il comprend les provinces de :

Kieng-syang to.

Tiyen-la to.

avec l'Ile Quelpaert (X₁. 1911 p, 224).

___

1. *Florian Demange,* 安世華, M.E., né à Saulxures (Alsace), le 25 avril 1875. Incorporé au diocèse de Paris; entré au Séminaire des Missions Etrangères, le 8 septembre 1895 ; ordonné prêtre, le 26 juin 1898; parti de Paris, le 3 août 1898; missionnaire en Corée; arrivé à Seoul, le 8 octobre 1898; nommé par bref du 8 avril 1911 évêque titulaire d'Adras en Isaurie et Vicaire Apostolique de Taikou; sacré, le 11 juin 1911, par Mgr Mutel, à Seoul; proclamé au consistoire du 30 novembre 1911 (X₁ p. 602).

## II.  JAPON.

Le Cardinal-Préfet de la Propagande, dans plusieurs lettres à M<sup>gr</sup> de Bési (archives de Zi-ka-wei), spécialement le 12 avril 1842, le pressait de s'occuper du Japon, et lui disait que le Vicaire Apostolique de Corée en était aussi chargé. On peut dire qu'au 19e siècle le Japon fut d'abord confié aux Vicaires Apostoliques de Corée et au Procureur des Missions Etrangères de Hong-kong.   Voir p. 108 à propos de M. Libois.

Le Vicariat Apostolique du Japon fut créé en 1846, puis divisé par brefs du 3 juin 1876, du 20 mars 1888 et du 17 avril 1891.

La hiérarchie fut établie et des diocèses furent créés en 1891.

On y a depuis ajouté deux Préfectures Apostoliques et annexé une partie de Saghalien.

Enfin en 1913, Formose constitue une troisième Préfecture.

———✶———

## III.  Archidiocèse de Tôkyô.

(Missions Etrangères de Paris).

### 1. Historique.

Le Vicariat Apostolique du Japon fut divisé le 3 juin 1876. Tôkyô fit alors partie du vicariat septentrional, qui fut lui-même divisé le 17 avril 1891.   L'archidiocèse de Tôkyô fut créé le 15 juin 1891.   Une partie en fut détachée en faveur de la Préfecture de Niigata, le 13 août 1911.

### 2. Territoire.

| Départements de Tôkyô, | Nagano, |
|---|---|
| Chiba, | Gifu, |
| Ibaraki, | Aichi, |
| Tochigi, | Yamanashi, |
| Saitama, | Kanagawa, |
| Gumma, | Shizuoka. |

1. *Théodore-Augustin Forcade,* M.E., né à Versailles, 2 mars 1816; entré aux M.E; parti, pour les îles Ryû-kyú, 14 déc. 1842; élu év. de Samos, Cyclades (Samius), et vic. ap. du Japon, 27 mars 1846 (Gams); sacré, 21 fév. 1847; ne pouvant pénétrer au Japon, il est élu pro-préfet ap. de Hong-kong, et gouverne la mission du 4 oct. 1847 au 18 déc. 1850 (R. P. Spada); quitte la Société, 1 janv. 1852 ($M_2$ I. 229); transféré à la Basse-Terre par décret impérial du 6 avril 1853 ($M_2$ I. 232), puis à Nevers, 18 mars 1861, et à Aix, 25 juil. 1873; + du choléra, 12 sept. 1885. cf. $X_{16}$ passim et $M_2$.

2. *Charles-Emile Colin,* M.E., né en 1811, au diocèse de S. Dié; parti pour la Mandchourie, 21 octobre 1846; nommé préfet apostolique du Japon par M<sup>gr</sup> Vérolles, en 1853; mort au Liao-tong, du typhus, en se rendant au Japon, le 23 mai 1854.

D'après $L_3$ il aurait d'abord été missionnaire au Se-tch'oan ($L_3$. $M_2$. $X_3$ t. 27, et lettre du R. P. Evrard).

3. *Prudence-Séraphin-Barthélemy Girard,* M.E., du diocèse de Bourges; parti en 1848 ($Y_6$); nommé supérieur de la mission, 1858 ($M_2$ I. p. 335), il accepte provisoirement le 13 nov. 1858 (it.); préfet apostolique, 1863 (it p. 402); + à Yokohama, le 9 déc. 1867 (du R. P. Boucher). cf. $M_2$ p. 253 seq.

4. *Napoléon-François Libois,* M.E.
Voir Koang-tong, p. 108.

5. *Bernard-Thaddée Petitjean,* M.E.
Voir Nagasaki, p. 167.

6. *Joseph Laucaigne,* M.E.
Voir Nagasaki, p. 167.

7. *Pierre-Marie Osouf,* M.E., né à la Musardière, dioc. de Coutances, 26 mai 1829; prêtre, juin 1852; entré aux M.E, 2 août 1855; parti, 1 juin 1856; aide-procureur à Singapore, 1857, à Hong-kong, 1862, procureur, 1866, directeur à Paris, 1875-1877; nommé év. d'Arsinoe (Arsinoites.) et vic. ap. du Japon septentrional par décret du 3 déc. 1876; préconisé, 18 déc. 1876; sacré à Paris par M<sup>gr</sup> Forcade, 11 fév. 1877; promu

à l'archevêché de Tôkyô, 15 juin 1891;+27 juin 1906, à Tôkyô (X₈ 1906 p. 277. M₂ II. p. 357 seqq.)

8.   *Pierre-Xavier Mugabure,* M.E., né à Guéthary, (S. Jean de Luz) dioc. de Bayonne, 1 sept. 1850 (X₁₅ 1910. p. 263); entré au séminaire des M.E, 2 sept. 1871 (X₁₅ 1910 p. 275); prêtre, 19 sept. 1874 (ibid.); parti, 16 déc. 1874 (ibid.); nommé év. de Sagalasso, en Pisidie (Sagalassen.), et coadj. de Mgr Osouf, 19 mars 1902; le bref est daté du 21 mars (ibid.); publié, le 9 juin 1902 (X₂ p. 235); sacré à Tôkyô, 22 juin 1902, par Mgr Osouf; succède, 27 juin 1906; mort le 27 mai 1910, à Guéthary, France (X₈ 1906. X₁₅ 1910. p. 275).

9.   *François-Bonne,* M.E., né à S. Chrystophe de-la-Grotte (Chambéry), 25 mars 1855; entré aux Missions Etrangères, 8 septembre 1876; ordonné prêtre, 20 septembre 1879; parti pour le Japon méridional, 26 novembre 1879; supérieur du séminaire de Nagasaki; refuse le siège d'Osaka; est forcé en 1910 d'accepter celui de Tôkyô (bref du 15 sept. 1910); sacré par Mgr Cousin, le 1 mai 1911, à Nagasaki; proclamé en consistoire, 30 nov. 1911 (X₁ p. 601).+à Tôkyô, le 11 janvier 1912 (X₁ p. 859).

10.   *Jean-Pierre Rey,* M. E., né à Julienas (Rhône), le 3 nov. 1858; nommé archevêque par bref du 1 juin 1912; sacré, le 25 juillet 1912, à Tôkyô, par Mgr Berlioz; annoncé au consistoire du 2 décembre 1912 (X₁ p. 699), reçoit la pallium le même jour (ibid. p. 703).

## IV.  Diocèse de Nagasaki.

(Missions Etrangères de Paris).

### 1. Historique.

Nagasaki fit d'abord partie du Vicariat du Japon méridional,
créé le 3 juin 1876.  Il fut érigé en diocèse le 15 juin 1891.
Le Japon central en avait été séparé le 20 mars 1888.

### 2. Territoire.

Départements de Nagasaki,      Kumamoto,
             Fukuoka,      Miyasaki,
             Oita,      Kagoshima,
             Saga,      Okinawa.

1.  *Bernard-Thaddée Petitjean,* M. E., né à Blanzy, dioc.
d'Autun, 14 juin 1829 ; vicaire, puis miss. diocésain ; entré aux
M.E. 30 juil. 1859 ; parti, 13 mars 1860 (Y₆) ; arrivé à Nafa, 26
oct. 1860 ;  élu év. de Myriophyte, en Iᵉ Thrace (Myriophiten.),
le 22 juin 1866, et vicaire ap. du Japon ; sacré, 21 oct. 1866, à
Hong-kong, par Mᵍʳ Guillemin; devient par bref du 3 juin 1866,
vic. ap. du Japon méridional ; ✝ à Nagasaki, 7 oct. 1884 (M₂
t. I. II. passim).

2.  *Joseph Laucaigne,* M. E., né à Gardères, dioc. de
Tarbes, 13 mai 1838 ; entré aux M.E, 4 nov. 1859 ; prêtre, 25
déc. 1862 ; parti pour le Japon, 16 mars 1863 ; élu év. d'Apollonie, en Macédoine (Apolloniensis), et auxiliaire de Mᵍʳ Petitjean,
3 oct. 1873 ; préconisé, 22 déc. 1873 ; sacré, 22 fév. 1874, à
Nagasaki.  Il ajouta alors Marie à son prénom. ✝ 19 janvier
1885 à **Osaka.** X₈ 1885 p. 145 seq. M₂ t. II. p. 505 dit 19 janv.
ainsi que les Compte-rendus de 1885. p. 153.

3.  *Jules-Alphonse Cousin,* M. E., né à Chambretand, dioc.
de **Luçon,** 21 avril 1842 ; entré aux Missions Etrangères, 27
avril 1864 ; prêtre, 23 déc. 1865 ; parti, 14 février 1866, pour
le **Japon**; arrivé à Nagasaki le 7 mai 1866 ; nommé, 26 juin

1885, év. d'Acmonie en Phrygie Pacatienne (Acmonien.) et vic. ap. du Japon méridional; sacré à Osaka par M<sup>gr</sup> Osouf, 21 sept. 1885 ; transféré à Nagasaki, 15 juin 1891.  M₂ t. 2. p. 506 a : "nommé par la S. C. le 8 janv. 1885".  Je donne la date de la Gerarchia.  + à Nagasaki, 18 sept. 1911.

4.  *Jean-Claude Combaz*, M. E., né à S. Béron (Chambéry), Savoie, le 8 décembre 1856 ;  entré au Séminaire des Missions Étrangères, le 8 septembre 1877; ordonné prêtre, le 26 septembre 1880 ;  parti pour le Japon méridional, le 10 novembre 1880 ; arrivé à Nagasaki, le 15 janvier 1881 ; professeur au séminaire, 29 janvier 1883 — juillet 1912; nommé évêque de Nagasaki par bref du 3 juin 1912 ; sacré à Nagasaki, le 8 septembre 1912 ; publié au consistoire du 2 décembre 1912 (de M<sup>gr</sup> Combaz).

## V. Diocèse d'Osaka.

(Missions Etrangères de Paris).

### 1. Historique.

Le Japon central fut démembré du Vicariat Apostolique du Japon méridional, par bref du 20 mars 1888.

. Le diocèse d'Osaka fut créé le 15 juin 1891.

La Préfecture Apostolique de Shikoku fut créée en 1904.

Une partie du Fukuiken, qui dépendait d'Osaka, fut cédée à la Préfecture de Niigata en 1912.

### 2. Territoire.

| Départements de Kioto, | Mié, | Okayama, |
|---|---|---|
| Osaka, | Shiga, | Hiroshima, |
| Hiogo, | Tottori, | Yamaguchi, |
| Nara, | Shimane, | Wakayama. |

1. *Félix-Nicolas-Joseph Midon,* M.E., né à Bonviller, dioc. de Nancy, 7 mai 1840; prêtre, 21 mai 1864; entré aux M.E, 25 sept. 1869; parti, 3 août 1870; nommé év. de Césaropolis, en Macédoine (Cæsaropolitan.) et vic. ap. du Japon central, en mars 1888; sacré à Yokohama par M<sup>gr</sup> Osouf, le 11 juin 1888; nommé premier évêque d'Osaka, 15 juin 1891. + à Marseille, 14 avril 1893 (M<sub>1</sub>. X<sub>8</sub> 1893. M<sub>2</sub> II. p. 509).

2. *Henri Vasselon,* M.E., né à Craponne, dioc. du Puy, 1 avril 1854; entré aux M.E, 23 sept. 1873; prêtre, 22 avril 1877; parti, 17 mai 1877, pour le Japon; élu, 21 août 1893; publié, 21 mai 1894 (X<sub>2</sub> p. 208); sacré, 30 novembre 1893.+7 mars 1896.

3. *Jules-Auguste Chatron,* M. E., né à Charix, dioc. de Belley, le 20 avril 1844; prêtre le 26 sept. 1869; entré aux M.E, 20 juillet 1872; arrivé au Japon, 1 sept. 1873; nommé év. d'Osaka par bulles du 22 juillet 1896; sacré à Kobé par M<sup>gr</sup> Osouf, le 18 oct. 1896; publié le 3 déc. 1896 (X<sub>2</sub> p. 443) (de M<sup>gr</sup> Chatron).

—→⹁⫶⹁:⫶✳✳✳⫶⹁⫶:⹁←—

## VI.  Diocèse d'Hakodate.

(Missions Etrangères de Paris).

### 1. Historique.

Ce territoire, séparé du Japon septentrional, bref du 17 avril 1891, fut érigé en diocèse le 15 juin 1891.

La résidence épiscopale fut transférée à Sendai, le 27 mars 1902.

La partie sud de Saghalien lui fut ajoutée par décret pontifical du 26 août 1911.

La Préfecture de Niigata fut créée en partie aux dépens de ce diocèse, en partie aux dépens de l'archidiocèse de Tôkyô et du diocèse d'Osaka, le 13 août 1912.

### 2. Territoire.

Départements de Miyagi,
>Fukushima,
>Iwate,
>Aomori,
>Hokkaido,
>Saghalien, la partie sud.

---

1.  *Alexandre Berlioz*, M. E., né au diocèse de Chambéry, 12 sept. 1852 ; entré aux M.E ; parti en 1875 ; sous-procureur à Hong-kong ; miss. au Japon septentrional, 20 janv. 1879.

Mgr Berlioz est élu, le 24 avril 1891, préconisé, le 4 juin, év. de Calinda, en Lycie (Calinden.) et vic. apostolique.

Le 15 juin 1891 ; le Vicariat est érigé en évêché et Mgr Berlioz y est transféré.

Sacré, 25 juillet 1891, par Mgr Osouf, à Tôkyô (de Mgr Berlioz).

—≡▮: ✶☺✶ :▮≡—

## VII.  Préfecture Apostolique de Shikoku.

(Frères Prêcheurs).

### 1. Historique.

La Préfecture a été érigée en 1904, dans l'audience du 19 janvier — bref du 27 janvier 1904.

Acta S. Sedis. 1904. p. 174.

### 2. Territoire.

Il s'étend à toute l'ile de Shikoku.

—

1. *François Giner*. O.P., nommé, 12 mars 1904, renonce en 1904 et reste missionnaire à Formose. $X_{15}$ 1904. p. 137.

2. *Joseph-Marie Alvarez,* O.P., né à Burgos, le 16 mars 1871 ; entré chez les Frères Prêcheurs, 8 sept. 1886 ; prêtre, 6 avril 1895 ; missionnaire à Formose, août 1895 ; nommé Préfet Apostolique de Shikoku, le 2 octobre 1904 (du R. P. Alvarez).

## VIII. Préfecture Apostolique de Niigata.

### (Société du Verbe Divin. Steyl).

----

### 1. Historique.

Cette Préfecture fut érigée le 13 août 1912 (X, p. 566).

### 2. Préfectures civiles.

Akita,            )                      Toyama,      )
Yamagata, } prises à Hakodate,    Ishikawa,} prises à Tôkyô.
Niigata,          )                      Fukui,       )

Cependant le Fukuiken dépendait en partie d'Osaka.

----

1. *Joseph Reiners,* S. V. D., né à Neuwerk, Province Rhénane, le 20 mars 1874 ; ordonné prêtre, le 15 août 1898 ; entré dans la Congrégation du Verbe Divin, le 21 sept. 1907 ; missionnaire au Japon, le 8 août 1909 ; nommé premier Préfet Apostolique de Niigata, le 19 novembre 1912.

## IX.  Préfecture Apostolique de Formose.

(Frères Prêcheurs).

---

### 1. Historique.

Les Frères Prêcheurs s'établirent d'abord à Formose en 1626 (G₂ t. I. ch. XI), d'où ils passèrent au Fou-kien (P. Ange Cocchi). Ils furent expulsés de l'île en 1642 par les Hollandais (ibid.).

La mission fut reprise au XIX⁰ siècle.

Deux Pères furent envoyés par ordre de la Propagande, le 14 déc. 1858.  Le P. Ange Buruful débarqua à Ta-kao, le 18 mai 1859 (G₂. III. 192).

La mission fut réunie au Fou-kien, le 17 août 1860, puis elle fit partie du Vicariat Apostolique d'Amoy (G₂. III. ch. 20. 23. 24. X₃. 1867. p. 216). Elle vient d'en être séparée par décret du 19 juillet 1913.

### 2. Territoire.

Formose et les îles adjacentes.

---

*Clément Fernandez,* 林茂才, O.P., né à Peñerudes, diocèse d'Oviédo, le 17 octobre 1879 ; entré chez les Frères Prêcheurs, le 17 novembre 1895 ; ordonné prêtre, le 8 septembre 1903 ; missionnaire, le 13 décembre 1903 ; nommé premier Préfet Apostolique de Formose par décret du 2 septembre 1913.

# APPENDICE I.

## NOTICES

## SUR LES DOUZE CONGRÉGATIONS DE MISSIONNAIRES

### EN CHINE.

Il a paru utile de placer ici de courtes notices sur les Congrégations qui évangélisent la Chine. Bien que Macao ne soit pas dirigé par une Congrégation, il n'a pas semblé possible de l'omettre ici. Chaque notice a été écrite par une personne compétente : quelques unes n'ont pas voulu signer. Nous avons dû ajouter parfois un détail ou une note, avec la dernière statistique.

—————

### I. ÉVÊCHÉ DE MACAO—VICARIATS APOSTOLIQUES.

Le premier siège épiscopal d'Extrême-Orient, après la découverte des Indes, fut celui de Goa, érigé par Paul III, par la bulle *Æquum reputamus* du 3 novembre 1534, qui soumet à sa juridiction tous les établissements faits ou à faire par le Portugal depuis le Cap de Bonne-Espérance jusqu'à l'Inde et de l'Inde à la Chine. D'abord suffragant de l'archevêché de Funchal (ile de Madère), l'évêché de Goa en fut «démembré» et son titulaire déclaré métropolitain et primat des Indes par la constitution *Etsi sancta et immaculata* de Paul IV, du 4 février 1557.

Le même jour, par deux autres constitutions, commençant toutes deux par les mots *Pro excellenti præeminentia*, Paul IV créa les deux évêchés de Cochin et de Malacca, suffragants de Goa. Tandis qu'il assignait au premier une partie de l'Inde continentale, il attribuait au second Malaya (la Malaisie), Siam, le Tonkin, le Cambodge, Champa et la Cochinchine, avec les iles d'Atchen, Macassar, Solor et Timor, les Moluques et autres.

En 1566, Pie V permet au patriarche d'Éthiopie, André Oviedo, S.J., de partir pour le Japon et la Chine, avec les pouvoirs qu'il avait reçus de Jules III. Le même pape ordonne à Melchior Carneiro, S. J., évêque de Nicée, de ne plus penser à la mission d'Éthiopie et de se rendre au Japon. M^gr Carneiro obéit, mais ne put aller plus loin que Macao, où il arriva en 1567 ou 1568; il y demeura, exerçant les fonctions épiscopales et ainsi, de fait, le premier évêque de Chine. au moins jusqu'à la fin de 1575. (Lettre par lui écrite de Macao le 20 novembre 1575).

Macao fut formellement érigé en siège épiscopal par Grégoire XIII, à la demande du roi D. Sébastien, le 23 janvier 1576, par la bulle *Super specula*. L'évêque était déclaré suffragant de Goa et recevait pour diocèse le Japon, la Chine et le Tonkin.

*Note.* D'après M. Cordier, citant Corpo diplomatico Portugues XII. p. 501 et XI. 1898 pp. 661/7, la bulle *Super specula*, créant l'évêché est du 23 janvier 1575 et les deux bulles *Apostolatus officium* désignant Nunez et *Hodie ecclesiæ* au clergé de Macao, du 23 janvier 1576. Je ne puis ici vérifier, mais les dates que je donne me paraissent plus sûres.

Le 14 février 1588, Sixte-Quint sépara de Macao le Japon et lui donna un évêché dont le siège fut fixé à Funay. (Bulle *Hodie Sanctissimus)*.

Alexandre VII, par brefs du 9 septembre 1659 et du 20 septembre 1660, nomma trois vicaires apostoliques pour le Tonkin, la Cochinchine et la Chine; Clément IX ajouta Siam. Le même pape et son successeur Clément X publièrent plusieurs constitutions pour préciser et défendre la juridiction des vicaires apostoliques, dans ces pays, à l'encontre, soit des missionnaires réguliers, soit des évêques portugais des Indes orientales.

Pour donner une satisfaction au Portugal, qui ne cesse de réclamer contre la prétendue lésion de ses droits de patronat par la création des vicariats apostoliques, Alexandre VIII, le 10 avril 1690, érige les deux évêchés de Pé-kin et de Nan-kin, pour lesquels il accorde à perpétuité au roi de Portugal le droit de présentation, mais avec obligation de les doter. Le pape laissait au roi de Portugal et aux évêques de Macao, Pé-kin et Nan-kin à faire de concert la délimitation des trois diocèses; en conséquence, le roi attribua à Macao, outre l'ile de Macao, les provinces chinoises de Koang-tong et de Koang-si et îles adjacentes, à l'évêque de Pé-kin les provinces de Chan-tong, Leaotong, Chan-si, Ho-nan, Chen-si et Su-tchuen et îles, et à celui de Nan-kin, les provinces de Tché-kiang, Fo-kien, Kiang-si, Hou-kouang, Kouei-tcheou et Yun-nan, et îles.

Innocent XII, par la constitution *E sublimi Sedis Apostolicæ*, du 15 octobre 1696, réduit le diocèse de Pé-kin aux provinces de Pé-kin, Chan-tong et Leao-tong, et celui de Nan-kin aux provinces de Nan-kin et Ho-nan; il déclare vouloir confier les autres provinces, qu'ils auraient comprises d'après la délimitation précédente, aux vicaires apostoliques et défend aux évêques du patronat portugais d'y exercer désormais aucune juridiction.

Le même pape, par la constitution *Cum, sicut ad nostri,* du 22 octobre 1696, confirmant le bref *Christianæ religionis* de Clément X, interdit à l'archevêque de Goa et aux évêques de Macao et de Malacca et à leurs officiers, d'empêcher l'exercice de la juridiction des vicaires apostoliques dans les royaumes de Siam, Cochinchine, Champa, Cambodge et autres adjacents. Enfin, par la constitution *Ex commissæ nobis*, du 23 octobre 1696, il déclare le Ton-kin séparé et indépendant du diocèse de Macao, et défend à l'evêque de Macao d'y faire acte de juridiction.

La plus grande partie du vaste territoire restant au siège de Macao en a été séparée, du moins pour l'administration, au XIXe siècle ; d'abord, par l'établissement de la préfecture apostolique de Hong-kong, en 1843, transformée, en 1874, en vicariat apostolique; puis, par l'érection, en 1850, des provinces de Koang-tong et de Koang-si en une préfecture apostolique, qui fut divisée en deux, en 1875.

La juridiction effective de l'évêque de Macao ne s'étend plus, actuellement, que sur la colonie portugaise de Macao, la préfecture de Tchao-k'ing avec ses 12 districts, la sous-préfecture de

Hiang-chan, une partie de Timor et les missions portugaises de Malacca et de Singapore. (Décret pontifical du 3 février 1903, exécuté en septembre 1908). (Boletim de Macau p. 259, p. 75).

Ce n'est pas ici le lieu de toucher la question du patronat, ni des concordats du 21 février 1857 et du 23 juin 1886 (1), non plus que des divers arrangements survenus entre l'évêque de Macao et les préfets apostoliques. Il est bon toutefois de noter que le concordat de 1857 n'a jamais été ratifié par le pape.

Les religieux ayant des missions en Chine, Augustiniens, Dominicains, Franciscains, plus tard les Missions Etrangères de Paris et les Lazaristes eurent des couvents ou des procures à Macao. Les Jésuites y avaient le collège de S. Paul, tête de la province du Japon et celui de S. Joseph, à la vice-province de Chine. Les maisons religieuses furent sécularisées en 1834.

Macao a une cathédrale avec son chapitre fondé par M<sup>gr</sup> de Cazal, trois paroisses, un collège-séminaire avec environ 120 séminaristes et élèves, etc.

*Note.* Ceci était écrit par le R. P. J. Brucker avant la dernière persécution religieuse du Portugal.

----

(1) Ou des Lettres apostoliques *Universis orbis ecclesiis* du 15 juin 1874.

## II. ERMITES DE S. AUGUSTIN.

Nous n'avons pas à raconter l'histoire des diverses branches de cet Ordre, fondé par S. Augustin, près de Tagaste, en Afrique, 388. Il forme actuellement trois familles.

I. 1). *Augustiniens chaussés ou de l'observance.*

Ils ont un Prieur Général, sous l'obédience duquel se groupaient en 1900, 24 provinces, 2 congrégations de plus stricte observance, 2 vicariats apostoliques, Hou-nan Nord et Cooktown en Australie, et plus de 1900 religieux. La province des Philippines travailla autrefois en Chine et au Japon.

2). *Augustiniens déchaussés.*

Ils furent approuvés en 1474, et sont étrangers à notre sujet.

3). *Augustiniens déchaussés de la Congrégation d'Espagne.*

Leur origine remonte vers 1433: ils furent reconnus par plusieurs papes. La Congrégation renferme près de 600 membres, partagés en 2 provinces: celle de Colombie et celle de S. Nicolas de Tolentino, des Philippines. Cette dernière, qui pénétra à Manille en 1606 et fut séparée de l'observance en 1614, envoya, à partir de 1623, des missionnaires au Japon et y compta des martyrs.

S. Pie V déclara, le 1 octobre 1567, que les ermites de S. Augustin sont un ordre mendiant et en ont les privilèges.

II. L'Ordre de S. Augustin a donné 2 évêques à Pé-king et au Kiang-si son premier vicaire apostolique. Le P. Martin de Herreda et ses compagnons pénétrèrent des Philippines en Chine dès 1579, mais ils ne purent y rester que 4 mois et 16 jours. L'établissement de l'Ordre en Chine n'eut lieu que plus tard.

Il avait à Macao un couvent et une belle église, au Koang-si deux couvents, à Ou-tcheou et à Koei-lin, au Kiang-si une église à Fou-tcheou, où sévit une perséction de 5 ans (Lettres édif. t. IX. p. 473), etc.

N. B. D'après Gams, le célèbre Mgr de Cazal était Augustinien. Le memoria de Macao l'appelle clerigo secular. S'il eut été Augustinien, on ne comprendrait pas bien l'excommunication lancée par lui contre les Jésuites, les Dominicains, les Franciscains et les *Augustiniens*, qui tenaient pour le légat, M<sup>gr</sup> de Tournon.

III. La mission du Hou-nan septentrional a été confiée aux religieux de l'observance, de la province des Philippines, le 19 septembre 1879, et érigée en vicariat apostolique en 1896.

Il y a dans les statistiques de ce vicariat une apparente disproportion entre le nombre des prêtres et celui des chrétiens. Elle s'explique si on remarque qu'un tiers environ des religieux ne parlent par la langue et ne sont pas appliqués au ministère apostolique (de M<sup>gr</sup> Perez).

Les Augustiniens ont une procure à Chang-hai.

### Etat de la mission en Chine en 1913.

| | | | |
|---|---|---|---|
| Vicaire apostolique | 1 | Catéchumènes | 9000 |
| Prêtres O. S. A. | 27 | Eglises et chapelles | 60 |
| Prêtres séculiers indigènes | 2 | Ecoles | 55 |
| Chrétiens | 5054 | | |

### III. MISSIONS FRANCISCAINES EN CHINE.

L'illustre Ordre de S. François ou des Frères Mineurs est trop connu pour qu'il soit utile de résumer ici son histoire. Nous omettrons aussi l'évangélisation de la Chine par les Franciscains au moyen-âge. Voir I Partie. Les missions modernes peuvent se ramener à un triple courant apostolique.

---

### 1) Missions Espagnoles.

La province séraphique de S$^t$ Grégoire le Grand, des Philippines, fut fondée comme simple custodie par Grégoire XIII en 1577, et érigée en province par Sixte V, par bulles du 15 novembre 1586. La custodie à peine fondée, son premier custode, le P. Pierre de Alfaro partait pour Macao, 1579, et y fondait l'année suivante le couvent de N.D. des Anges, qui fut pendant 5 ans la maison du noviciat. En 1633, on y ouvrit une procure générale, qui ne fut abandonnée qu'en 1813. La province de S$^t$ Grégoire le Grand eut un couvent à Formose, de 1636 jusqu'à la conquête de l'île par les Hollandais en 1642.

En Chine même, les Franciscains espagnols évangélisèrent six provinces. Le Fou-kien les reçut en 1635 et ils ne le quittèrent définitivement qu'en 1863, quand ils cédèrent aux Pères Dominicains leur église de Ning-té (G$_2$ t. II. p. 283).

Au Chan-tong, l'église de N.D. des Anges de Tsi-nan fou, mère des autres églises franciscaines de la province, fut construite en 1651, démolie en 1664, restaurée en 1677. Au Koang-tong, ils eurent une chapelle en 1674, une seconde, dès l'année suivante, puis un séminaire, une procure, un cimetière, dans la capitale même. L'île de Hainan vit aussi leurs travaux couronnés de succès. Leur champ d'apostolat s'étendit au Kiang-si, 1687, au Tché-kiang, 1700, au Kiang-nan, où M$^{gr}$ Bernardin della Chiesa leur laissa sa résidence de Nan-king.

En résumé, dit Civezza, "depuis l'année 1633, les Franciscains de la seule province de S$^t$ Grégoire ont fondé en Chine deux couvents, centres de missions et 67 églisés, à plusieurs desquelles fut confiée la charge de fort nombreuses missions dans un rayon plus ou moins étendu" (C₅ t. II. p. 286).

Ce sont aussi les Franciscains espagnols qui ont travaillé au Japon (1582). S. Pierre-Baptiste et les 5 autres Frères Mineurs martyrisés en 1597 et canonisés en 1862 étaient venus de Manille.

## 2) Franciscains Italiens.

Les missionnaires italiens n'étaient pas envoyés par une province particulière de leur Ordre, mais par la Propagande, d'accord avec le Révérendissime Père Général. Un premier envoi eut lieu en 1680, en même temps que celui de Mgr Pallu et de ses compagnons. Il comprenait Mgr Bernardin della Chiesa, les PP. Basile de Gemona, Jean-François de Leonissa, J.B. de Castelnuovo et Ange d'Albano. En 1697, avec MM. Mezzafalce, Müllener et Appiani, partaient 6 Franciscains et un Augustinien. L'année suivante, 4 Franciscains prirent le chemin de la Perse. etc.

Ces religieux se répandirent surtout dans les provinces administrées par les Vicaires Apostoliques: Chan-si, Chen-si, Hou-pé, Hou-nan ; ils pénétrèrent jusque dans le Kan-sou actuel à Lan-tcheou à Liang-tcheou. La plupart des Vicaires Apostoliques de ces provinces sont pris dans leurs rangs ; un d'eux le P. François d'Ottaiano aurait été nommé coadjuteur du Se-tch'oan.

## 3) Franciscains Portugais.

Il avaient une maison à Macao, mais nous savons peu de chose de leurs travaux apostoliques. Ils fournirent un évêque à ce siège, Mgr Hilaire de Sainte Rose (1741-1750), un à Nan-king, Mgr François de Sainte Rose (1742-1750) et un à Pé-king, Mgr Alexandre de Gouvea (1782-1808).

## 4) Vicariats Franciscains.

Les uns proviennent des démembrements successifs des vicariats apostoliques du Chensi-Chansi et du Hou-koang, qui furent à peu près exclusivement gouvernés par les enfants de S.

François depuis leur fondation, 15 oct. 1696, jusqu'à ce que certaines parties de ce vaste territoire fussent attribuées aux missionnaires de Scheut (Kan-sou, 1878), à l'ordre de S. Augustin (Hou-nan Nord, 1879) et au Séminaire de Rome (Chen-si Sud, 1887). Ces vicariats sont au nombre de 8, Chan-si N. Chan-si S. Chen-si N. Chen-si central, Hou-pé E. Hou-pé NW. Hou-pé SW. Hou-nan S.

Les deux vicariats du Chan-tong N et E. proviennent de la division de l'évêché de Pé-king en 1839.

La division de ces dix vicariats par provinces religieuses ou par nationalité n'a rien d'absolu. Le Révérendissime Père Général se réserve, d'accord avec la Propagande, d'envoyer des missionnaires dans les Vicariats qui en ont le plus besoin. Néanmoins le Chan-si méridional est plus spécialement confié aux Hollandais, le Hou-pé S. W. aux Belges. Le Chan-tong Oriental appartient à la Province de S. Louis d'Anjou ou d'Aquitaine, bien qu'il possède des sujets de la Province de S. Denys. Le Chen-si N. à la province de Catalogne. Le Chan-tong septentrional, qui autrefois possédait un grand nombre de sujets italiens, passe progressivement à la province florissante de Saxe.

Les vicariats du premier groupe ont une procure commune à Han-k'eou.

D'après les notes du R. P. Amédée<br>de Merona, O. F. M.

### Etat des missions franciscaines en Chine (1912-13).

| | | | |
|---|---|---|---|
| Evêques | 10 | Religieuses | 105 |
| Missionnaires | 218 | Chrétiens | 192200 |
| Prêtres indigènes | 128 | Catéchumènes | plus de 9400 |
| Séminaristes | 181 | Ecoles et collèges | plus de 1050 |
| Religieux laïcs | 14 | Eglises et chapelles | plus de 2100 |

### IV. MISSIONS DOMINICAINES EN CHINE.

L'Ordre des Frères Prêcheurs, fondé par S. Dominique, fut solennellement approuvé par Honorius III en 1217. Il s'étendit rapidement. Au XIVᵉ siècle nous le trouvons avec l'Ordre de S. François dans l'empire du Cathay : il donne des archevêques à Khanbalig. Mais nous ne pouvons résumer son histoire; nous laisserons même de côté les missions des Philippines et du Tong-king.

Dans les temps modernes, le premier Dominicain qui mit le pied sur le sol chinois fut le P. Gaspard de la Croix, 1556; mais il n'y resta qu'un mois.

---

### I. Dominicains Portugais.

Ils eurent un couvent à Macao et ont sans doute évangelisé le Koang-tong. Un d'entre eux Mᵍʳ Jean de la Piété, fut évêque de Macao, 1605, et fit appel aux Dominicains de Manille.

### II. Domininicains Propagandistes.

La Propagande envoya des Dominicains en diverses provinces, mais nous n'avons aucune relation d'ensemble sur leurs travaux. Citons Mᵍʳ Louis Maggi, vicaire apostolique du Setch'oan.

### III. Dominicains des Philippines.

C'est surtout la Province du T.S. Rosaire, des Pilippines, fondée en 1582, et érigée canoniquement en 1592, qui se consacra à l'évangélisation de la Chine, et ses efforts se concentrèrent principalement sur le Fou-kien, le Tché-kiang, le Kiang-si et Formose. En 1587, 1590, 1596, 1598, 1611, ce sont d'abord des tentatives infructueuses, mais qui ne découragent pas le zèle des religieux. Enfin en 1625, une mission est fondée à Formose; elle fut renverssé il est vrai par les Hollandais, 24 août 1642, pour n'être relevée qu'en 1863; mais dans sa courte durée, elle avait servi de point d'appui au P. Ange Cocchi, Florentin, pour passer au Fou-kien et jeter, en 1631, les fondations de la chrétienté de Fou-ngan hien; il y mourut dès 1634, mais dès lors les Frères Prêcheurs ne quittèrent plus le Fou-kien.

Depuis Mgr Ventallol, 1716, toute la série des Vicaires Apostoliques appartient à la Province du T.S. Rosaire. Les martyrs du Fou-kien aussi, B. François de Capillas, 15 janvier 1648, B. Pierre Sanz, 1747, BB. Serrano, Royo, Alcober et Diaz, 1748. Le P. Victor Ricci, l'ardent promoteur du rachat des petits enfants, le P. Grégoire Lopez, Vicaire Apostolique de Nan-king, le seul Chinois élevé à l'épiscopat, lui appartiennent également.

Cependant, les Jésuites, établis à Fou-tcheou (P. Aleni) dès 1625, et qui avaient encore trois résidences dans la province en 1717, n'en possédaient plus en 1736. Les Missions Etrangères de Paris avaient, depuis le temps de Mgr Maigrot, un centre dans le district de Hing-hoa. A partir de 1760, il fut souvent question de le céder aux Dominicains : en 1850 (1843 ?) c'était chose faite. Enfin les Franciscains, cédèrent aussi en 1863 leurs missions de Ning-té hien et de Lo-ngun. De la sorte, le Fou-kien et Formose constituent désormais le champ d'apostolat exclusif réservé aux enfants de S. Dominique.

Le Fou-kien est divisé en deux Vicariats Apostoliques : Fou-kien et Amoy.

*Tché-kiang et Kiang-si.* Dès 1659, la Province du T. S. Rosaire avait au Tché-kiang un vicaire provincial, et y possédait le couvent de S. Jean l'Evangéliste, à Lamki. Le P. Pierre d'Alcala fut le premier vicaire apostolique, sans titre épiscopal. En 1716, la province et celle du Kiang-si furent confiées à Mgr Ventallol et l'union dura jusqu'en 1838. Les Dominicains n'y travaillèrent cependant pas seuls et s'en retirèrent peu à peu.

En 1829, Mgr Carpena Diaz essayait déjà de céder les deux provinces aux Dominicains Italiens. Les négociations n'aboutirent pas, mais en 1838, les Lazaristes acceptèrent la charge et Mgr Carpena Diaz sacra lui-même Mgr Rameaux.

Les Dominicains eurent aussi un couvent au Chan-tong, un à Canton.

Inutile de rappeler que dans la controverse des rites chinois, la grande majorité des Frères Prêcheurs embrassa l'opinion que le S. Siège a déclaré être la vérité.

### IV. Les Dominicains au Japon.

De 1602 à 1637, la Province du T. S. Rosaire fit passer de nombreux renforts à la chrétienté persécutée du Japon. Plusieurs de ses martyrs ont été mis sur les autels.

En 1904, l'île de Shikoku a été détachée du diocèse d'Osaka, érigée en Préfecture Apostolique et confiée aux Dominicains de Manille. Elle n'est pas encore sortie de la période d'organisation.

L'île de Formose forme une Préfecture Apostolique depuis septembre 1913.

### V. Etat actuel.

Deux Vicariats Apostoliques : Fou-kien et Amoy, et deux Préfectures Apostoliques: Shikoku et Formose.

En 1912, on comptait :

| 1) En territoire chinois. | | 2) A Formose et Shikoku. | |
|---|---|---|---|
| Vicaires Apostoliques | 2 | | |
| Prêtres Dominicains (1) | 48 | Prêtres Dominicains | 17 |
| Prêtres séculiers indigènes | 28 | | |
| Frères lais | | | |
| Chrétiens | 53924 | Chrétiens | 3395 |
| Catéchumènes | 10861 | Catéchumènes | 518 |

Il y a une procure à Hong-kong.

---

(1) Les prêtres indigènes ne sont pas admis dans l'Ordre.

## V. JÉSUITES.

### I.

Nous ne résumerons pas ici l'histoire de la Compagnie, ni même celle de ses missions en Chine.

Le premier Jésuite qui aborda en Chine fut le P. Melchior Nuñes Barreto, frère du patriarche, qui deux fois, passa un mois à Canton, en 1555, en allant au Japon; mais la mission de Chine ne fait dater son origine que de 1581, date de l'arrivée du P. Ruggieri. L'ancienne mission dura jusqu'à la suppression de la Compagnie par Clément XIV; cependant ceux de ses membres qui ne furent pas déportés par Pombal continuèrent à travailler jusqu'à leur mort dans le champ qui leur avait été confié. Le dernier, P. Louis de Poirot s'éteignit en 1814.

Il faut distinguer la mission portugaise, 1583, érigée en vice-province en 1623 et qui reconnaissait le patronat du roi Très-fidèle, et la mission française, fondée en 1687, avec ses supérieurs distincts, sous la protection du roi Très-chrétien. La vice-province a eu des membres de presque toutes les nationalités; elle a toujours eu plus de maisons.

Par exemple en 1720, elle comptait 65 résidences dans 12 provinces, plus une à Hai-nan, tandis que la mission française en possédait 32 seulement dans 7 provinces.

La province du Japon, après que le Japon lui fut fermé, eut son centre à Macao au collège S. Paul; elle travaillait au Tong-king, à Siam, en Cochinchine, au Cambodge mais ses membres, quand la persécution les chassait, évangélisèrent parfois le Koang-tong (P. de Rhodes par exemple).

Le nombre des missionnaires n'a jamais été très considérable. De 1581 à la suppression, le catalogue, à peu près complet, porte 454 noms, dont 66 Frères, non élevés au sacerdoce. Sur ces 454 missionnaires on trouve 153 Portugais, 96 Français, 81 Chinois, dont 50 prêtres; les autres appartiennent à une douzaine de nationalités diverses.

Les Jésuites fournirent relativement peu d'évêques à la Chine.
Outre Carneiro, Martins, Cerqueira et Valens, qui administrè-
rent Macao à divers titres, nous ne trouvons que 3 évêques de
Nan-king, un évêque de Pé-king et 3 des premiers Vicaires
Apostoliques, dont deux paraissent n'avoir pas eu le caractère
épiscopal.

## II.

A la demande des chrétiens du Kiang-nan, 3 Jésuites français furent envoyés en 1841 (1) dans cette province : leur supérieur était le P. Gotteland. Le diocèse de Nan-king, réduit au
Kiang-nan depuis 1844, était alors administré par des évêques
étrangers à la Compagnie. Par décret de la Propagande du
21 janvier 1856, le diocèse fut supprimé et remplacé par le
Vicariat Apostolique du Kiang-nan, à la tête duquel furent désormais placés des évêques jésuites. A la même date, le diocèse
de Pé-king était aussi supprimé et remplacé par 3 Vicariats
Apostoliques: l'un d'eux, le Tche-li SE, était confié à la Compagnie et eut également des Vicaires Apostoliques pris dans son sein.

Ces deux Vicariats sont rattachés l'un à la province de Paris,
l'autre à la province de Champagne, ce qui ne veut pas dire que
tous les missionnaires soient français. Depuis 1841, jusqu'au
1 janvier 1909, on compte 602 religieux, Pères et Frères, dont

     99 Chinois

    413 Français

    90 de 12 autres nationalités.

Chacun a à sa tête, outre le Vicaire Apostolique, qui exerce
l'autorité ecclésiastique pleine et entière, un Supérieur régulier,
nommé par le Général de l'Ordre et par lui révocable, qui gouverne les religieux en tout ce qui concerne la vie religieuse. Ce
supérieur est d'ordinaire Vicaire Général de l'évêque.

---

(1) L'invitation du C<sup>al</sup> Franzoni, préfet de la Propagande, est du 13 janvier
1840, les patentes des trois Pères, du 30 juin 1840, leur départ de Brest, du 28
avril 1841, (S₁).

La résidence centrale de la mission du Kiang-nan est à Zi-ka-wei et la procure à Chang-hai. La résidence centrale du Tche-li SE est Tchang-kia-tchoang, près de Hien-hien et la procure à Tien-tsin.

Etat des missions, 1 juillet 1913.

| | | | |
|---|---|---|---|
| Vicaires Apostoliques | 2 | Catéchistes religieux | 16 |
| Prêtres S,J. européens | 178 | Religieuses européennes. | 158 |
| ,, ,, chinois | 29 | ,, chinoises | 64 |
| ,, séculiers chinois | 64 | Présentandines chinoises | 195 |
| Frères coadj. européens | 29 | Maîtres et maîtresses d'école | 2151 |
| ,, chinois | 12 | Autres catéchistes | 627 |
| Novices | 7 | Chrétiens | 298218 |
| Séminaristes | 80 | Catéchumènes | 109723 |
| Frères de Marie | 42 | Chrétientés | 2166 |

## VI.  QUELQUES NOTES SUR LA CONGRÉGATION
### DE LA MISSION EN CHINE.

La Congrégation de la Mission, dite des Lazaristes, est une Congrégation à vœux simples, fondée en 1625 par St Vincent de Paul, dans le but de travailler au salut des pauvres gens des champs, et à la formation des ecclésiastiques dans les grands séminaires.  Elle est gouvernée par un supérieur général résidant à Paris, aidé d'un conseil de 4 assistants, et représenté dans chaque province par un visiteur.

Dès le temps de St Vincent, elle fut établie en Italie, en Pologne, à Alger, à Madagascar, en France surtout, où en 1789 elle comptait 78 maisons.  Après avoir beaucoup souffert de la Révolution Française, elle se reforma lentement et aujourd'hui les Lazaristes sont répandus dans les cinq parties du monde.

### Les Lazaristes en Chine.

Durant le XVIIIe siècle, quelques Lazaristes furent envoyés en Chine par la Propagande.

Vers 1780, les pères jésuites français de Pé-king ayant demandé des successeurs, sur les instances réitérées du gouvernement français, les Lazaristes furent désignés par le St Siège pour continuer en Chine l'œuvre de la Compagnie de Jésus.

Les premiers missionnaires envoyés, M.M. Raux et Ghislain avec le fr. Paris, habile horloger, soutinrent avec zèle la mission française de Pé-king.  Les relations avec la cour ne devaient pas les empêcher d'établir un séminaire qui de 1786 à 1818 fournit 18 bons missionnaires indigènes, dont deux, M.M. François Chen, et Ignace Ho, confessèrent la foi et moururent en exil a Ili.  D'autres missionnaires, envoyés un peu plus tard, parmi lesquels, le Bx Clet, furent dirigés sur les missions du Hou-kouang, qui dépendaient du Pé-t'ang (c'était la mission française de Pé-king).

En 1818 on saisit dans les papiers du Bx Clet diverses lettres de M. Lamiot, supérieur du Pé-t'ang.  La religion était proscrite dans les provinces; aussi ce missionnaire fut compromis. On l'envoya à Ou-tch'ang fou pour être confronté avec le Bienheureux, et la sentence qui condamnait celui-ci à mort l'exila à Macao. Il désigna alors son confrère chinois M. Shué comme supérieur des missions du nord (p. 117). Ce missionnaire fut à la hauteur de sa tache. Le séminaire ne disparut pas par suite de l'exil de M. Lamiot; les séminaristes avancés l'avaient suivi à Macao, tandis que M. Shué transportait le petit séminaire à Si-ouen-tze en Mongolie. Ce nouveau séminaire de Macao dura jusqu'en 1846 et fournit un bon nombre de missionnaires.

Vers 1830 l'arrivée de nouveaux confrères permit de réorganiser les missions. Il y en eut deux bien distinctes: celle du nord et celle du midi, avec à Macao un procureur, M. Torrette qui à ce titre joignit plus tard celui de visiteur.

### Mission du nord.

M. Mouly succéda à M. Shué comme supérieur des missions du nord, où les Lazaristes travaillaient sous la juridiction de M<sup>gr</sup> Pirès, évêque de Nan-king, et administrateur du diocèse de Pé-king. A la mort de ce prélat en 1838, le S<sup>t</sup> Siège détacha de ce diocèse la Mandchourie et la Mongolie qu'il confia aux Missions Etrangères. Environ un án après, il érigeait la Mongolie en Vicariat et la confiait aux Lazaristes. M<sup>gr</sup> Mouly en fut nommé Vicaire Apostolique.

Cependant le S<sup>t</sup> Siège désirait faire disparaître le protectorat du Portugal, devenu une gêne pour les missions. Aussi à la mort de M<sup>gr</sup> Pirès, il nomma Vicaire Apostolique du Tche-li M<sup>gr</sup> Jean de França-Castro e Moura, Lazariste portugais, vicaire général du diocèse de Pé-king. C'était ainsi supprimer cet évêché; mais M<sup>gr</sup> de França-Castro e Moura n'accepta pas, et la suppression ne fut pas maintenue. M<sup>gr</sup> Mouly, tout en restant Vicaire Apostolique de Mongolie, fut nommé administrateur du diocèse de Pé-king.

En 1852, sur le désir de la Propagande, plusieurs Vicaires Apostoliques tinrent une réunion à Shang-hai. Ils jugèrent que la multiplication des Vicariats dans certaines provinces, notamment dans le Tche-li, favoriserait la propagation de l'évangile. Mgr Mouly écrivit donc à la Propagande pour proposer une division rationnelle du Tche-li, et en 1856, le préfet de cette Congrégation lui annonça que cette division était faite. Les Jésuites étaient appelés à Ho-kien fou, on offrait Tcheng-ting fou aux Missions Etrangères qui refusèrent. Provisoirement les Lazaristes devaient s'en charger. Le provisoire devint définitif en 1858. Cette Congrégation avait donc alors dans le nord 3 Vicariats : La Mongolie, Pé-king et Tcheng-ting fou.

Après la mort de Mgr Daguin, Vicaire Apostolique de Mongolie (+ 1859), M. Etienne, supérieur général de la Congrégation de la Mission, supplia la Propagande de confier cette mission à quelque autre Congrégation, et vers 1865 les missionnaires de Scheut allèrent remplacer les Lazaristes.

En 1900 la Congrégation de la Mission obtint de Rome l'érection d'un quatrième vicariat dans le Tche-li. Il est confié aux Lazaristes de nationalité hollandaise.

Les Vicariats Apostoliques du Tche-li central (1910) et du Tche-li maritime (1912) ont été érigés depuis.

Le Tche-li a maintenant un visiteur provincial spécial.

### Les missions du midi.

Les Lazaristes évangélisaient le Hou-kouang sous la juridiction des Vicaires Apostoliques du Chan-si, et le Kiang-si sous celle des Vicaires Apostoliques du Fou-kien.

En 1838 le Hou-kouang était érigé en Vicariat et confié aux Franciscains, les Lazaristes se retirèrent, laissant dans les prisons de Ou-tch'ang fou le Bx Perboyre. Quelques uns allèrent dans le Ho-Nan où ils travaillèrent sous la juridiction de Mgr de Bési, administrateur du diocèse de Nan-king ; d'autres dans le Kiang-si, qui avec le Tché-kiang était cette même année érigé en Vicariat et confié à la Congrégation de la Mission. Cinq ans plus tard en 1843-44, le Ho-nan, était détaché de l'évêché de Nan-king et confié encore aux Lazaristes.

En 1846 après la mort de M^gr Rameaux, le Kiang-si et Tché-kiang furent séparés. M^gr Laribe fut nommé Vicaire Apostolique du Kiang-si et M^gr Lavaissière, du Tché-kiang. Les Lazaristes eurent alors dans le midi 2 Vicariats : le Kiang-si et le Tché-kiang. Le Ho-nan quoique plus au nord avait ses relations les plus nombreuses avec le midi.

En 1865, M. Etienne, supérieur général des Lazaristes, pria le S^t Siège de confier le Ho-nan à d'autres missionnaires. En attendant, le Vicaire Apostolique M^gr Baldus fut transféré au Kiang-si. Bientôt après les Missions Etrangères de Milan venaient remplacer les Lazaristes. A deux reprises, 1879 et 1885, le Kiang-si fut divisé et aujourd'hui les Lazaristes y ont 3 Vicariats. Le Tché-kiang a été divisé en 1910.

### Les Lazarites Portugais en Chine.

Les Lazaristes de la province du Portugal vinrent en Chine vers 1784, introduits par M^gr de Gouvea, évêque de Pé-king, qui emmena avec lui les premiers missionnaires. On leur confia d'abord à Macao le séminaire et le collège S^t Joseph. C'est dans ce collège que mourut en 1841 M. J. A. Gonzalves qui fut de son temps un sinologue distingué.

D'autres Lazaristes furent appelés un peu plus tard à Pé-king pour y continuer l'œuvre des Jésuites portugais. Ils remplirent leurs fonctions à la cour et au tribunal des mathématiques.

C'est parmi les Lazaristes de cette nation que le S^t Siège choisit dans le premier tiers du XIX^ème siècle les évêques de Pé-king, Nan-king et Macao.

L'un de ces évêques, celui de Nan-king, M^gr Pirès, membre du tribunal des mathématiques, vécut assez pour voir le commencement de la réorganisation des missions sous Grégoire XVI.

Depuis 1827 il était aussi administrateur du diocèse de Pé-king. A sa mort, M. de França-Castro e Moura refusa de devenir Vicaire Apostolique du Tche-li, les Lazaristes portugais se retirèrent et leurs confrères français les remplacèrent.

Dans son diocèse de Nan-king M<sup>gr</sup> Pirès avait choisi M. Henriques son confrère pour vicaire général. D'autres missionnaires Lazaristes (1) travaillaient avec lui dans les nombreuses missions du Kiang-nan qu'avaient autrefois évangélisées les Pères de la Compagnie de Jésus.

Après la dissolution de la Mission en Portugal, le S<sup>t</sup> Siège appela en 1836 les Lazaristes français dans ce diocèse, et l'un d'eux M. Faivre fut nomme vicaire général.

M<sup>gr</sup> de Bési, ayant été un peu plus tard nommé Vicaire Apostolique du Chan-tong et administrateur de l'évêché de Nan-king, appela les Jésuites qui vinrent reprendre leurs anciennes missions et les Lazaristes se retirèrent.

D'un professeur de Kia-hing.

## Note.

Pendant le demi-siècle qu'elle remplaça les Jésuites en Chine, de 1784 au décret de suppression des religieux, 28 mai 1834, la province portugaise envoya 24 prêtres, dont un bon nombre se distinguèrent au service du Patronat. Elle compta 4 membres du tribunal des mathématiques, dont un fut le président ; 6 évêques :

Don Eusèbe Gomes da Silva — Nan-king.

Don Gaétan Pires Pereyra — Nan-king.

Don Joachim de Souza-Saraiva — Pé-king.

Don Nicolas Rodrigues Pereira de Borja — Macao.

Don Jérôme-Joseph da Matta — Macao.

Don Jean de França Castro e Moura — plus tard à Porto.

3 évêques élus et non confirmés :

D. Monteiro da Serra — Pé-king.

D. Joseph-Joachim Pereira de Miranda — Nan-king, puis Macao.

D. Jean de França Castro e Moura — Pé-king.

plusieurs vicaires généraux et administrateurs de diocèses vacants ; 2 conservateurs des biens des missions de Pé-king et

_______________

(1) Cinq Lazaristes Français évangélisérent le Kiang-nan de 1843 à 1844.

de Nan-king, professeurs du Séminaire S. Joseph de Macao et
en particulier le sinologue Joachim-Alphonse Gonzalves.

Cf. Boletim de Macau. nov. 1911 p. 73-75. p. 201.

### Etat des missions en Chine en 1913.

| | | |
|---|---|---|
| Vicaires apostoliques | 10 | Résidences ou stations 215 |
| Prêtres Européens | 177 | Eglises 242 |
| „ indigènes | 55 | Chapelles publiques 1400 |
| Etudiants | 31 | Oratoires 439 |
| Séminaristes | 15 | Grands et petits séminaires 21 |
| Frères coadj. européens | 15 | Séminaristes 690 |
| „ chinois | 11 | Ecoles normales (garçons |
| Prêtres séculiers européens | 12 | ou filles) 16 |
| „ „ indigènes | 120 | Elèves 557 |
| Cisterciens | 81 | Collèges : étudiants et |
| Frères Maristes | 58 | étudiantes 1483 |
| Paulistes | 51 | Ecoles: Elèves 33100 |
| Filles de la Charité | 211 | Ouvroirs, fermes, ateliers, |
| Communautés religieuses | 407 | orphelinats (enfants) 6879 |
| Maîtres et Maîtresses d'école | 4646 | Chrétiens 428910 |
| Endroits où on donne la | | Catéchumènes assez bien |
| mission chaque année | 4983 | disposés 81187 |

(Cong. de la Mis.)

## VII. MISSIONS ETRANGÈRES DE PARIS.

La Société des Missions Etrangères de Paris, dont le Séminaire bien connu est dans la Rue du Bac, est une Société de prêtres séculiers, qui sans être liés par aucun voeu de religion, se consacrent exclusivement à la propagation de la foi catholique dans l'Extrême-Orient.

Elle n'a pas eu de Fondateur ni de Supérieur unique. Elle s'est constituée, dès l'origine, vers le milieu du XVII<sup>e</sup> siècle, de quelques ecclésiastiques français, sollicités par le P. Alexandre de Rhodes, S.J. d'aller prendre soin des missions en Annam.

Elle envoya pendant quelque temps des sujets dans la Perse et au Canada, mais ne tarda pas à restreindre le champ, d'ailleurs assez vaste, de ses travaux, aux pays et aux peuples de l'Extrême-Asie, où le Siège, en 1659, lui confia l'administration de ses deux premiers Vicariats, le Tonkin et la Cochinchine. Parmi ses premiers membres, les uns allèrent s'offrir au Souverain Pontife, tandis que les autres restèrent à Paris, pour ériger le Séminaire et gérer les intérêts de la nouvelle Société. Elle reconnait pour ses principaux fondateurs effectifs : 1° NN. SS. François Pallu et Pierre de Lamothe-Lambert, nommés respectivement par Alexandre VII, évêques d'Héliopolis et de Bérythe, qui partirent comme Vicaires Apostoliques, le premier du Tonkin, et le second de la Cochinchine ; 2° MM. Vincent de Meurs, Michel Gazil, Armand Poitevin, Luc Fermanel de Favry et quelques autres associés, comme les premiers Supérieur et Directeurs du Séminaire. Les deux premiers ecclésiastiques qui se dévouèrent à l'œuvre des missions, en partant avec M<sup>gr</sup> de Bérythe, en novembre 1660, furent, l'un, de Paris, M. Jacques de Bourges, et l'autre, de Toulon, M. François Deydier, qui devinrent plus tard évêques, l'un du Tonkin occidental, avec le titre, *in partibus,* d'év. d'Aura ou Auren. l'autre du Tonkin oriental, avec le titre, également *in partibus,* d'év. d'Ascalon.

Constituée *au civil* par lettres patentes de Louis XIV, en 1663, expliquées et confirmées par Louis XVI, en 1775, elle

date, au *spirituel,* du jour où le Pape nomma simultanément les
deux Evêques d'Héliopolis et de Bérythe, avec charge de se
trouver des collaborateurs pour l'apostolat, et d'assurer l'avenir
en fondant une pépinière de futurs apôtres, c.-à-d. le Séminaire.

Sans Supérieur général, elle marche sous les yeux et l'autorité du Saint Siège et de la S. Congrégation de la Propagande,
administrée par les Chefs de chacune des missions, qui lui sont
confiées, corps collectif auquel est attribué le titre de *Supérieurs
majeurs*; et par le Conseil des Directeurs du Séminaire de Paris,
auquel Conseil, comme membre aussi du corps collectif ci-dessus,
elle attribue le même titre de *Supérieur Majeur.* C'est au Séminaire de Paris que, naturellement, tout se centralise, sans nuire
cependant à l'autonomie respective des Missions ou Vicariats.

Pour les relations d'intérêt général, la Société a deux Pro-
cureurs principaux. L'un, Procureur Général de la Société à
Rome, est chargé des affaires à traiter avec le Saint Siège et
les Sacrées Congrégations, surtout la Propagande. L'autre,
Procureur Général de la Société en Missions, gère selon ses
instructions les affaires de son ressort, et a sa résidence à Hong-
kong.

Les premiers Missionnaires de la Société n'allèrent pas, en
Extrême-Orient, au delà du Tonkin et de la Cochinchine. Mais,
lorsque Mgr Pallu, en 1681, reprit la mer une dernière fois, pour
aller à la Chine, dont il avait l'administration générale, pour la
partie méridionale surtout, il emmenait avec lui plusieurs missionnaires destinés à travailler sous sa conduite dans cet immense
empire. Il mourut, comme on sait, au Fou-kien, le 29 octobre
1684.

Un quinzaine d'années après, le Pape Innocent XII partage
la Chine en divers Vicariats, dont il confie quelques uns à des
membres de la jeune Société, qui n'a pas encore 40 ans de vie;
et dans ce même temps, le Séminaire de Paris fait partir, pour
travailler dans ce nouveau champ du Père de famille, de nouveaux ouvriers apostoliques. Ils étaient à l'œuvre lorsque la
grande controverse des rites chinois, avec ses conséquences que

l'on sait, arrêta tous les efforts durant un demi-siècle, où l'on ne fit guère, ce semble, que végéter.

Il faut arriver à M<sup>gr</sup> Pottier et à son fécond apostolat dans le Su-tchuen (confié à la Société en 1753) pour voir, en cette province la restauration, en quelque sorte, du christianisme et la reprise du mouvement des conversions. D'excellents, ouvriers travaillent sous le zélé Pontife, S<sup>t</sup> Martin, Dufresse, destinés à recueillir sa houlette, Gleyo, Falconet, Moÿe et quelques autres. Le fléau de la persécution de 1785, tout en jetant dans les prisons de Pé-kin le Coadjuteur, M<sup>gr</sup> de S<sup>t</sup> Martin, le futur Evêque martyr, Gabriel Dufresse, et ces deux jeunes apôtres, qui mourront dans les fers, dès le seuil de leur vie apostolique, MM. Delpont et Devaut, la persécution, disons-nons, n'arrête pas le progrès de la foi catholique; et quand M<sup>gr</sup> Pottier mourra, en 1792, il aura le bonheur de voir le nombre de ses brebis monté de 4000 à 25000.

M<sup>gr</sup> de S<sup>t</sup> Martin, son digne coadjuteur et successeur, poursuit les sillons et les semailles, et arrive à son tour à recueillir en 10 ans une magnifique moisson. Le troupeau comptera en 1801, le beau chiffre de 40 000 fidèles et c'est l'illustre Evêque de Tabraca, le B. Martyr M<sup>gr</sup> Dufresse, qui le dirigera pendant 14 ans. Cependant les évènement d'Europe, de France ont presque tari la source des vocations ; et lorsque la persécution moissonne le prélat, en 1815, il ne reste plus au Su-tchuen, que l'Evêque coadjuteur qui va se réfugier au Tonkin et y mourir presque aussitôt, et un missionnaire-Français, M. Escodéca.

Après 1815, les vocations se multiplient. Peu à peu les plaies de l'Eglise se ferment. L'ancien Cardinal Préfet de la Propagande, devenu Grégoire XVI, détache du Su-tchuen le Yun-nan en 1840. Pie IX procède à des divisions nombreuses: le Thibet, en 1846, le Kouy-tcheou en 1847, le Su-tchuen Oriental en 1856, le Su-tchuen méridional en 1860. La Préfecture Apostolique du Kouang-tong, confiée à la Société en 1850, est démembrée par la séparation du Kouang-si, devenu lui aussi Préfecture Apostolique en 1875. Enfin la Mandchourie, que

Grégoire XVI avait érigée en Vicariat Apostolique en 1838, en la confiant à la Société, avec Mgr Verroles pour premier Vicaire Apostolique, le Pape Léon XIII la divisera en deux en 1898.

Les Vicariats Apostoliques ou Missions de la Société, en 1830 encore, n'étaient qu'au nombre de *cinq* : Tonkin, Cochinchine, Siam, Chine et Pondichéry. Le 15 février 1909, la Société administrait 32 Vicariats ou Préfectures Apostoliques ou Diocèses, savoir :

Japon, 4 Diocèses ;

Corée, Mandchourie et Chine, 9 Vicariats et 2 Préfectures (1) ;

Indo-Chine, 8 Vicariats ;

Siam, Laos et Birmanie, 4 Vicariats et 1 Diocèse ;

Indes, 4 Diocèses.

Sur les 9 Diocèses érigés par Léon XIII, il y a 2 Archevêchés, Pondichéry et Tôkyô.

La Société a de plus, soit en France, soit en Extrême-Orient, divers Etablissements d'intérêt commun: le collège général de Poulo-Pinang; la Maison de retraite de Nazareth, à laquelle est annexée une Imprimerie; 5 maisons de Procure; 3 Sanatoriums, la Procure Générale de Rome, et le Séminaire de Paris, avec son annexe de Bièvres.

A la même date du 15 février 1909, le nombre total des missionnaires était, en chiffres ronds de 1400, dont 36 Evêques.

La Société a donné à l'Eglise: 9 martyrs béatifiés par Léon XIII en 1900; 4 autres béatifiés par Pie X en 1909; 4 Vénérables Serviteurs de Dieu (3 martyrs et un mort en prison); 11 Evêques ou missionnaires mis à mort pour la foi, dont les 9 martyrs de Corée en 1866 ; et près de 40, soit morts en prison, soit massacrés par les payens, en divers pays.

Enfin elle compte à peu près 160 de ses membres qui ont été élevés à la dignité épiscopale.

1909

P. G. Guéneau,

missionnaire apostolique.

---

(1) En 1912, onze vicariats.

### Etat des missions en Chine, 1912-1913.

| | | | |
|---|---|---|---|
| Evêques | 13 | Eglises et chapelles | 1365 |
| Missionnaires | 396 | Ecoles | 1688 |
| Prêtres indigènes | 207 | Elèves | 29470 |
| Séminaristes | 661 | Séminaires | 20 |
| Catéchistes | 877 | Baptêmes { de païens | 10463 |
| Chrétiens | 281809 | Baptêmes { d'enfants de païens in a. mortis | 63177 |
| Religieuses | 250 | Baptêmes { d'enfants de chrétiens | 10651 |

N. B.   Nous n'avons pas encore reçu les Compte-rendus de 1913, mais nous avons plusieurs chiffres de 1913.

# VIII. SÉMINAIRE DES MISSIONS ÉTRANGÈRES DE MILAN.

### (Séminaire de S. Calocère).

Ce séminaire a été fondé par M<sup>gr</sup> Angelo Ramazzotti, évêque de Pavie, le 31 juillet 1850, d'après une invitation de Pie IX, qui désirait que le clergé de la Lombardie se consacrât aussi à la conversion des infidèles. Ce séminaire a été institué selon les règlements de celui des Missions Etrangères de Paris, ayant le même but, c'est-à-dire de travailler directement à la conversion des peuples paiens. La S. Congrégation de la Propagande lui confia trois missions dans les Indes et trois en Chine.

Les missions de l'Inde sont les diocèses d'Hyderabad (Deccan) et de Krishnagar (Bengale central) et le Vicariat Apostolique de la Birmanie Orientale.

La mission d'Hyderabad a été détachée de celle de Madras, l'an 1851, et maintenant elle compte 16 313 catholiques sur une population paienne de 11 000 000. Il y a 1 Evêque, 19 missionnaires et 1 prêtre indigène.

La mission de Krishnagar a été détachée du Bengale occidental en 1870 et déclarée suffragante de Calcutta en 1886. Elle a 6000 catholiques, sur une population de 18 000 000 de payens. Elle a 1 Evêque et 11 missionnaires.

Le Vicariat Apostolique de la Birmanie Orientale a été détaché du Vicariat Apostolique de Ava et Pégou, l'an 1866. Il a 14 360 catholiques sur une population payenne de 9 000 000. Il a 1 Evêque et 13 missionnaires.

Les missions de Chine sont les Vicariats Apostoliques de Hong-kong, du Ho-nan méridional et du Ho-nan septentrional.

La mission de Hong-kong commença à l'occupation de l'île par les troupes anglaises, en 1840. Le premier missionnaire fut le P. Joset, Suisse, Procureur de la Propagande en Chine. En 1841, la S. Congrégation érigea la Préfecture de Hong-kong, en lui ajoutant 3 districts de la province voisine de Koang-tong. Après la mort du P. Joset, la mission fut administrée quelques années par les Pères Franciscains Italiens et en 1858 arrivèrent à Hong-kong les premiers missionnaires du Séminaire des Missions Etrangères de Milan.

En 1874, la S. Congrégation érigea la Préfecture de Hong-kong en Vicariat Apostolique et le premier Vicaire Apostolique fut S. G. M<sup>gr</sup> J. Raimondi, consacré à Rome, la même année.

M<sup>gr</sup> Raimondi était doté d'une grande énergie et plein d'initiative. Et quoiqu'il n'ait pas été le premier à travailler dans la mission de Hong-kong, on peut vraiment dire qu'il en a été le fondateur et l'organisateur. Il a bâti la grande et belle cathédrale, le collège S. Joseph, fondé un journal catholique anglais et promu grandement l'instruction. La colonie de Hong-kong croissant chaque année, le Gouvernement, pour mieux pourvoir au bien de la population, a dû faire des lois spéciales. Ces lois, en tant qu'elles concernaient la religion, étaient contraires à la liberté et sainteté du mariage catholique. Sa Grandeur, avec un très grand zèle, combattit ces lois et eut la consolation d'obtenir justice auprès du Gouvernement qui changea les lois.

M<sup>gr</sup> Raimondi mourut à Hong-kong en 1894, à l'âge de 67 ans.

M<sup>gr</sup> L. Piazzoli lui succéda en 1895, continua fidèlement l'œuvre de son prédécesseur et agrandit les diverses œuvres de la mission, qui toutes prospèrent grandement, comme aussi les conversions parmi les Chinois. Il fonda pour la jeunesse non-chinoise un cercle qui produit un grand bien. Il acheva la cathédrale en bâtissant le grand clocher. Il gouverna la mission pendant 10 ans et durant ce temps il vit tous les ans la peste ravager la colonie et les chrétiens. Il mourut exténué par les maladies et les fatigues à l'âge de 59 ans, l'an 1904, après avoir eu la consolation de voir venir à la foi ces mêmes villages payens qui l'avaient fait tant souffrir pendant qu'il était missionnaire.

En 1905 fut élu pour lui succéder M<sup>gr</sup> Pozzoni, qui travaille à développer les établissements et les œuvres fondées par ses prédécesseurs. Il établit un cercle pour la jeunesse chinoise catholique. Dans ces dernières années la péninsule de Kowloon,

en face de Hong-kong, a pris un grand développement, et bientôt
elle sera le terminus des chemins de fer qui uniront le sud de
la Chine aux autres provinces et à l'Europe. Une florissante
école catholique et une belle église dédiée à Notre-Dame du
Rosaire y ont déjà été bâties en face même de l'emplacement
de la grande gare.

La mission de Hong-kong a 17 000 catholiques sur une
population de 3 500 000. Y travaillent maintenant, outre l'Evêque, 17 missionnaires et 12 prêtres indigènes.

La mission du Ho-nan a été cédée au Séminaire de Milan,
en 1869, par les Lazaristes. Le premier Vicaire Apostolique
fut Mgr S. Volontéri, qui avait appartenu à la mission de Hong-
kong.

Mgr Volontéri a fait une très utile carte de la mission de
Hong-kong. Il se distingua beaucoup dans toutes ses œuvres.
Il mourut en 1904 et fut remplacé par Mgr A. Cattaneo, sacré
en 1905, puis par Mgr J. Tacconi, 1911.

La mission compte 18 000 chrétiens: elle a, outre l'évêque,
18 missionnaires et 11 prêtres chinois.

La mission du Ho-nan Nord fut détachée du Ho-nan en
1882 et le premier Vicaire Apostolique fut Mgr Scarella, consacré
en 1884. Il mourut en 1902. Son successeur Mgr J. Menicatti
fut élu en 1903. Le Ho-nan septentrional a 9000 chrétiens, 17
missionnaires et 2 prêtres indigènes.

Nous avons un Supérieur, le Directeur du Séminaire de
Milan. Nous ne faisons pas de vœux.

Il est mieux d'adresser la correspondance aux Vicaires
Apostoliques, ou si on préfère, au Procureur, qui réside à Han-
kow.

Le Supérieur de la mission de Hong-kong était autrefois
Procureur de la Propagande. Depuis Mgr Raimondi, les Vicaires
Apostoliques de Hong-kong demandent et obtiennent ce titre
pour leur provicaire.

G. M. Spada.
du Séminaire de Milan.

### Etat des missions du Séminaire de Milan en Chine en 1913.

| | | | |
|---|---|---|---|
| Evêques | 3 | Séminaristes | 29 |
| Missionnaires | 55 | Religieux laics | 17 |
| Prêtres chinois | 23 | Religieuses européennes | 143 |
| Chrétiens | 48865 | ,,           chinoises | 119 |
| Catéchumènes | 9286 | Elèves | 6462 |
| | | | |
| Eglises et chapelles | 434 | Baptêmes d'adultes | 2556 |
| Ecoles | 301 | B. d'enfants de payens | 14824 |
| Orphelinats, crèches etc. | 20 | B. d'enfants de chrétiens | 1889 |
| Hospices, etc. | 29 | | |

## IX. CONGRÉGATION DES MISSIONNAIRES DU CŒUR IMMACULÉ DE MARIE.

# 瑪 利 亞 聖 心 會

1) La Congrégation fut fondée, en 1861, par M. Verbist, pour fournir aux jeunes catholiques de Belgique, appelés à l'apostolat des pays lointains, la facilité de suivre leur vocation. Le fondateur, et trois autres prêtres de l'archidiocèse de Malines devenus acquéreurs de l'antique sanctuaire de N.D. de Grâce, à Scheut-lèz-Bruxelles, y établirent le centre de l'œuvre. Le 24 octobre 1863, les premiers missionnaires y prononcèrent les trois vœux de religion.

2) Le 25 août 1865, une première troupe d'apôtres, composée de M. Verbist, supérieur et provicaire, et de trois confrères, partit pour la mission de Mongolie, dont les Lazaristes français leur avaient cédé l'évangélisation, le 7 septembre 1864. Quatre autres missionnaires les rejoignirent en 1866. M. Verbist, mort prématurément à Lao-hou kou 老虎溝, le 24 février 1868, fut remplacé comme Supérieur Général par M. Vrancks, qui établit sa résidence à Scheut, et comme provicaire par M. Smorenburg, puis par M. Bax, 16 août 1871.

En 1874, la Mongolie fut érigée en Vicariat Apostolique et confiée à M<sup>gr</sup> Bax, qui fut nommé Vicaire Apostolique, le 23 novembre 1875.

En 1878, le S. Siège, démembrant du Chen-si, le Kan-sou, le Turkestan chinois et le Kou-kou-noor, forma de cet immense territoire un nouveau Vicariat, dont il donna le soin à la Congrégation, et dont le premier chef fut M<sup>gr</sup> Hamer.

En 1883, la Mongolie fut divisée en trois Vicariats; en 1888, le pays d'Ili devint une mission distincte.

Le 11 mai 1888, Léon XIII ouvrit un nouveau champ au zèle des missionnaires de Scheut, en créant pour eux le Vicariat du Congo Belge et en leur incorporant le séminaire africain de Louvain; le premier départ eut lieu dès le 28 août. Le 16 juillet

1901, la région du Haut-Kassaï fut détachée pour former une Préfecture Apostolique distincte; déjà deux autres parties du Congo avaient été démembrées du Vicariat : le Kwango pour les Jésuites Belges et l'Uellé pour les Norbertins.

En 1905 le Sud du Kan-sou, détaché du Vicariat, devint Préfecture Apostolique.

En 1907, à la demande de l'évêque de Vigan, et sur les instances du Délégué Apostolique la Congrégation accepta l'évangélisation de trois provinces peuplées en grande partie de sauvages Igorotes au Nord de Luçon.

3)   En même temps qu'elle étendait son champ d'apostolat, la Congrégation affermissait son organisation intérieure.  Un chapitre général, tenu en 1887, à Eul-che-san-hao, en Mongolie Centrale, proposa pour Supérieur Général le T. R. P. Van Aertselaer et révisa les Constitutions, qui reçurent l'année suivante l'approbation du S. Siège pour 10 ans.

En 1891, un noviciat de Frères coadjuteurs, destinés aux missions d'Afrique, fut adjoint à la maison-mère.

En 1898, second chapitre général, à Scheut.  Le T. R. P. van Hecke, y fut élu Supérieur Général, en remplacement de Mgr Van Aertselaer, nommé Vicaire Apostolique.

L'année suivante, fut fondée en Hollande la maison de Sparrendaal.

Enfin, le 20 juillet 1900, le Souverain Pontife signait l'approbation définitive des Constitutions.  C'était le jour même où le dernier survivant des compagnons du fondateur en 1865, Mgr Hamer, commençait à subir son horrible supplice, et, le premier de la Congrégation, rendait à Dieu le témoignage du sang. Dans l'intervalle d'un mois, six jeunes confrères, victimes des boxers, le suivaient dans la voie triomphale.  On estime à 3000 le nombre de leurs néophytes, qui partagèrent leur combat et leur victoire.

Déjà, en 1891, plusieurs centaines de chrétiens et le prêtre Chinois Lin avaient été victimes des sociétés secrètes.

4) La Congrégation du Cœur Immaculé de Marie est une congrégation à vœux simples; elle ne reçoit, en règle générale, que des Belges et des Hollandais. Les religieux font d'abord, après un an de noviciat, les vœux de religion pour 5 ans, après lesquels ils émettent la profession perpétuelle.

La Congrégation est gouvernée par un Supérieur Général : le Chapitre Général se tient tous les 10 ans. Dans chaque mission, outre le Vicaire Apostolique, à qui appartient toute l'autorité ecclésiastique, un Provincial, représentant du Supérieur Général, exerce l'autorité religieuse.

5) Les missions de Chine ont une procure générale à Chang-hai, avenue Paul Brunat, 395.

La Congrégation a en outre une procure à Rome.

R. P. Hoogers, C.I.C.M.

En 1912 la Congrégation comptait 568 profès, dont 381 prêtres, 124 étudiants et 63 frères convers. Il y avait en outre 29 novices, dont 5 frères convers, et 5 postulants-frères. Soit au total 602. Il y avait dans les missions 337 pères et 38 frères, dont

|  |  |  |
|---|---|---|
| en Chine | 186 pères et | 1 frère, |
| au Congo | 115 ,, | ,, 33 frères, |
| aux Philippines | 36 ,, | ,, 4 ,, |

**Etat des missions belges en Chine, sauf Ili (juillet 1913).**

| | | | |
|---|---|---|---|
| Missionnaires | 167 | Elèves { garçons | { 6209 |
| dont 1 frère | | { filles | { 5933 |
| Prêtres indigènes | 45 | Orphelins de la Sainte | |
| Eglises et oratoires | 417 | Enfance | 4177 |
| Catholiques | 85613 | Baptêmes d'adultes | 3459 |
| Catéchumènes | 28595 | ,, d'enfants de païens | 5138 |
| Ecoles | 996 | ,, d'enfants de chrétiens | 4422 |

## X. SÉMINAIRE S. PIERRE ET S. PAUL, DE ROME.

Notre Institut n'est point une Congrégation religieuse, mais un simple séminaire, le séminaire des SS. Apôtres Pierre et Paul, de Rome, comme il est expressément appelé dans la Bulle pontificale de fondation. Souvent cependant, spécialement à Rome, on l'appelle séminaire Mastaï, soit en mémoire de son fondateur principal, Mastaï-Ferretti, le généreux Pie IX, soit parce que l'établissement se trouvait au commencement au Transtevère dans la rue Mastaï.

1. A vrai dire toutefois le premier fondateur fut l'illustre citoyen Romain, Mgr Pierre Avanzini. Celui-ci, et par son zèle et par sa piété, au temps des célèbres solennités du centenaire des SS. Apôtres Pierre et Paul, 1867, célébrées à Rome, avait conçu le projet d'établir, comme monument vivant et perpétuel de ces fêtes, un séminaire pour les Missions sous le patronage des mêmes Apôtres.

Au commencement, n'ayant pas d'édifice disponible dans ce but, il réunit pendant quelques années, dans sa propre maison, des prêtres qui se sentaient appelés aux Missions.

N'ayant pas assez de ressources, il pensa établir comme fond lucratif pour son cher séminaire, la publication bien connue : *Acta Sanctae Sedis,* rédigée par lui-même avec l'aide de quelques amis.

Surpris par la mort à un âge prématuré, toutes ces belles espérances disparurent avec lui, et le séminaire à peine commencé aurait péri aussi sans une providence spéciale. Le projet ayant été porté à la connaissance de Pie IX, et ayant obtenu approbation et encouragement, par la munificence accoutumée du Souverain Pontife, le nouveau séminaire fut bientôt établi dans la rue Mastaï, inauguré le 8 décembre 1875 et pourvu d'une modeste bibliothèque et de quelque capital.

2. Par l'inauguration du séminaire, de nouveaux élèves remplacèrent les premiers prêtres envoyés séparément comme collaborateurs en diverses missions, jusqu'en 1885. Car alors

on envoya 6 élèves au Chen-si, en vue de la division proposée par M^gr Pagnucci O. F. M.

Puis, le bien des âmes et le nombre des ouvriers augmentant, l'an 1887, par un décret du 6 juillet, le Chen-si méridional fut érigé en Vicariat Apostolique et confié définitivement au Séminaire.

Le Révérend Père François Giulianelli fut déclaré supérieur des dits missionnaires sous la direction des Pères Franciscains. Après la division définitive, il devint administrateur jusqu'à l'arrivée du premier Vicaire Apostolique, M^gr Grégoire Antonucci en 1889. Celui-ci dirigea le Vicariat jusqu'en octobre 1895, puis il retourna dans son pays, laissant le Vicariat au nouvel élu, second Vicaire Apostolique, M^gr Joseph Pie Passerini.

Les œuvres se développaient. En 1891, six Sœurs, filles de Charité, appelées Canossiennes, furent invitées, et on leur confia les œuvres auprès des femmes. La même année, les élèves du Séminaire étant devenus plus nombreux, on leur confia un nouveau champ d'action dans la Basse Californie.

Grâce à Dieu et grâce au zèle des missionnaires et des Sœurs, comme aussi à la charité des fidèles, le champ évangélique du Chen-si méridional a pris un notable développement.

Le nombre des Missionnaires, qui était de 5 au moment de la division, est monté à 14 Italiens et 5 Chinois (1911). Les Sœurs Canossiennes sont actuellement 13 et sont aidées par 12 tertiaires Chinoises.

Sur 20 villes qui composent le Vicariat, tandis qu'au début, Tch'eng-kou seule possédait une petite résidence en ville, maintenant en 12 villes on a une demeure en propre.

Ce qui était alors comme une ombre de Résidence, de séminaire et d'orphelinat est devenu une Résidence relativement commode, et même grandiose pour l'intérieur de la Chine, avec la cathédrale, un nouveau séminaire, un grand orphelinat desservi par les Religieuses, ainsi que deux autres plus petits, un catéchuménat, un collège pour les garçons, une école pour les filles, des hospices pour les vieillards, pour les vieilles et même pour les lépreux. Il y a plus de 20 églises ou chapelles érigées depuis, et autant d'autres agrandies ou réparées.

Le personnel abrité et entretenu dans ces diverses œuvres, de 30 personnes qu'il comptait jadis, est monté à plus de 1000. Les fidèles, qui étaient auparavant 8000, dépassent maintenant 13000, avec 6000 catéchumènes, très rares autrefois.

3.. Au Séminaire de Rome, réside un Cardinal comme Supérieur majeur, qui le gouverne au nom du Pape. Le premier a été le Cardinal Consolini, puis les Cardinaux Siméoni, Rampolla, Lédokowski et actuellement le Cardinal Gotti.

Il y a aussi le Conseil de ceux qu'on nomme les Députés du Séminaire. Ce sont à présent (1909) : le Cardinal Gotti, M^gr Vecchia, le Patriarche d'Antioche, M^gr Laurent Passerini, M^gr Sily, aumônier secret de Sa Sainteté, le P. Dominique Callerio, Recteur du Séminaire et le P. François Thommasini, économe et procureur.

Ici l'unique Supérieur est le Vicaire Apostolique, aidé par deux provicaires.

Il n'y a aucun lien de vœux. On émet seulement le serment avant de partir, de prêter ou employer sa coopération ad nutum Superioris.

4. La correspondance, pour les affaires du Séminaire, est adressée au Recteur, le P. Dominique Callerio on au Procureur le P. François Thommasini. Pour les affaires de la Mission, au Vicaire Apostolique ou au Vicaire Général.

✠ Pie-Joseph Passerini<br>Kou-lou-pa, 27 juin 1909.

### Etat en 1913.

| | | | |
|---|---|---|---|
| Evêque | 1 | Maîtres et maîtresses d'école | 40 |
| Missionnaires | 12 | Chapelles et oratoires | 77 |
| Prêtres Chinois | 6 | Ecoles de garçons 22 avec 430 élèves | |
| Chrétiens | 13824 | Ecoles de filles 18 ,, 472 ,, | |
| Catéchumènes | 5000 | Baptêmes d'adultes | 340 |
| Séminaristes | 20 | ,, d'enfants de païens | 410 |
| Religieuses | 21 | | |

## XI. SOCIÉTÉ DU VERBE DIVIN (STEYL).

1. Notre Institut s'appelle proprement *Société du Verbe Divin*. On l'appelle aussi communément Société des Missions de Steyl, du nom du Séminaire principal, au village de Steyl en Hollande. Il a été fondé en 1875 par le T. R. P. Arnold Janssen, qui a été son Supérieur Général pendant 34 ans et qui vient de mourir pieusement, le 16 janvier 1909.

La Société a été établie pour les Missions Etrangères en pays païens. Pour cette fin elle entretient en Allemagne et en Autriche des séminaires, où les aspirants aux Missions étudient 6 ans les humanités, 2 ans la philosophie et 4 ans la théologie. Après leur cours de théologie, chaque année trois ou quatre élèves continuent à Rome leurs études théologiques, en vue d'obtenir les degrés académiques.

Les premiers missionnaires de la Société ont été envoyés en Chine, où le Chan-tong méridional leur fut confié en 1882 (infra). En 1892, ils entreprirent une nouvelle œuvre dans la Préfecture Apostolique (1) de Togo, en Afrique, une autre en 1896 dans la Nouvelle-Guinée allemande, Préfecture Apostolique de la Terre de l'Empereur Guillaume. Dans l'Amérique méridionale, ils dirigent les séminaires ecclésiastiques de plusieurs évêques du Brésil, de l'Argentine et du Chili, occupent plusieurs paroisses et écoles, et travaillent aux missions des Indiens.

Dans l'Amérique du Nord, ils ont une école technique à Techny, près de Chicago, et une mission pour les nègres à Vicksburg aux Etats-Unis.

Nos Pères ont été appelés au Japon en 1907. Ils travaillent dans les diocèses d'Hakodaté et de Tôkyô à la conversion des païens, à la direction d'écoles et à d'autres semblables œuvres. [Cette mission a été érigée en Préfecture Apostolique en 1912. Voir p. 172.]

---

(1) Erigée en Vicariat Apostolique, en mars 1914.

Outre la Société des prêtres réguliers et des frères laïcs, le Révérendissime Fondateur a institué en 1889 la Société des Servantes du S. Esprit, dont les Sœurs prennent dans les Missions le soin des femmes, spécialement dans les orphelinats et les écoles de filles.

2. En Chine, nos missionnaires occupent uniquement le Vicariat Apostolique du Chan-tong méridional, mission créée en 1882 par division du Vicariat Apostolique du Chan-tong et érigée en Vicariat Apostolique, en 1885. Aux trois préfectures de Yen-tcheou fou, I-tcheou fou et Ts'ao-tcheou fou, on ajouta en 1885 le territoire de Tsi-ning tcheou, en 1898 le territoire allemand de Ts'ing-tao avec les districts voisins de Kiao tcheou, Tsi-mé, Kao-mi et Tchou-tch'eng. (Voir au Supplément la note afférente à la p. 65.)

3. Outre le Vicaire Apostolique, il y a un Supérieur régulier des membres de la Société, lequel est ordinairement aussi provicaire. Les missionnaires S. V. D. ont émis les trois vœux de religion et n'en font communément pas d'autre. En plus, le Vicariat est divisé en plusieurs sections dont le Supérieur, nommé Vicaire forain, a sous lui les Recteurs de plusieurs Rectorats. Chaque Recteur a des aides ou coadjuteurs, selon l'étendue du territoire.

Pour la conversion des païens, voici comment on procède. Le missionnaire ou les catéchistes visitent souvent les païens qui doivent recevoir la foi, et leur enseignent les vérités chrétiennes jusqu'à ce qu'après un temps suffisant, leur volonté d'embrasser la religion paraisse assez ferme pour qu'on les réunisse dans les catéchuménats, où laissant de côté leurs affaires et leurs occupations temporelles, ils entendent des instructions répétées sur la foi et la morale et se préparent immédiatement pendant quelque temps au baptême. Après le catéchuménat, ceux qu'on trouve dignes sont baptisés. De même les Missionnaires ont l'habitude de les réunir deux semaines pour la préparation immédiate de la première confession et de la première communion.

Pour affermir et développer la vie chrétienne, on emploie les écoles d'hiver. On les appelle ainsi parce qu'en hiver les gens sont libres pendant un mois, ou, si faire se peut, pendant 2 ou 3 mois. Alors les baptisés de 10-12 ans se réunissent dans ces écoles et là, sous la direction du missionnaire ou du catéchiste, ils s'appliquent à l'étude des vérités de notre religion.

4. La correspondance, selon la variété des sujets, peut s'adresser à Yen-tcheou fou soit au Révérendissime Vicaire Apostolique, soit au Procureur Général de la Mission.

G. Weig. S. V. D.

Yen-tcheou fou.

Février 1909.

### Etat en 1912, au Chan-tong méridional.

| | | | |
|---|---|---|---|
| Evêque | 1 | Religieuses Chinoises | 2 |
| Missionnaires prêtres | 65 | ,,   novices Chinoises | 12 |
| Prêtres Chinois | 12 | Maîtres et maîtresses d'école | 116 |
| Grand séminaire: élèves | 19 | Catéchistes | 774 |
| Petit    ,,    ,, | 59 | Vierges séculières | 410 |
| Chrétiens | 69756 | Baptêmes d'adultes | 4565 |
| Catéchumènes | 50000 | ,,   d'enfants de païens | 4822 |
| Religieux non-prêtres | 12 | ,,   d'enfants de chrétiens | 2894 |
| Religieuses étrangères | 37 | | |

## XII. SÉMINAIRE DE S. FRANÇOIS-XAVIER POUR LES MISSIONS ETRANGÈRES — PARME.

1. L'Institut de S. François-Xavier pour les Missions Etrangères, fondé par S. G. M<sup>gr</sup> Guy-Marie Conforti, actuellement archevêque-évêque de Parme, et déjà approuvé par décret de l'évêque de Parme, a reçu du S. Siège le *decretum laudis* en 1906.

L'unique but de l'Institut est l'évangélisation des infidèles.

2. Les premiers missionnaires arrivèrent dans le Ho-nan méridional au commencement de 1904.

Le 15 mai 1906, par décret de la Propagande, on divisa le Ho-nan méridional et on fonda la Préfecture Apostolique du Ho-nan occidental, confiée à l'Institut de S. François-Xavier. Le R. P. Louis Calza, qui avait conduit la première expédition de missionnaires, fut élu Préfet Apostolique, le 21 juin 1906.

La Préfecture fut érigée en Vicariat Apostolique, le 2 mai 1911, et M<sup>gr</sup> L. Calza en fut élu premier Vicaire Apostolique.

3. L'Institut a un Supérieur Général, un Recteur de l'Institut. Les membres émettent les vœux simples des Congrégations, plus le vœu des Missions.

4. La correspondance doit être adressée en Italie au Recteur de l'Institut des Missions Etrangères, Parme, et en Chine au Vicaire Apostolique.

✠ L. Calza.

### Etat en 1913.

| | | | |
|---|---|---|---|
| Evêque | 1 | Chrétiens | 4640 |
| Missionnaires | 11 | Catéchumènes | 2720 |

## Note.

Il aurait paru trop étranger à notre sujet de placer ici une notice sur les Congrégations religieuses qui n'ont pas charge d'un territoire spécial. Aussi ne parlerons nous pas des Cisterciens du Tche-li septentrional (N.D. de Consolation) et du diocèse de Hakodaté (N. D. du Phare), des Pères Salésiens de Hiang-chan (diocèse de Macao), des Petits Frères de Marie (voir X. 15. 1902. p. 462) dans plusieurs Vicariats, etc.

Encore plus omettrons-nous les Congrégations de femmes : Carmélites, Cisterciennes, Filles de la Charité, Auxiliatrices du Purgatoire, Petites Sœurs des Pauvres, Sœurs Franciscaines, Religieuses du Sacré-cœur, Sœurs Canossiennes, Servantes du Saint Esprit, etc. et les congrégations purement chinoises.

# APPENDICE II.

## NOTES DIVERSES ET TABLES.

### 1. VICAIRES APOSTOLIQUES.

1) Les Vicaires Apostoliques sont des évêques que le Souverain-Pontife envoie évangeliser les pays lointains et qu'il garde sous sa juridiction immédiate. Les premiers Vicaires Apostoliques furent envoyés par Alexandre VII en Extrême-Orient pour suppléer à l'insuffisance des évêques Portugais.

M<sup>gr</sup> Pallu et M<sup>gr</sup> de Lamotte-Lambert étaient nommés, en 1659 *Vicaires Apostoliques,* le premier du Tong-king, le second de Cochinchine, mais en même temps *administrateurs* de plusieurs provinces de Chine. Le troisième des premiers Vicaires Apostoliques, M<sup>gr</sup> Cotolendi, était nommé *Vicaire Apostolique* de Nan-king et *administrateur* des provinces de Pé-king, Chan-si, etc. Ce dernier n'arriva pas jusqu'en Chine. Ses titres, d'abord destinés à M<sup>gr</sup> Laneau, évêque de Metellopolis, qui fut autorisé à rester à Siam, furent donnés en 1674 à M<sup>gr</sup> Lopez. Celui-ci ne reçut la nouvelle de sa nomination qu'en 1677 et écrivit au Pape pour refuser. La S. Congrégation de la Propagande lui écrivit et lui fit écrire par le P. Général des Dominicains, à la fin de 1679, pour lui enjoindre d'accepter. En mars 1683, il passe de Macao à Manille pour s'y faire consacrer évêque. A Manille, par ce que ses bulles n'avaient point passé par Madrid et sur l'opposition de ses confrères dominicains, il ne peut se faire sacrer. Rentré en Chine, il est sacré à Canton par M<sup>gr</sup> della Chiesa, le 8 avril 1685 (G₂. t. 2. p. 394-395).

M<sup>gr</sup> Pallu, en 1680, fut déchargé du Vicariat du Tong-king et nommé *Vicaire Apostolique* du Fou-kien, en même temps qu'administrateur des provinces méridionales de Chine (*Actes de la Propagande. ms.*).  M^gr^ Maigrot, dans son mandement du 26 mars 1693, parle aussi des ordres b. m. episcopi Heliopolitani, olim Vicarii Apostolici Fokiensis et Sinarum Missionum generalis administratoris (*Historia cultus Sinensium*. 1700. p. 333).  M^gr^ Pallu fut le premier Vicaire Apostolique en fonctions comme tel, en Chine.

En 1680 et en 1696, des Vicariats furent créés en Chine, dont le territoire, démembré des évêchés Portugais, fut soustrait à la juridiction des évêques.  Mais plusieurs des Vicaires Apostoliques, Pierre d'Alcala, Posateri, etc. très probablement Basile de Gemona, n'avaient pas de titre épiscopal : on les appellerait aujourd'hui provicaires.

2)  Les Vicaires Apostoliques sont nommés sur présentation de la Propagande.  Ils reçoivent deux brefs : l'un qui leur assigne une église titulaire, sur le territoire de laquelle aucune juridiction ne leur est donnée; l'autre qui leur confère juridiction sur un Vicariat déterminé.  On y joint deux feuilles de pouvoirs spéciaux, qui leur sont communiqués *ad tempus* et qu'ils devront renouveler.

Parfois le Souverain Pontife donne à un Vicaire Apostolique le pouvoir de désigner un autre Vicaire Apostolique et de lui assigner un titre épiscopal désigné d'avance : c'est ce qui est arrivé par exemple à la nomination de M^gr^ Albrand et à sa mort. Voir aussi ce qui nous disons des coadjuteurs.

3)  Le Vicaire Apostolique fait, par délégation Apostolique, dans son Vicariat, tout ce qu'un évêque fait de son droit propre dans son diocèse : il n'est cependant pas strictement évêque diocésain.  Lorsque la situation de l'Eglise dans un pays peut être considérée comme suffisamment stable, le S. Siège y *établit la hiérarchie,* tout en laissant les sièges nouvellement constitués sous le contrôle de la Propagande.  C'est ainsi que la hiérarchie a été établie au Japon par Léon XIII, le 15 juin 1891.

Voir B₂ 1899. p. 224.

---

## II. PRÉFECTURES APOSTOLIQUES ET MISSIONS.

1) Une *mission* est un territoire dont l'évangélisation est confiée à des réguliers, sous l'autorité d'un simple supérieur, nommé par le supérieur général de l'ordre, qui peut le changer. Ainsi I-li, au Turkestan chinois.

La *Préfecture Apostolique* est un intermédiaire entre la simple mission et le Vicariat. Lorsqu'un diocèse ou un Vicariat est démembré, le nouveau territoire est souvent d'abord érigé en Préfecture, ex. Kan-sou sud, pour être élevé au rang de Vicariat, quand l'évangélisation aura fait assez de progrès. De même si un territoire est concédé à une Congrégation religieuse; ex. Ho-nan occidental, Shikoku.

2) Le Préfet Apostolique est normalement un simple prêtre mais muni de pouvoirs assez étendus, tenu à résider et directement soumis à la Propagande.

3) Il y a en Chine deux Préfectures, le Koang-tong et le Koang-si, qui sont régies par des prélats pourvus d'un titre épiscopal. C'est par ménagement pour les susceptibilités du gouvernement portugais qu'elles ne sont pas constituées en Vicariats.

Voir B₂ 1899 p. 233.

4) Certaines missions sont en dehors de tout diocèse, comme I-li. D'autres font partie d'un diocèse, comme le Koang-si et le Koang-tong, de 1848 à 1858, quoique dans ce cas les missionnaires fussent envoyés par le Souverain Pontife, de sorte qu'ils devaient avoir leurs pouvoirs, même si l'évêque diocésain s'y opposait. D'autres sont assignées par l'évêque lui-même, comme la mission des Jésuites Portugais à Tchao-k'ing, 16 juillet 1913, qui comprend, sous la juridiction de l'évêque de Macao, 2 sous-Préfectures du Tchao-k'ing fou et 4 du Yang-kiang tcheou, et aussi celle des Pères Salésiens à Hiang-chan hien.

5) Il y eut des *missions,* dans un sens plus étendu, qui n'était pas limitées à un territoire spécial. Telle fut la *mission française* de Chine établie sous Louis XIV en 1585. Elle avait son supérieur, distinct du Vice-provincial de Chine (P$_3$. p. 50). A la suppression de la Compagnie, ses biens passèrent, par décret du 7 décembre 1783, aux Lazaristes Français, comme, au commencement du XIX$^e$ siècle les biens de la Vice-province de Chine furent attribués aux Lazaristes Portugais.

Les missions, prises ainsi, sont étrangères à notre sujet. A fortiori la tentative qui aurait été faite (1678-1685), pour fonder en Chine une mission Espagnole indépendante du patronat Portugais (P$_2$. p. 147. D$_4$ 1685).

### III. PROVICAIRES. PROPRÉFETS.

Un provicaire est un simple prêtre, chargé provisoirement du gouvernement d'un Vicariat Apostolique, par exemple durant une vacance. Nous avons essayé de faire entrer dans notre liste ces provicaires indépendants, du moins quand leur administration s'est un peu prolongée, par ex. M. Perny, le P. Lemaître.

Dans certaines missions, les vicaires-généraux du Vicaire Apostolique s'appellent aussi provicaires : nous les laissons de côté.

Un évêque, chargé exceptionnellement de gouverner une Préfecture Apostolique prend le nom de *pro-préfet* : c'est le cas de M^gr Forcade à Hong-kong. On appelle aussi de ce nom le prêtre chargé par intérim d'une Préfecture ; ex. M. Mihières au Koang-si ; ou encore le Vicaire-général du Préfet Apostolique.

## IV. ÉVÊQUES TITULAIRES.

1) Les Vicaires et les Préfets Apostoliques, la plupart des coadjuteurs et un certain nombre d'autres prélats sont pourvus d'un siège épiscopal, situé en pays infidèle, et où, en vertu même de leur nomination, ils ne doivent pas résider. On les appelait autrefois évêques *in partibus infidelium,* i.p i., ou simplement *in partibus.* Le décret du 3 mars 1882 abolit cette dénomination et lui en substitue une autre (n° 2) qui exprime le nom ancien de la région où est situé le siège. On dira par ex. N. episcopus Adrassensis, in Isauria.

Lorsqu'on aura à distinguer ces évêques de ceux qui sont tenus à la résidence, on emploiera les noms de *titulaires* et de *résidentiels.* En dehors de ce cas, l'adjonction du mot *titulaire* ou *résidentiel* n'a pas lieu ($B_2$ 1899 p. 188).

Nous nous sommes conformés à cette règle, autant qu'il a été possible, même pour les temps antérieurs à 1882.

2) L'orthographe des noms est ordinairement celle de l'annuaire pontifical. Cependant plusieurs prélats ont adopté pour leur titre l'orthographe italienne, empruntée à la Gerarchia. Lorsque la différence est sans importance, nous nous conformons à la manière d'écrire des prélats.

3) La désignation de la région est prise de la Gerarchia ou à son défaut de l'annuaire pontifical. Il y a une quinzaine de noms que nous n'avons trouvés ni dans l'une ni dans l'autre de ces publications: Argolis, Conon, etc.

Parfois 2 sièges ayant même nom, nous n'avons pas su les distinguer.

On trouvera dans l'annuaire pontifical l'identification et le nom moderne de presque tous ces sièges.

4) La liste ou table des titres épiscopaux contient tous les titres des sièges soit résidentiels soit titulaires, dont il est fait mention dans la «Hiérarchie». Mais pour Khambalig, Macao, Funay, Nanking et Pé-king, nous ne mettons pas en regard le nom des prélats, qui se trouvent sans peine dans le corps de l'ouvrage.

5) Nous ne connaissons pas le titre de tous les prélats qui figurent dans le livre; quelques uns sont douteux.

## V. LISTE DES TITRES ÉPISCOPAUX.

| | | | | | |
|---|---|---|---|---|---|
| Myre | Las Llagas | 20 | Sergiopolis | Languillat | 98 |
| | San Felice | 20 | Silando | Paris | 98 |
| | Léonessa | 25 | Sinite | Fontana | 130 |
| | Rameaux | 137 | | Desflèches | 131 |
| | Lavaissière | 137 | Sinopolis | Pallas | 75 |
| Myrina | Boyer | 115 | | Thomine-Desmazures | 151 |
| Myriophyte | Müllener | 125 | Sola | Maresca | 33 |
| | Petitjean | 167 | Sophène | Lavest | 106 |
| | Sarthou | 141 | Sozopolis | Florens | 159 |
| Nicée | Carneiro | 6 | | Laribe | 100 |
| Nilopolis | Sala | 76 | Stratonicée | Bermyn | 121 |
| Olène | Nesi | 67 | Sura | Quémener | 157 |
| Orcisto | Mérel | 109 | | Maigrot | 126 |
| Orthose | Grassi | 59 | | Albrand | 112 |
| Paleopolis | Volonteri | 80 | | Marchi | 63 |
| Palto | Giesen | 63 | Syène | Verhaegen | 93 |
| Panéade | Filippi | 93 | Synao | Mondaini | 88 |
| Patares | Novella | 86 | Tabraca | Dufresse | 128 |
| Pedlinisse | Chouzy | 106 | Tadama | Everaerts | 93 |
| Pentacomie | Favier | 141 | Tagaste | Coupat | 131 |
| Philomélie | Ponsot | 154 | Tamassa | Faveau | 139 |
| Philippopolis | Ridel | 162 | Tanis | Menicatti | 81 |
| Pinara | Seguin | 113 | Tavia | Pozzoni | 84 |
| Polemonium | Pinchon | 130 | Tébaste | Carpena Diaz | 75 |
| Pompeiopolis | Tagliabue | 145 | | Aguilar | 77 |
| Portimœa | Piloti | 47 | Télepte | Anzer | 64 |
| Priène | Cosi | 62 | Telmesse | Hofman | 61 |
| Raphanée | Lalouyer | 116 | Ténare | Landi | 92 |
| Rhinocolure | Geurts | 147 | Ténédos | Fenouil | 155 |
| Rosalie | Lyonne | 123 | Termesse | Calza | 82 |
| | Leonessa? | 25 | Thermopyles | Medeiros | 15 |
| | Boucher | 48 | Thespie | Spelta | 34 |
| | Chinchon | 43 | Thyène | Chiais | 67 |
| Rusaddir | Fiorentini | 60 | Tibériade? | Cerqueira | 17 |
| Sagalasso | Mugabure | 166 | Tiberiopolis | Semprini | 88 |
| Samos | Forcade | 165 | Tibiriza | Cerqueira | 17 |
| Sébastopolis | Chauveau | 151 | Tiniade | Giraudeau | 152 |

| | | | | | |
|---|---|---|---|---|---|
| Tipasa | Souza-Saraiva | 38 | Usola | Geremia | 63 |
| Titopolis | Garnier | 98 | Vaga | Schang | 65 |
| Toron | Guichard | 113 | Zarai | las Heras | 44 |
| Trajanopolis | Trigueiros | 12 | | Van Aertselaer | 119 |
| | Raguit | 115 | Zéla | La Cerre | 127 |
| Trémite | de la Brunière | 114 | | Florens | 129 |
| | Berneux | 161 | | Foucard | 106 |
| | Hamer | 120 | | Choulet | 115 |
| Troade | Leblanc | 154 | Zenopolis | Moccagatta | 57 |
| | Daguin | 118 | Zoara | Baldus | 79 |

*Rem.* Telmesse et Termesse sont deux écritures du même mot.

*Rem.* Cette liste peut être utile pour lire les écrits de l'époque où on désignait ordinairement les évêques par leur titre : M<sup>r</sup> de Meaux pour Bossuet ; quelques personnes le font encore.

## VI. NOM DE CURIE.

C'est le nom, presque toujours un adjectif, très souvent écrit en abrégé (1), qui désigne le titre épiscopal dans les documents officiels. Ainsi M^gr de Besi est appelé dans les bulles ep. Canopi ou Canopensis ; M^gr Maresca, ep. Solensis ou ep. Solen.

L'orthographe n'en est pas absolument fixe; ainsi dans diverses bulles M^gr de la Motte-Lambert est appelé Beritensis ou Berytensis. M^gr Lopez est appelé Basilitanus pour Basilinopolitanus.

En bien des cas, nous avons pu donner le nom de curie tel qu'il a été employé de fait dans les documents. Nul doute que nous ne nous soyons plusieurs fois trompés; souvent nous nous sommes abstenus.

---

(1) Plusieurs, oubliant cette particularité, traitent ces adjectifs comme des substantifs. Ainsi on qualifiera M^gr Mouly d'évêque de Fussolan (Fussolanus).

## VII.  COADJUTEURS.

Beaucoup de Vicaires Apostoliques reçurent le pouvoir de se choisir un coadjuteur et de le sacrer.  Ordinairement ils devaient donner à l'élu le titre épiscopal de l'évêque auquel il succédait.  C'est ainsi qu'on voit certains noms se répéter : Tebaste au Fou-kien, Loryme au Chan-si, etc.

Pie VI, arraché à son siège en 1798, et voulant pourvoir aux vacances, prit une mesure plus générale, et accorda des pouvoirs extraordinaires aux évêques, Vicaires Apostoliques de de la Chine, du Tong-king, de la Cochinchine et du Siam.  Il leur permettait :

1°) de se choisir un coadjuteur et de le sacrer,

2°) s'ils survivaient à ce coadjuteur, de s'en nommer un autre, mais pas un troisième.

3°) Leur coadjuteur, s'ils en ont déjà un, ou le premier coadjuteur qu'ils éliront, non seulement aura droit de succession, mais pourra se choisir, pour une fois seulement, un coadjuteur avec le titre du prélat défunt.

C'est ainsi que le B$^x$ Dufresse, qui, en 1800, fut nommé coadjuteur de M$^{gr}$ de S$^t$ Martin, év. de Caradre, lui succéda en 1801 et se désigna en 1802 un coadjuteur, auquel il donna le titre d'év. de Caradre.  Son second coadjuteur, év. de Zéla, fut choisi en vertu d'autres facultés. X$_7$ tome 4. X$_{14}$ t. 4. p. 21.

## VIII.  PROPAGANDE.  PROPAGANDISTES.

1)  La Sacrée Congrégation «de Propaganda fide» a été créée par Grégoire XV par diverses bulles de 1622.  Elle remplace, pour les pays qui lui sont soumis, toutes les autres Congrégations romaines, excepté le Saint Office.

Pie X, par la Constitution *Sapienti consilio,* a soustrait à sa juridiction l'Angleterre, l'Ecosse, l'Irlande, la Hollande et le Luxembourg, le Canada, Terre-neuve et les Etats-Unis; il a aussi modifié quelques points de sa constitution ($B_2$ 1909).

Pour ce qui concerne les missions dont nous nous occupons, les évêchés de Macao, de Nan-king, de Pé-king, de Funay dépendaient de l'archevêque de Goa, et du patronat Portugais ; tous les Vicariats Apostoliques ont toujours dépendu de la Propagande seule.

Ce n'est pas que les évêques du Patronat, nommés par le roi de Portugal, fussent indépendants de la Propagande.  C'est d'elle et non de l'archevêque de Goa qu'ils recevaient leurs pouvoirs.  C'est avec elle qu'ils correspondaient, par ex. M$^{gr}$ de Laimbeckhoven.  C'est ainsi que nous la voyons presser M$^{gr}$ Valens de résider.

2)  La Propagande entretient un certain nombre de collèges, dont les élèves émettent le serment de se tenir à la disposition de la S.C. pour servir dans les missions.  Ils ne peuvent entrer en religion sans la permission du Pape, laquelle ne les délie pas de leur promesse.

Le collège de la Sainte Famille formait des prêtres *chinois* élevés à Naples. Fondé en 1732, ainsi que la Société de la Sainte Famille, par M. Mathieu Ripa, il a été changé, en 1861, par le nouveau Gouvernement d'Italie en une école d'interprètes sous le nom de *Regio Collegio Asiatico.*  Il s'appelle maintenant *Regio Istituto Orientale* (1913).

La Société de la Saint Famille n'existe plus, au moins depuis 1888.

Voir X$_3$ 1847. p. 443 et plus haut p. 33.

3) Il ne faut pas confondre le titre d'élève de la Propagande avec l'expression, peut-être un peu vague, mais fréquemment employée autrefois, de missionnaire de la Propagande ou Propagandiste. Ce nom, moins précis que celui de missionaire apostolique (Voir B₂ 1903. p. 496-498), s'appliquait aux missionnaires envoyés directement par la Propagande et mis par elle sous l'autorité immédiate des Vicaires Apostoliques; il les distinguait tant des missionnaires du patronat portugais, que des religieux ayant une organisation régulière dans les missions. Ainsi les Lazaristes, jusqu'à ce que leur Société eut pris la succession des Jésuites, les Franciscains étrangers au Portugal et à la Province de S. Grégoire, etc.

C'est ainsi que le premier envoi de missionnaires de la Propagande, en 1680, comprend MM. Maigrot et Leblanc, des Missions Étrangères de Paris, compagnons de M^{gr} Pallu et les Franciscains Basile de Gémona, Jean-François de Leonessa, J.B. de Castelnuovo et Ange d'Albano, compagnons de M^{gr} della Chiesa. Le second envoi, 1697, se compose de Mezzafalce, des Lazaristes Müllener et Appiani, du P. Cima, Augustinien, et de six Franciscains. (Voir Civezza p. 262).

## IX. LES CINQ RÉGIONS SYNODALES.

Voir la carte.

Les Vicariats Apostoliques de Chine sont divisés en régions. Depuis 1869, et en particulier le 14 juillet 1870, pendant le le concile du Vatican, il a été plusieurs fois question d'instituer en Chine, comme au Japon, la hiérarchie ecclésiastique normale. Le 4 octobre 1874, Pie IX approuvait une délibération de la Propagande du 28 septembre 1874, qui déclarait cette institution prématurée. Pour la préparer cependant de loin, Léon XIII approuva, le 27 avril 1879, la division de la Chine en 5 régions ecclésiastiques et la division de l'Indo-Chine en 3 régions. Le cardinal Simeoni promulgua cette décision par le décret du 23 juin 1879, qui n'a besoin d'aucune explication.

## DECRETUM.

Cum ad Christianæ fidei propagationem et incolumitatem plurimum conferat ecclesiasticæ hierarchiæ constitutio, mirum esse non debet, hanc S. Congregationem jam inde a primordiis suæ institutionis, de ea in Sinis rite ordinanda sollicitam fuisse. Hinc factum est, ut cum primum novit Christianam religionem assidua Apostolicorum missionariorum opera in Sinarum imperio ac finitimis regionibus satis excrevisse, in consilium devenerit proponendi Summo Pontifici Innocentio X ut novæ Christianitates muniis pastoralibus ac sacramentis per proprios Episcopos confirmarentur : quod non nisi ex parte executioni tunc temporis ob varia rerum adjuncta mandatum fuit. Attamen Vicarii Apostolici eadem vota pro stabilienda tandem in iisdem regionibus aliqua saltem hierarchiæ ordinationis forma, S. Sedi iterato submittere non destiterunt; maxime vero recentioribus temporibus exhibitis etiam pro divisione regionum in provincias efficienda variis schematibus. Quo factum est, ut eadem S. Congregatio cum anno 1869 varias quæstiones Apostolicis Vicariis Sinensibus proposuisset ad faciliorem ecclesiasticorum negotiorum expeditionem procurandam, illud peculiariter exquisierit, quid sentirent «de propositione ab aliquibus facta, an scilicet missiones regni Sinarum seorsim et adjacentium regnorum seorsim aliquo modo simul colligari possint, et ad formam ecclesiasticarum provinciarum assimilari; et quatenus affirmative, qua ratione hoc propositum ad effectum perduci valeret».

Porro etsi non omnia Vicariorum Apostolicorum responsa memoratam hierarchiam formaliter stabiliendam suaderent, plerique tamen opportunum quin et necessarium censuerunt ad obtinendam uniformitatem præsertim quoad regimen disciplinæ, missiones simul conjungere ad quamdam veluti ecclesiasticarum provinciarum similitudinem per regionum divisiones seu classes, ut sensim sine sensu ipsi formali hierarchiæ stabiliendæ prouti alibi, etiam in Sinarum imperio via sterneretur.  Quam quidem sententiam postea tenuerunt omnes Vicarii Apostolici Sinarum, qui Romam venerunt anno 1870 occasione Concilii Œcumenici Vaticani.  Cum enim habitis die 14 Julii ejusdem anni comitiis idem argumentum propositum fuisset, arbitrati sunt de hierarchia constituenda adhuc cogitari non posse : quoad vero divisionem Vicariatuum in classes, diversis diversa sentientibus, universis tamen visum est, classes ita efformandas esse ut in qualibet earum haud exiguus Vicariatuum numerus comprehenderetur idque præsertim ad uniformitatem fovendam.

Anno vero 1874, in conventu diei 28 Septembris habito ab E[mis] Patribus speciali consilio Christiano Nomini in Sinis propagando præpositis, cum de hoc negotio sibi pertractandum proposuissent, decreverunt constitutionem hierarchiæ ecclesiasticæ pro nunc non expedire : sed interea Vicariatus Apostolicos in regiones esse dividendos et Sacri Concilii sententiam Summus Pontifex Pius IX fel. rec. die 4 Octobris ejusdem anni ratam habuit et approbavit.

Cum vero, uti supra dictum est, varia pro divisione provinciarum seu regionum schemata a Vicariis Apostolicis proposita fuissent, antequam res executioni mandari posset, eorum exquiri sententias oportuit, quibus unius vel alterius ex dictis schematibus delectus minus arridere videbatur. Quorum responsis habitis, et rebus omnibus maturo perpensis, ne diutius res tanti momenti, ex qua non parum utilitatis religioni obventurum fore speratur, differretur, magis expedire visum est (salvis mutationibus, quas in posterum rerum experientia et Vicariorum consilium suadebunt) executioni mandarc pro nunc omnium Sinentium (1) Vicariatuum divisionem in quinque regiones quæ erunt:

1ᵃ. Regio Tchely (Septentrionalis, Meridio-orientalis, Orientalis) (2), Leo-toung seu Mandchuria et Mongolia.

2ᵃ. Regio Chan-toung, Chan-sy, Ho-nan, Chen-sy et Kansieou.

3ᵃ. Regio Hou-nan, Hou-pe (Orientalis, Occiduo-Septentrionalis, Occiduo-Meridionalis), Tche-kiang, Kiang-sy et Kiang-nan.

4ᵃ. Regio Su-tchuen (Septentrio-Occidentalis, Orientalis, Meridionalis), Yun-nan, Kouy-tcheou et Thibet.

5ᵃ. Regio Kouang-toung, Kouang-sy, Hong-kong et Fo kien.

Pro regnis vero Indo-Sinensibus tres regiones erunt :

1ᵃ Regio Cochinchina Orientalis, Cochinchina Septentrionalis et Cochinchina Occidentalis.

2ᵃ. Regio Tunquinus Meridionalis, Tunquinus Centralis, Tunquinus Orientalis et Tunquinus Occidentalis.

3ᵃ. Regio Siam Occidentalis seu peinsula Malacca, Siam Orientalis, Cambodia et Birmania Orientalis, Septentrionalis et Meridionalis.

Hanc vero Vicariatuum divisionem in varias regionum classes SSᵐᵘˢ Dominus Noster Leo Div. Prov. PP. XIII in audientia diei 27 aprilis 1879 referente infrascripto S. Congregationis de Propaganda Fide Secretario approbare dignatus est, simulque jussit:

---

(1) Sic.

(2) (Sic). Lire probablement : Occidentalis.

1°. Ut Synodales conventus juxta superius designatas regiones infra annum a die præsentis Decreti Senior a recepta episcopali consecratione inter Vicarios Apostolicos convocet, qui locum quo Vicarii Apostolici convenire debeant ac tempus saltem pro prima vice statuat, ac Synodo præsideat. Locum vero et tempus subsequentium conventuum et qui ex Vicariis Apostolicis iisdem præsidere debeant, Synodus ipsa statuet.

2°. Quod si quis ex Vicariis Apostolicis legitime impeditus fuerit quominus ad Synodum statuto tempore accedat, Coadjutorem, si habeat, vel Pro-Vicarium uti sui Delegatum ad illum mittere curabit. Delegati vero post Titulares sedeant; iique, si fuerint charactere episcopali insigniti, juxta tempus promotionis ad episcopatum.

3°. Ad S. Congregationem de Propaganda Fide quælibet Synodi resolutiones et decreta deferantur et, si opus fuerit, approbationem obtineant, earum interea executione minime retardata.

4°. Cuilibet ex Vicariis Apostolicis liberum erit quæstiones in proxima Synodo discutiendas proponere. Ante omnia vero ea pertractare oportebit, quæ a S. Congregatione, si visum fuerit, vel examinanda vel decernenda transmissa erunt.

Datum Romæ ex Ædibus S. Congregationis die 23 Junii 1879.

Joannes Simeoni præf.

Joan. Bapt. Agnozzi secret.

Nous n'avons pas à raconter l'histoire des synodes régionaux qui furent tenus depuis 1880.

*Note 1.* L'évêque de Macao n'a pas assisté au premier synode tenu à Hong-kong en 1880. Le synode, décret XIII, a demandé à pouvoir inviter l'évêque de Macao (Decreta quinque synodorum... in Sinis habitarum anno 1880. p. 81). Encore maintenant, s'il y assiste, c'est comme invité.

*Note 2.* Lorsque le Ho-nan fut divisé, en 1882, Mgr Scarella demanda que le Vicariat septentrional fût rattaché à la région synodale du nord ; ce qui lui fut accordé, le 28 février 1885.

Quant au Ho-nan méridional, il est maintenant de la troisième région, au moins depuis 1885.

*Note* 3. La mission d'I-li semblerait appartenir à la deuxième région, puis qu'elle est démembrée du Kan-sou. A cause des énormes distances, elle ne prend part à aucun synode.

*Note* 4. La Corée n'est pas inclue dans le décret de 1879 ci-dessus cité. Les Vicaires Apostoliques ont été convoqués au synodes du Japon, puis à ceux de la première région de Chine. D'autres fois ils n'ont assisté à aucun.

*Note* 5. A l'époque des derniers synodes, Formose, faisant partie du Vicariat Apostolique d'Amoy, était de la 5ᵉ région. D'après une déclaration de la Propagande, du 3 mars 1914, la Préfecture Apostolique en fait encore partie.

## X.  NOMS DE PERSONNES.

Le nom *de baptême* est donné en français.  Lorsqu'il y a
doute, il est levé par une parenthèse, quand cela a été possible.
Ex. Louis (Ludovicus) Perez y Perez.  Louis (Aloysius) Spelta.

Il en est de même du nom *de religion ;* ex :  Basile de
Gemona, François de Sainte Rose de Viterbe, et du nom *de*
*sacré :* Paul-Eugène Coupat.

Le nom de *famille* est écrit, autant que possible, selon la
langue ; ex : Sanchez de las Heras, della Chiesa.  Il y a quelques exceptions ; ainsi nous sommes si habitués à lire M^gr de
Laimbeckhoven, que nous n'avons pas osé substituer *von* à *de*.

On sait que, dans certains ordres, les religieux ne portent
pas leur nom de famille, mais un nom *de religion,* accompagné
du nom de leur lieu d'origine.  Ainsi Laurent Piloti, né à
Bassano, s'est appelé Eugène de Bassano.  Quand le nom de
famille est connu, nous l'écrivons selon la langue ; le nom
d'origine est précédé de la préposition française *de,* ou de *né à*.
Dans la table, nous avons mis le nom le plus usité, de Gemona
et non Brollo, Piloti et non de Bassano ; parfois nous avons dû
mettre les deux : Moccagatta et de Castellazzo.  Il arrive que
nous ne savons pas sûrement si nous avons affaire à un nom de
famille ou à un nom de religion.

. Ces noms de religion ont trompé plusieurs écrivains.  C'est
ainsi que M^gr Hilaire de Sainte-Rose de Viterbe est appelé par
Arias et autres Destaroza (de Sta Rosa) de Viterbe, comme s'il
était né à Viterbe, quoiqu'il fût Portugais.

## XI. NOMS CHINOIS.

A la suite du nom de chaque prélat, nous faisons figurer le
nom chinois, sing 姓, assez souvent le ming 名, rarement le
hao 號, séparé par une virgule. Un grand nombre de ces
noms nous ont été fournis obligeamment par M. II. Cordier,
qui les a pris des passeports officiels. Il faut remarquer que
ces noms diffèrent souvent de ceux que les missionnaires portent
réellement. Ex. Mgr Masot, Mgr Van Aertselaer, etc. En ce
cas, le nom du passeport est marqué à part.

Il est arrivé aussi fréquemment qu'un missionnaire aît
changé de nom, a fortiori de ming, surtout en temps de persécution. C'est le cas de NN. SS. Pottier, de S. Martin, Salvetti,
Maresca, Albrand, etc.

Parfois nous n'avons trouvé le nom que romanisé. Cette
indication, qui ne suffit pas pour déterminer le sing, est cependant précieuse, puisque elle ne laisse de doute qu'entre deux ou
trois caractères. Ex. Donato. Tournon.

Le ming n'est parfois autre chose que le nom de baptême.
En ce cas, nous l'avons le plus souvent omis.

La liste des noms chinois qui suit donne la romanisation
d'après le système du P. Zottoli.

## XII.  LISTE DES NOMS CHINOIS.

Selon l'ordre du

# 百　家　姓　書·

*Remarque* 1.  Lorsque plusieurs noms sont attribués à un même personnage, on le trouvera sous chacun de ces noms, avec un point d'interrogation si nous doutons que le nom ait été réellement porté.

*Remarque* 2.  Les numéros indiquent le rang du nom dans l'édition ordinaire (507 noms) du "Noms des cent familles". Suivent, avec une lettre, quatre noms rencontrés dans une édition plus complète et enfin sept que nous n'avons trouvés nulle part. Cela ne veut pas dire en rigueur que ce ne fussent pas des noms chinois, ce qui serait difficile à croire par exemple pour le nom de M^gr Pottier.

| | | | |
|---|---|---|---|
| 1 趙 Tchao | Canal | p. 44 |
| | Carreras | 77 |
| | Maresca | 33 |
| | Reynaud | 138 |
| 4 李 Li | Dias | 20 |
| | Dufresse | 128 |
| | Gentili | 77 |
| | Geremia | 63 |
| | Lions | 113 |
| | Maistre | 161 |
| | Maoletti? | 48 |
| | Ridel | 162 |
| 5 周 Tcheou | Aguilar | 77 |
| | Sanchez | 44 |
| 6 吳 Ou | A Cunha | 23 |
| | Mandello | 52 |
| 7 鄭 Tcheng | de Sequeira | 23 |
| 8 王 Wang | Rouger | 102 |
| 9 馮 Fong | Donato | 66 |
| | Fontana | 130 |
| | Ibañez | 44 |

| | | |
|---|---|---|
| | de St Martin | 128 |
| 14 沈 Chen | Semprini | 88 |
| 15 韓 Han | Hamer | 120 |
| | Henninghaus | 64 |
| 16 楊 Yang | Chinchon | 43 |
| | Dalceggio | 92 |
| | Escodéca | 129 |
| | Everaerts | 93 |
| | Jandard | 79 |
| 18 秦 Tsin | Pichon | 133 |
| 21 何 Ho | Cattaneo | 80 |
| | Rizzi | 67 |
| 22 呂 Liu | Rutjes | 122 |
| 23 施 Che | Seguin | 113 |
| 24 張 Tchang | Badia | 76 |
| | Berneux | 161 |
| | Carnevali | 58 |
| | Posateri | 56 |
| | Rameaux | 137 |
| 25 孔 K'ong | Daguin | 118 |
| 26 曹 Ts'ao | Excoffier | 155 |

| | | | | |
|---|---|---|---|---|
| 29 | 金 Kin | de Gorostarzu | 155 | |
| | | Norma | 50 | |
| | | Salvetti | 54 | |
| 30 | 魏 Wei | Vidi | 67 | |
| 31 | 陶 T'ao | Otto | 95 | |
| 42 | 蘇 Sou | Bruguière B. | 159 | |
| | | Choulet | 115 | |
| | | Guierry | 137 | |
| | | Masot | 78 | |
| | | Simon | 98 | |
| 46 | 范 Fan | Desflèches | 131 | |
| | | Fantosati | 88 | |
| | | Imbert | 160 | |
| | | Pottier | 127 | |
| 48 | 郎 Lang | Ferrant | 101 | |
| | | Languillat | 98 | |
| 52 | 馬 Ma | Maigrot Ch. | 72 | |
| | | Maquet | 144 | |
| | | de Marchi | 63 | |
| | | Maresca | 33 | |
| | | Martillat | 126 | |
| | | Matta? | 14 | |
| | | Pérocheau | 130 | |
| | | Ventallol | 73 | |
| 54 | 鳳 Fong | Fiorentini | 60 | |
| 56 | 方 Fang | Van Aertselaer | 119 | |
| | | Magi | 48 | |
| | | Navarro | 87 | |
| | | Pallas | 75 | |
| | | Perez | 89 | |
| | | F. de Sainte Rose | 27 | |
| | | Saraceni | 46 | |
| | | Vérolles | 114 | |
| 58 | 任 Jen | Albrand | 112 | |
| 59 | 袁 Yuen | Ponsot | 154 | |
| 62 | 鮑 Pao | Azevedo e Castro | 15 | |
| 70 | 賀 Ho | Hofman | 61 | |

| | | | | |
|---|---|---|---|---|
| | | Jandard | 100 | |
| 71 | 倪 Ni | Garnier | 98 | |
| | | Giraudeau | 152 | |
| 72 | 湯 T'ang | de Gouvea | 38 | |
| 75 | 羅 Louo | Anot | 101 | |
| | | de Bési | 31 | |
| | | Carpena Diaz | 75 | |
| | | Ciceri Al. | 26 | |
| | | Florens | 129 | |
| | | Imbert | 160 | |
| | | Lavest | 106 | |
| | | Lopez | 22 | |
| | | Maubant | 160 | |
| | | Piazzoli | 84 | |
| | | Renou | 151 | |
| | | de la Torre | 89 | |
| | | Wittner | 65 | |
| 76 | 畢 Pi | Appiani | 124 | |
| | | Biet | 152 | |
| | | Billi | 92 | |
| | | Landi (Fabien) | 92 | |
| | | Pires-Pereyra | 31 | |
| 79 | 安 Ngan | Antonucci | 69 | |
| | | Anzer | 64 | |
| | | Baldus | 79 | |
| | | Daveluy | 161 | |
| | | Demange | 163 | |
| | | Volonteri | 80 | |
| 80 | 常 Tch'ang | Schang | 65 | |
| 88 | 康 K'ang | Sacconi | 50 | |
| 93 | 顧 Kou | Coqset | 146 | |
| | | Cosi | 62 | |
| | | Coupat | 131 | |
| | | Danicourt | 100 | |
| | | Oscot | 74 | |
| 94 | 孟 Meng | Lepley | 133 | |
| | | Mouly | 140 | |

| | | | |
|---|---|---|---|
| 96 黃 Hoang | Trenchant | 129 | |
| 97 和 Houo | Laribe | 100 | |
| | Piazzoli | 84 | |
| | Vic | 103 | |
| 98 穆 Mou | Maurice | 68 | |
| | Monteiro | 26 | |
| | Müllener | 125 | |
| 101 姚 Yao | Paris | 98 | |
| 102 邵 Chao | Chausse | 109 | |
| 105 祁 K'i | Christaens | 93 | |
| | Raguit | 115 | |
| 111 明 Ming | Guillemin | 108 | |
| | Maire | 155 | |
| | Zanoli | 91 | |
| 116 戴 Tai | Tagliabue | 145 | |
| 118 宋 Song | Aguirre | 78 | |
| 122 紀 Ki | Guillon | 115 | |
| 123 舒 Chou | Chouvellon | 132 | |
| 127 董 Tong | Anouilh | 145 | |
| | Filippi | 93 | |
| 128 梁 Liang | de la Balluère | 124 | |
| | de Lyonne | 123 | |
| 129 杜 Tou | Dubail | 115 | |
| | Dubar | 143 | |
| | Dumond | 149 | |
| | Dunand | 130 | |
| | Moretta | 57 | |
| | Thomine-Desmazures | 151 | |
| | Turcotti | 110 | |
| 131 藍 Lan | Lalouyer | 116 | |
| | Terlaak | 96 | |
| 132 閔 Min | Bermyn | 121 | |
| | Mutel | 162 | |
| 137 賈 Kia | Calza | 82 | |
| 138 路 Lou | Landi de Segna | 53 | |
| 141 江 Kiang | Carlassare | 91 | |
| | Moccagatta | 57 | |

| | | | |
|---|---|---|---|
| 142 童 T'ong | Perny | | 112 |
| 144 郭 Kouo | Calvo | | 75 |
| | Coltelli | | 67 |
| | de St Martin | | 128 |
| 145 梅 Mei | Lemaitre | | 97 |
| | Menicatti | | 81 |
| | Mérel | | 109 |
| | Mihières | | 105 |
| 147 林 Lin | Fernandez (Clém.) | | 173 |
| | Jarlin | | 142 |
| | Pagnucci | | 67 |
| | Sala | | 76 |
| | Silva (Ant. de) | | 26 |
| 150 徐 Siu | Ciceri (Nicolas) | | 102 |
| | Dufresse | | 128 |
| | Spelta | | 34 |
| 153 高 Kao | Calderon | | 77 |
| | Chiais | | 67 |
| | Espinha | | 37 |
| | Ferréol | | 160 |
| | Van Koot | | 94 |
| | Raimondi | | 83 |
| 156 田 T'ien | Clerc-Renaud | | 103 |
| | Delaplace | | 141 |
| | Faveau | | 139 |
| | Gennaro | | 91 |
| 157 樊 Fan | Fatiguet | | 101 |
| | Favier | | 141 |
| 158 胡 Hou | Faurie | | 112 |
| | Goette | | 68 |
| | Hospital | | 90 |
| 162 萬 Wan | Bañes | | 23 |
| 169 經 King | Mariano | | 50 |
| 177 丁 Ting | Chauveau | | 151 |
| 184 洪 Hong | Pinchon | | 130 |
| 185 包 Pao | Boyer | | 115 |
| | Bruguière Jules | | 146 |

| | | | | | | | |
|---|---|---|---|---|---|---|---|
| 188 石 Che | Lavaissière | 137 | | | | Bray | 101 |
| | Steeneman | 94 | | | | Sanz | 73 |
| 198 陸 Lou | Maggi | 125 | 272 鄂 Ngo | Gonnet | 97 |
| 200 翁 Wong | Mondaini | 88 | | | | Gothard | 41 |
| 219 富 Fou | Fabrègues | 148 | 273 索 Souo | Souza (Polycarpe) | 37 |
| | Fogolla | 59 | 276 賴 Lai | Renault | 106 |
| | Foucard | 106 | 292 翟 Ti | Timmer | 61 |
| 223 巴 Pa | Bax | 118 | 293 譚 T'an | Tacconi | 80 |
| 226 褚 Tch'eu | Alcala | 136 | 298 申 Chen | Giesen | 63 |
| | Massi | 60 | 334 艾 Ngai | Grassi | 59 |
| 231 伊 I | Cavalli | 51 | | | | Poell | 61 |
| | Ildefonse | 41 | | | | Salvetti | 54 |
| 250 武 Ou | Geurts | 147 | 338 古 Kou | Fenouil | 155 |
| 252 劉 Lieou | Ducœur | 106 | 339 易 I | Guichard | 113 |
| | Fayolle | 134 | | | | Ibañez Aparicio | 70 |
| | Verbiest | 23 | 348 步 Pou | Bulté | 143 |
| | Visdelou | 110 | 349 都 Tou | Sarthou | 141 |
| 257 葉 Yé | Abels | 122 | 355 文 Wen | Jolly | 105 |
| | Basile de Gémona | 45 | 369 師 Choei | Pozzoni | 84 |
| 259 司 Se | Scarella | 81 | 372 聶 Gnié | Nesi | 67 |
| | Smorenburg | 118 | 387 沙 Cha | Chatagnon | 133 |
| 262 黎 Li | Guttierez | 44 | 403 權 K'iuen | Féron | 162 |
| 267 白 Pé | Albrand | 111 | 468 南 Nan | Banci | 87 |
| | Basset | 124 | | | | Laimbeckhoven | 28 |
| | Blanc | 162 | | | | Verbist | 118 |
| | Blettery | 132 | 498 年 Nien | Borgniet | 97 |

## Noms trouvés dans une autre édition.

| | | | | | | | |
|---|---|---|---|---|---|---|---|
| a | 祭 Tsi | Masot | p. 78 | c | 陽 Yang | Chinchon ? | 43 |
| b | 德 Té | Serrano | 74 | d | 光 Koang | de Guébriant | 104 |
| | | De Vos | 120 | | | | |

## Noms que je n'ai pu trouver.

| | | | | | | | |
|---|---|---|---|---|---|---|---|
| a | 璧 Pi | Appiani? | p. 124 | e | 貴 Koei | Volonteri (C₇) | 80 |
| b | 博 Pouo | Pottier (G₄) | 127 | f | 崇 Toan | Giulianelli | 69 |
| c | 斯 Se | Chouzy (C₇) | 106 | g | 拔 Pa | Passerini | 69 |
| d | 克 K'e | Grassi (C₇) | 59 | | | | |

### ANNEXE. Monseigneur Bürger.

M<sup>gr</sup> B. étant peu connu, même dans son Ordre, voici à son
sujet quelques extraits d'une lettre, reçue de Rome, et des archives de Zi-ka-wei. .

Nathanael B. était Franciscain.  D'abord missionaire au
Chan-si, il reçoit, en juin 1778, les lettres de la Propagande,
qui le nomment évêque de Delcon i.p.i. et Vic. Ap. de Chan-si
et Chen-si, pour succéder à M<sup>gr</sup> François-Marie Magi, de Dervio,
év. de Miletopolis, qui avait sollicité sa démission pour cause
de santé.  Il remercie, s'humilie et obéit.  Il reçoit la consécration épiscopale à Si-ngan-fou, le 18 octobre 1778, de M<sup>gr</sup> Magi
qu'il trouve rétabli et désireux de continuer le travail.  Il décide
alors de retourner à son ancienne mission du Chan-si «quæ alias
una cum alia de Tartaria ob defectum operariorum absque pas-
toris assistentia ferme relicta maneret», et il laisse à M<sup>gr</sup> Magi
l'administration du Chen-si et du Hou-koang.  Ainsi Magi est
sous-délégué, et B. croit pouvoir lui laisser tous les pouvoirs
qu'il avait précédemment.  Dans le doute il demande une confir-
mation au S. Siège (B. à la Prop. Si-ngan fou, 22 oct. 1778).

Au moment où il se faisait sacrer, depuis déjà trois mois
il était nommé à Rome coadjuteur de Nan-king (M<sup>gr</sup> de Laimbeckhoven n'avait pas demandé de coadjuteur et fut vivement
peiné qu'on eût donné à son coadjuteur les pouvoirs dont il avait
sollicité pour lui-même la rénovation), et il avait déjà un successeur désigné à son Vicariat dans la personne d'Antoine-Marie
Sacconi, d'Osimo, o. min. observ., plus tard év. de Domitiopolis
i.p.i. (Décret de la Prop. du 15 août 1778, Choix approuvé
par Pie VI, le 9 août).

Difficulté des communications, ou autre cause, le fait est
que jusqu'à sa mort, 28 août 1780, B. porta le titre de Vic. Ap.
du Chan-si et Chen-si et de coadj. *élu* de Nan-king ou de coadj.
(simpliciter).

Le 17 sept. 1779, Magi remercie la Prop. de l'avoir déchargé
du poids du Vicariat que B. commence à sentir; pour lui il n'a

que le soin de la province du Hou-koang, à lui confiée par B.,
qu'il continue à appeler son successeur.

(Lettres de Jean-Damasc. Salutti à Pie VI. Pé-king 6 sept.
1780. Lettre du même à la reine de Portugal. Pé-king 10 sept.
1780. Lettre de Fra Candido di Genova à la Prop. Canton.
28 janv. 1780. Lettre de Dollières à ?. Pé-king. 17 oct. 1780) etc.

Sacconi n'est pas nommé coadj. mais titulaire du Vicariat
de Chan-si-Chen-si.

A cette date, Mᵍʳ Jean-Damascène était nommé évêque de
Pé-king, pour mettre fin au schisme né des prétentions de Mᵍʳ
de Sylva-Pedrosa Guimaraens, évêque de Macao. Les bulles
n'arrivant pas, B. et lui crurent pouvoir les présumer et procé-
dèrent au sacre le 2 avril 1780. Ce n'était pas l'avis de Mᵍʳ de
Laimbeckhoven ni de la plupart des missionnaires de Pé-king,
non plus que celui de l'archevêque de Goa : d'où un second
schisme et la mort prématurée de Mᵍʳ Damascène. Mais la
Propagande approuva la conduite des deux prélats et blâma
l'archevêque de s'être immiscé dans une affaire qui n'était pas
de sa compétence.

Voici à ce sujet un extrait d'une lettre de François-Marie
Zen. m. a. à la Prop. Canton, 7 janv. 1781. «Il fu Mons. Bürger
arrivò in Pékino a di 22. marzo (1780)». La consécration de
J. Damascène faite «a di 26 aprile Mons. Bürger parti per Tai-
juenfu ed io al giorno seguente 27 partii per la provincia di
Xantung, chiamato da Mons. eletto Domiziopolitano nuovo missionario Apostolico delle nostre provincie di Xensi e Xansi per
gli affari suoi e del nuovo Vicariato». Et de Sacconi, le 4 avril
1780, de Xiel li Cioang au même François-Marie Zen: «non potro
andare a Xensi quest'anno per molte cause che a voce le diro».

Après la mort de B. 28 août 1780, Sacconi part de Vei-tien
(Hai-tien près Pé-king), le 16 oct. 1780; le 20, il est à T'ai-yuen
fou, où il règle la succession de B.; le 23 décembre, il arrive à
Si-ngan fou; il est sacré le 24 février 1781. Il a dù attendre
ainsi deux mois, à cause de la maladie de Mᵍʳ Magi, son consé-
crateur.　　　　　　　　　　　(Lettre du R. P. Tournier S.J.)

# APPENDICE III.

## LES CINQ RÉGIONS ETC. (CARTES).

Nous plaçons ici quelques croquis, tous dessinés à la même échelle, qui, sans aucune prétention géographique, aideront à suivre le développement de l'évangelisation depuis trois siècles.

Le Thibet, le Turkestan, les vastes déserts du nord-ouest de la Mongolie n'y figurent pas; ces régions, sauf les environs d'I-li, au fond de la Dzoungarie, ne sont pas évangélisées.

Les Chinois étendent les provinces du Tche-li et du Chan-si au-delà de la Grande muraille.  Quel que soit le sentiment des Mongols sur ce point, les Vicariats Apostoliques sont limités par la muraille ; et tout le *K'eou-wai* en fait partie.  Nous ne pouvions que suivre les limites que la Propagande adopte.  Les autres sont marquées à peu près, en pointillé.

En face de chaque croquis, quelques lignes en éclaircisent le sens.

---

### Démembrements préalables.

*Goa.*  Etabli par Paul III, 3 nov. 1534, suffragant de Funchal (Madère), puis métropole, 4 fév. 1557, et patriarcat ad honorem, 1 sept. 1886.

*Malacca.*  Erigé par la bulle *Pro excellenti eminentia* du 4 fév. 1557, pour tout l'Extrême-Orient.

*Macao.*  Erigé par la bulle *Supra specula* du 23 janv. 1576, pour la Chine, le Japon, etc.

*Funay.*  Erigé par la bulle *Hodie Sanctissimus in Christo Pater*, du 14 fév. 1588.

## I. LES VICAIRES APOSTOLIQUES EN 1659.

P. *Pallu,* Vic. Ap. du Tong-king.

«Heliopolitanus, Vicarius Apostolicus in regno Tunchini, cum administratione provinciarum Sinæ huic regno adjacentium, videlicet Junam, Quieckeu, Hucquang, Sucenen, Quangsii, et Laos a fel. rec. Alexandro...deputatus....».

Bulle : *Speculatores domus Israel* du 13 sept. 1669, bullaire S.P.F. p. 170.

On lui ajoute (ibid.) Civitatem Juthiæ (Bangkok) totum que Siami regnum.

L. *Lamotte-Lambert.*

«Beritensis Vic. Ap. Cochinchinæ, cum administratione infrascriptarum provinciarum Sinæ, videlicet: Cechiang, Fochien, Quantung, Chiamsi, Insulæ Haynan et aliarum insularum». (ibid).

C. *Cotolendi.*

"Episcopi Metellopolitani consecrati aut mox consecrandi, Vicarii Apostolici Nanchini in Sina, cum administratione provinciarum Pechin, Xansii, Xantung, Honan, Xensii, Coreæ et Tartariæ". (ibid.)

L'évêché de Macao était alors vacant.

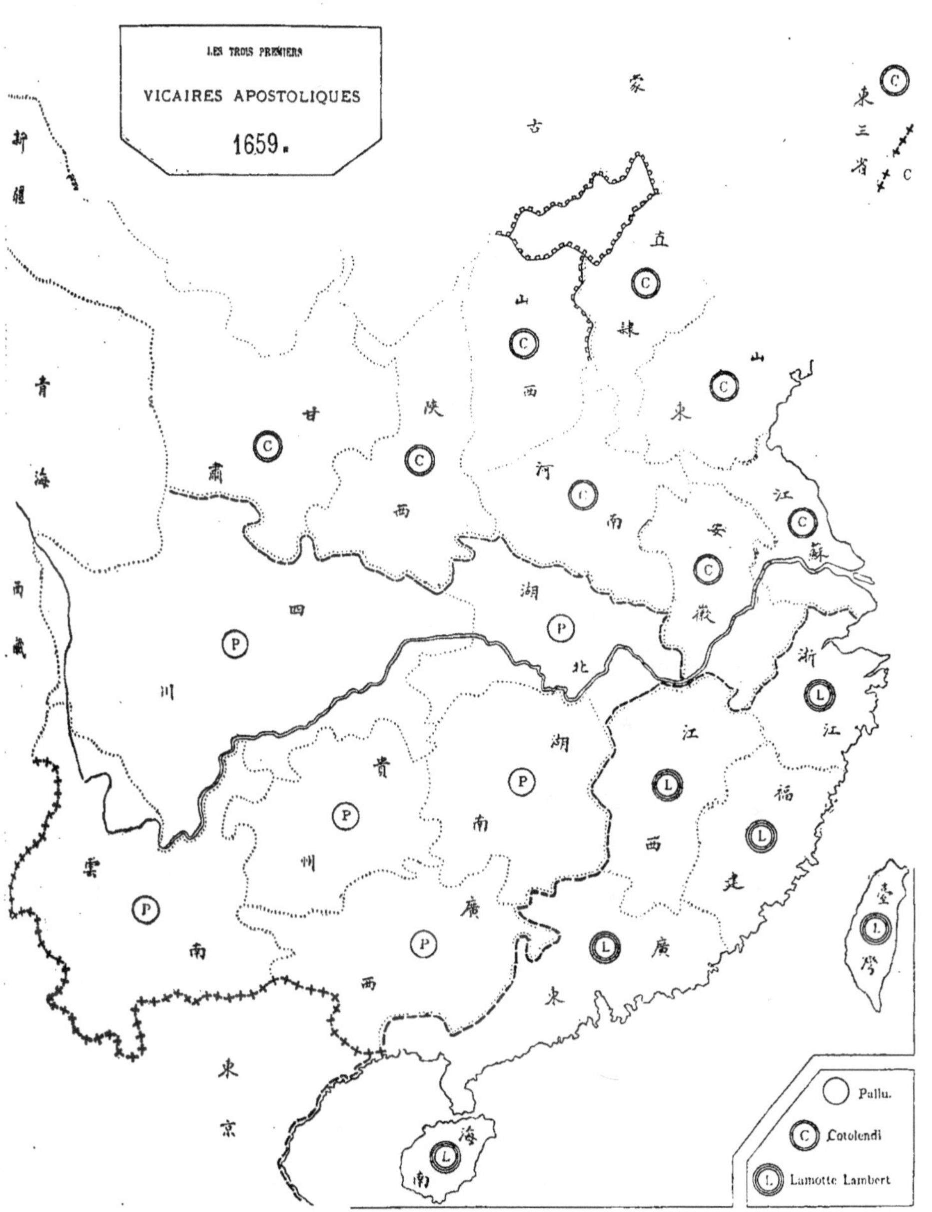
LES TROIS PREMIERS
VICAIRES APOSTOLIQUES
1659.
Pallu.
Cotolendi.
Lamotte Lambert.

## II.  LES VICAIRES APOSTOLIQUES EN 1680.

P. *Pallu.*   Vic. Ap. du Fou-kien, (brefs du 1 et du 15 avril 1680).

Administre Tché-kiang, Kiang-si, Hou-koang, Se-tch'oan, Koei-tcheou, Yun-nan, Koang-si, Koang-tong.

(Je n'ai pas vu les bulles).

L. *Lopez.*   Bulle *Super cathedram principis Apostolorum,* du 4 janv. 1674.

«Te Nanchini in Sina, cum administratione provinciarum Pechini, Xansii, Xantung, Honan, Xensii et Coreæ Vicarium Apostolicum».

La Tartarie est oubliée, car un peu plus bas lui est donnée «tota jurisdictio dicto Ignatio episcopo Metellopolitano (Cotolendi) antea attributa.»

Bullaire S. P. F. t. I. p. 218..219.

*Laneau*
*Bernardin della Chiesa*   }  Je n'ai pas vu les bulles.

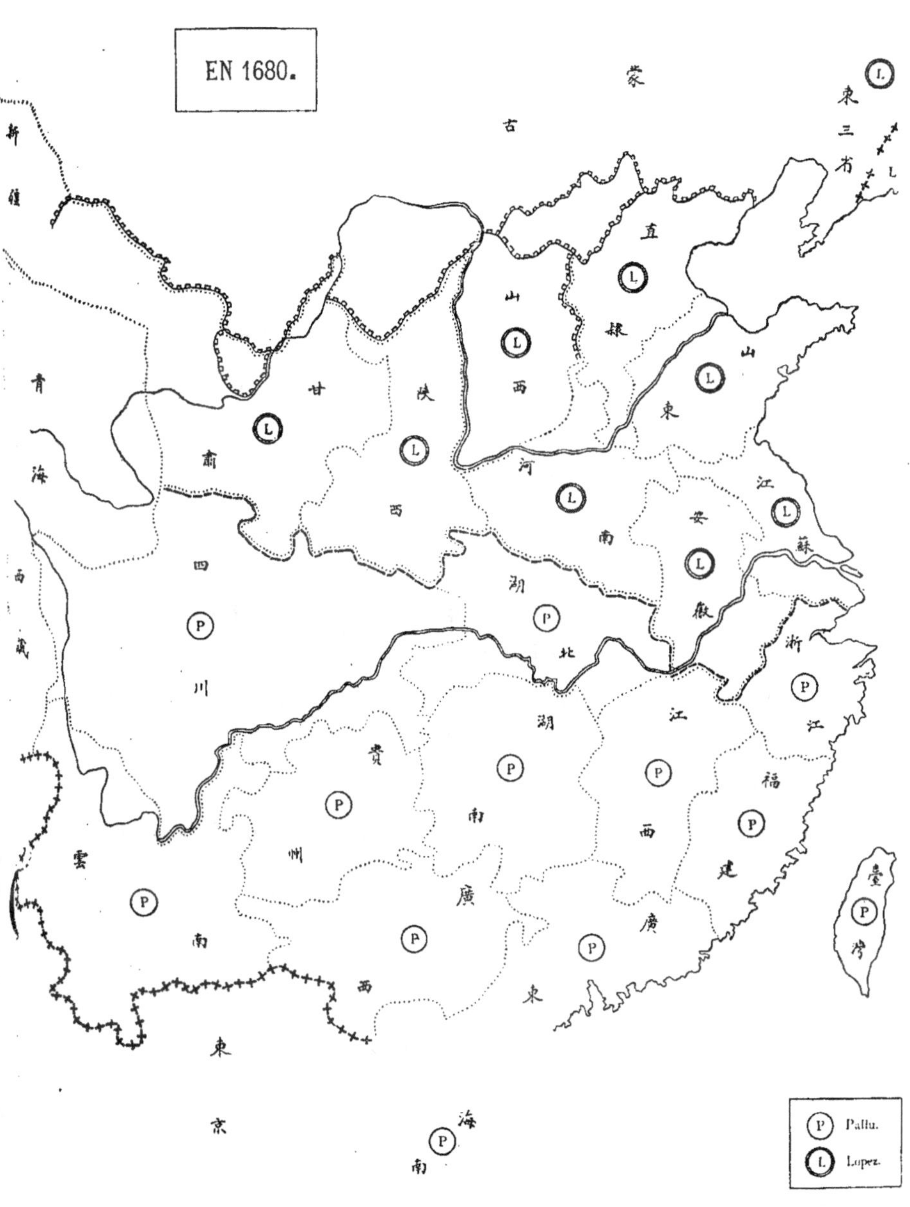
EN 1680.
蒙
古
直
隸
新
疆
山
西
山
東
青
海
甘
肅
陝
西
河
南
江
安
蘇
徽
浙
江
西
藏
四
川
湖
北
福
建
湖
南
江
西
雲
南
貴
州
廣
西
廣
東
東
京
海
南
臺
灣
東
三
省
L
P Pallu.
L Lopez.

### III.  LES TROIS ÉVÊCHÉS DU PATRONAT EN 1690.

Deux bulles d'Alexandre VIII, *Romanus Pontifex* et *Romani Pontificis* du 10 avril 1690.

| | | | |
|---|---|---|---|
| M. | *Macao* (vacant) | Koang-tong, | Tong-king. |
| | | Koang-si, | |
| N. | *Nan-king* | Kiang-nan, | Hou-koang, |
| | | Ho-nan?, | Yun-nan, |
| | | Kiang-si, | Koei-tcheou, |
| | | Tché-kiang, | Se-tch'oan. |
| | | Fou-kien, | |
| P. | *Pé-king* | Pé-king c.-à-d. Tche-li, | Chen-si, |
| | | Ho-nan?, | Liao-tong, |
| | | Chan-tong, | Corée, |
| | | Chan-si, | Tartarie. |

Je n'ai pas vu les textes; ce serait cependant nécessaire pour lever le doute relatif au Ho-nan.  A partir de 1696, cette province dépend de Nan-king.

N. B.  Il est clair que le Chen-si est supposé comprendre le Kan-sou.  Voir p. 95.

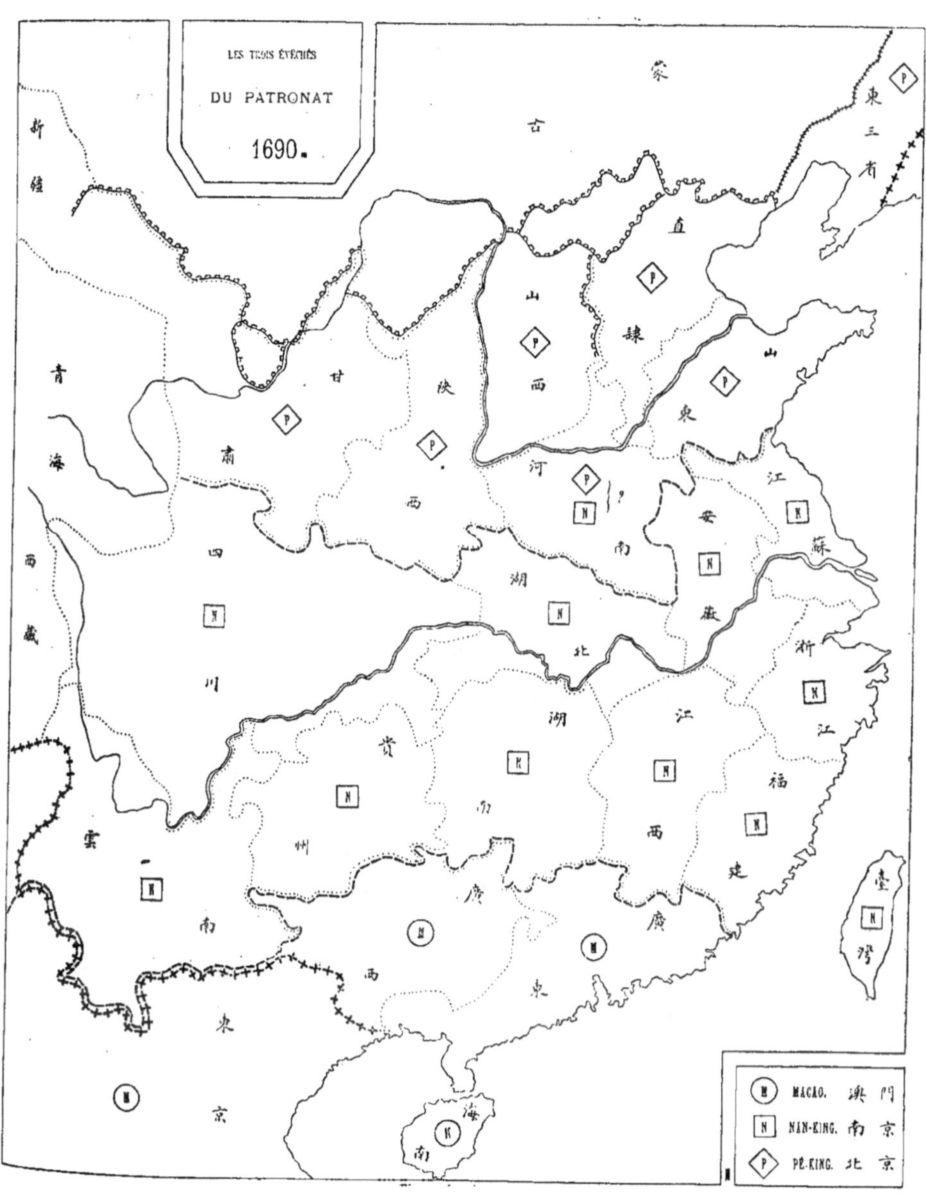
LES TROIS ÉVÊCHÉS
DU PATRONAT
1690.
M    MACAO.    澳門
N    NAN-KING.    南京
P    PÉ-KING.    北京

## IV. DIVISION DE 1696.

Bref d'Innocent XII *E sublimi sedis* du 15 octobre 1696.

M.    *Macao.*    Koang-tong,    Koang-si,    Iles adjacentes.

Le bref *Ex commissæ nobis*, du 23 oct. 1696 sépare le Tong-king.

N.    *Nan-king.*  Kiang-nan,    Ho-nan.

P.    *Pé-king.*   Tche-li,      Corée,

Chan-tong,    Tartaric.

Liao-tong,

Chan-si (Posateri. 1702).

Chen-si avec le Kan-sou sans doute. (Basile. 1696).

Hou-koang (Leonessa. 1697).

Tché-kiang (Alcala. 1697).

Kiang-si (Benavente. 1696).

Koei-tcheou. (Turcotti. 1701).

Fou-kien (Maigrot. 1696).

Se-tch'oan (de Lyonne. 1696).

Yun-nan (Leblanc. 1696).

Chan-si et Chen-si bientôt réunis, jusqu'en 1844.

Tché-kiang et Kiang-si unis au Fou-kien. 1718-1838.

Hou-koang uni au Koei-tcheou, puis au Chen-si. 1762-1838.

Koei-tcheou uni au Yun-nan 1708, puis au Se-tch'oan jusqu'en 1846.

Yun-nan uni au Se-tch'oan. 1781-1840.

Tché-kiang et Kiang-si unis. 1838-1846.

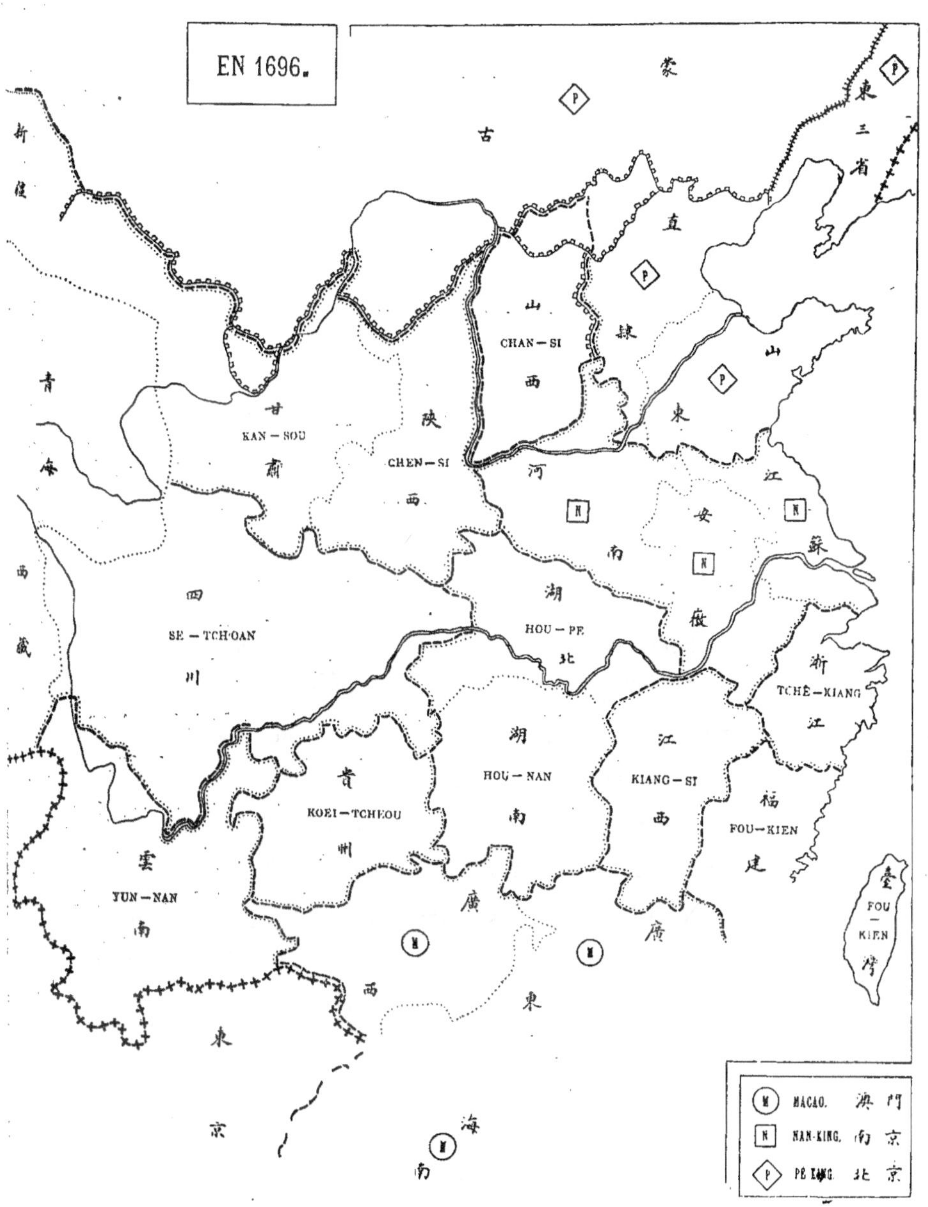
EN 1696.
P
蒙
古
東
三
省
P
直
隸
山
西
CHAN-SI
山
東
P
浙
隴
青
海
甘
肅
KAN-SOU
陝
西
CHEN-SI
河
南
安
N
N
江
蘇
西
藏
四
川
SE-TCH'OAN
湖
北
HOU-PE
浙
江
TCHÉ-KIANG
雲
南
YUN-NAN
貴
州
KOEI-TCHEOU
湖
南
HOU-NAN
江
西
KIANG-SI
福
建
FOU-KIEN
臺
灣
FOU-KIEN
M
廣
西
廣
東
M
海
南
京
M
MACAO. 澳門
NAN-KING. 南京
PÉ KING. 北京

## V.  LA HIÉRARCHIE EN 1846-1856.

### Evêchés.

1576.  M.  *Macao.*

1690.  N.  *Nan-king.*

1690.  P.  *Pé-king.*

### Vicariats Apostoliques.

| | | |
|---|---|---|
| 1696. | Chen-si. | 1840. Yun-nan. |
| | Fou-kien, | Mongolie. |
| | Se-tch'oan. | 1841. Hong-kong (Préfecture). |
| 1831. | Corée. | 1844. Chan-si. |
| 1838. | Hou-koang. | Ho-nan. |
| | Mandchourie. | 1846. Kiang-si. |
| | Tché-kiang. | Koei-tcheou. |
| 1839. | Chan-tong. | Lhassa (Thibet). |

Pé-king et Nan-king n'ont plus que des administrateurs apostoliques.  Ajouter le Japon, séparé de la Corée en 1846.

Les chiffres sont la date de l'érection.  Cependant nous les avons parfois mis un peu arbitrairement, par exemple en admettant qu'en 1844 c'est le Chan-si qui a été séparé du Chen-si, parce que Mgr Alphonse a gardé le Chen-si lors de la division.

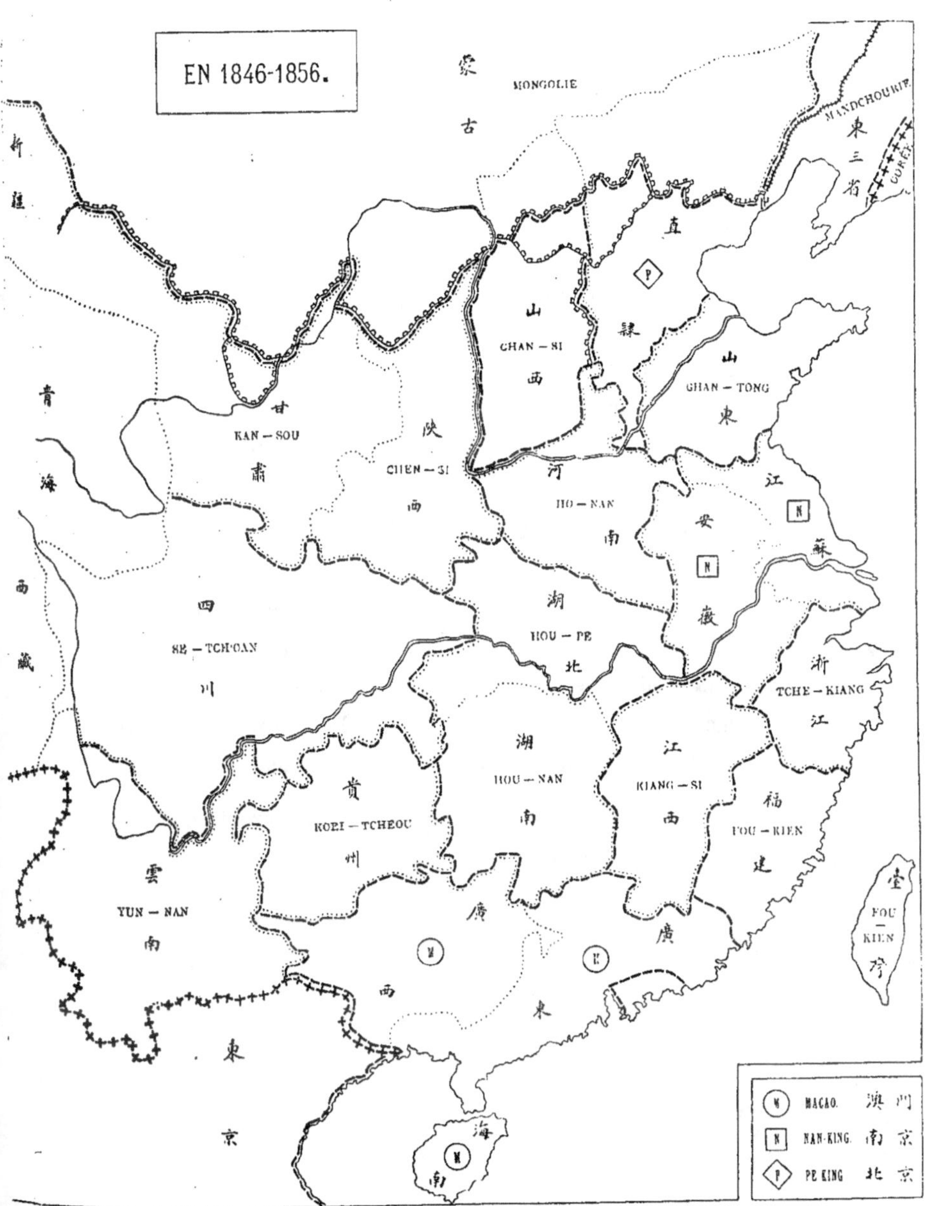
EN 1846-1856.
MONGOLIE
MANDCHOURIE
CORÉE
CHAN — SI
KAN — SOU
CHEN — SI
HO — NAN
CHAN — TONG
SE — TCH'OAN
HOU — PE
TCHE — KIANG
HOU — NAN
KIANG — SI
FOU — KIEN
KOEI — TCHEOU
YUN — NAN
FOU — KIEN
MACAO.
NAN-KING.
PE-KING
P
N
N
M
P

## VI.  LA HIÉRARCHIE EN 1880.

| Avant 1856. | Après 1856. |
|---|---|
| 1576. Macao. | 1856. Tche-li septentrional. |
| 1696. Chen-si. | Tche-li occidental. |
| Fou-kien. | Tche-li S. E. |
| Se-tch'oan occidental | Kiang-nan. |
| 1838. Hou-pé oriental. | Se-tch'oan oriental. |
| Mandchourie. | Hou-nan méridional. |
| Tché-kiang. | 1857. Thibet (de nouveau). |
| 1839. Chan-tong. | 1858. Koang-tong (Préfecture). |
| 1840. Yun-nan. | 1860. Se-tch'oan méridional. |
| Mongolie (première fois). | 1870. Hou-pé N. W. |
| 1341. Hong-kong. | Hou-pé S. W. |
| 1844. Chan-si. | 1874. Mongolie (de nouveau). |
| Ho-nan. | 1875. Koang-si (Préfecture). |
| 1846. Kiang-si septentrional. | 1878. Kan-sou. |
| Koei-tcheou. | 1879. Kiang-si méridional. |
| Thibet (première fois). | Hou-nan septentrional. |

N. B.  Les chiffres indiquent les dates d'érection.

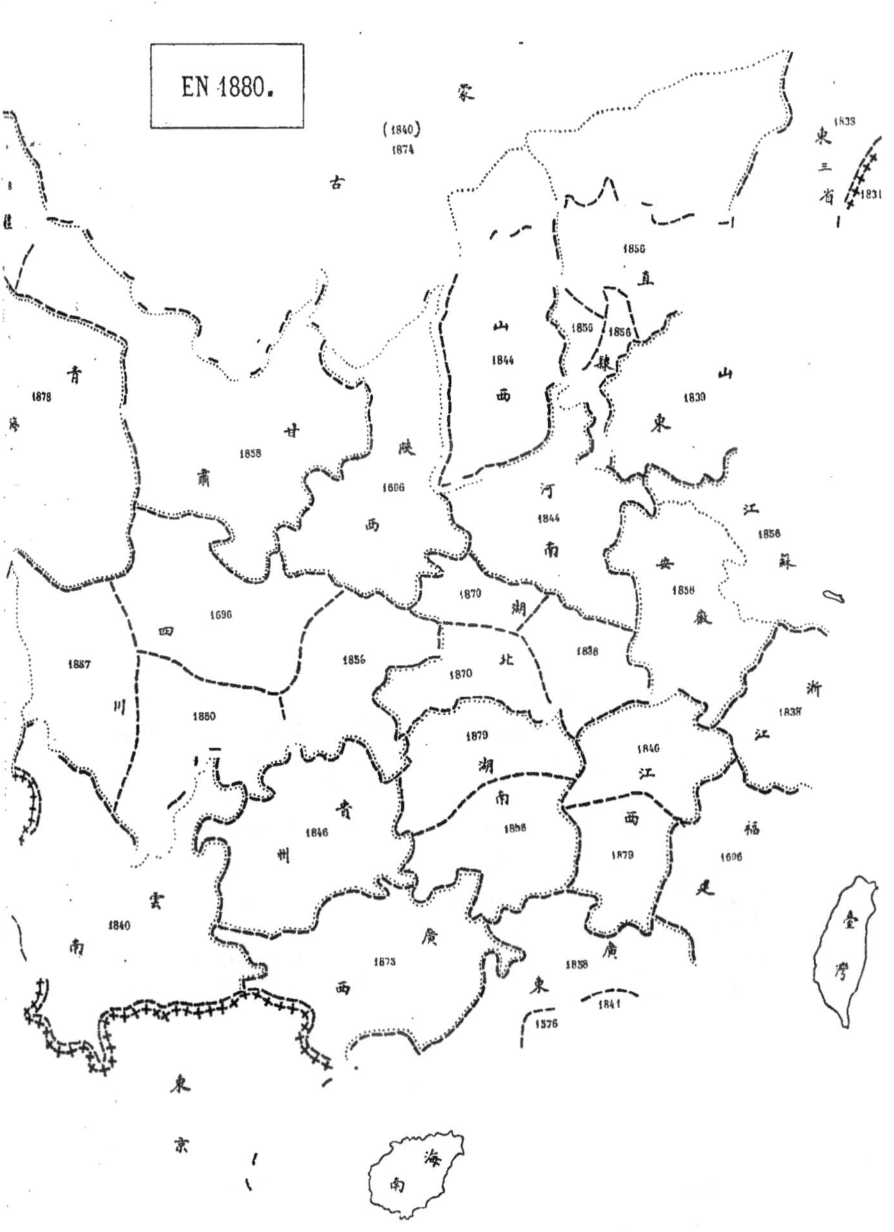
EN 1880.
東三省
古
直
隸
山東
山西
陝西
甘肅
河南
江蘇
安徽
青海
四川
湖北
浙江
湖南
江西
福建
貴州
雲南
廣西
廣東
臺灣
海南
東京

## VII. LA HIÉRARCHIE EN 1913.

| | | | |
|---|---|---|---|
| 1576. | Macao. | | Hou-pé S. W. |
| 1696. | Chen-si central. | 1874. | Mongolie centrale. |
| | Fou-kien. | 1875. | Koang-si (Préf.). |
| | Se-tch'oan occidental. | 1878. | Kan-sou septentrional. |
| 1831. | Corée. | 1879. | Hou-nan septentrional. |
| 1838. | Hou-pé oriental. | | Kiang-si méridional. |
| | Mandchourie méridionale. | 1882. | Ho-nan septentrional. |
| | Tché-kiang oriental. | 1883. | Amoy. |
| 1839. | Chan-tong septentrional. | | Mongolie orientale. |
| 1840. | Yun-nan. | | Mongolie occidentale. |
| | Mongolie (première fois). | 1885. | Chan-tong méridional. |
| 1841. | Hong-kong. | | Kiang-si oriental. |
| 1844. | Chan-si septentrional. | 1887. | Chen-si méridional. |
| | Ho-nan méridional. | 1888. | Ili (mission). |
| 1846. | Kiang-si septentrional. | 1890. | Chan-si méridional. |
| | Koei-tcheou. | 1894. | Chan-tong oriental. |
| | Thibet (première fois). | 1898. | Mandchourie septentr. |
| 1856. | Tche-li septentrional. | 1899. | Tche-li oriental. |
| | Tche-li occidental. | 1905. | Kan-sou méridional(Préf) |
| | Tche-li S. E. | 1906. | Ho-nan occidental (Préf.). |
| | Kiang-nan. | 1910. | Kien-tchang. |
| | Se-tch'oan oriental. | | Tche-li central. |
| | Hou-nan méridional. | | Tché-kiang occidental. |
| 1857. | Thibet (de nouveau). | 1911. | Tai-kou. |
| 1858. | Koang-tong (Préf.). | | Chen-si septentrional. |
| 1860. | Se-tch'oan méridional. | 1912. | Tche-li maritime. |
| 1870. | Hou-pé N. W. | 1913. | Formose (Préf.). |

Nous mettons ici les noms tels qu'ils sont employés actuellement, et non à l'époque de l'érection, v. g. Chen-si central.

Tai-kou est hors de la carte.

Le date 1878 devrait être gravée au Kan-sou plutôt qu'au K'ou-k'ou-noor.

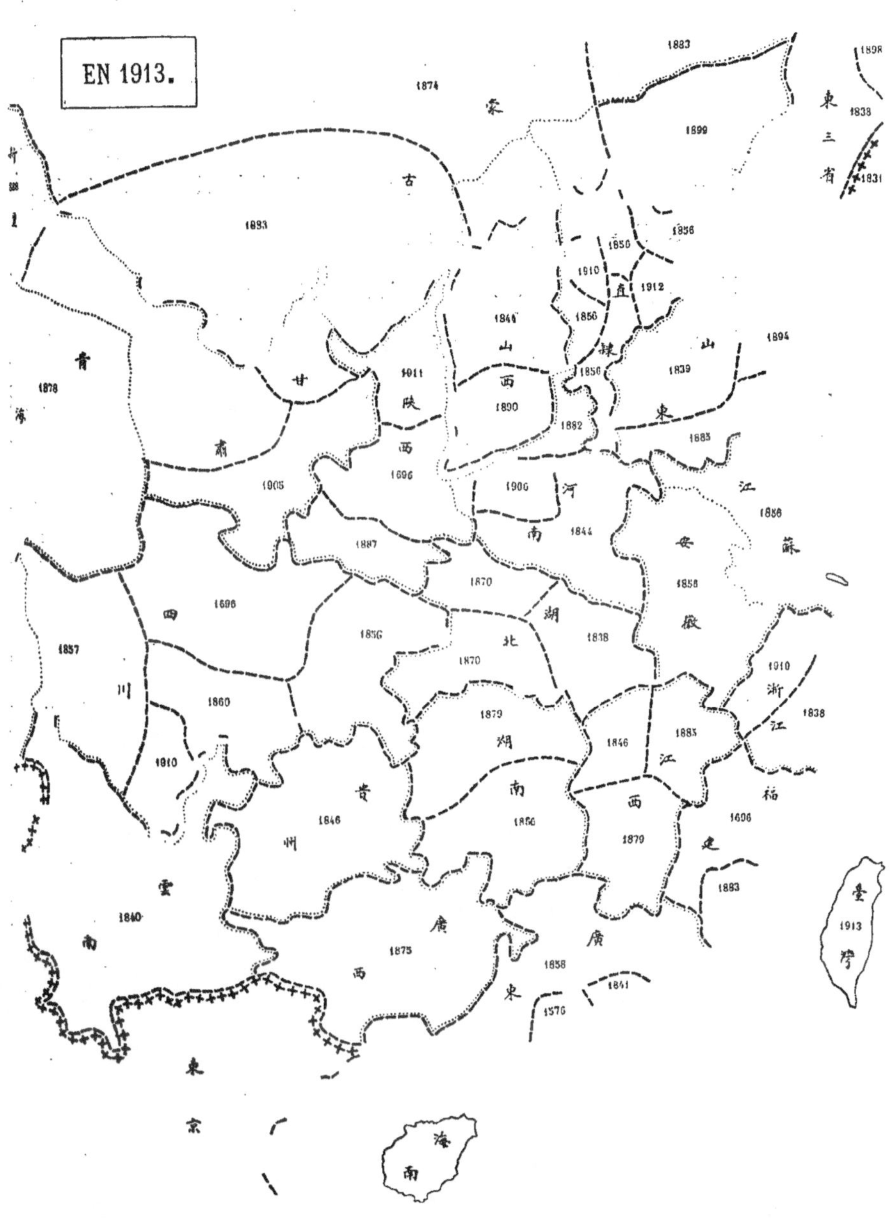
EN 1913.
東三省
東
蒙
古
青海
甘肅
陝西
山西
直隸
山東
河南
安徽
江蘇
四川
湖北
湖南
江西
浙江
福建
貴州
雲南
廣西
廣東
東京
海南
臺灣

## VIII.  LES CINQ RÉGIONS SYNODALES.

Voir le texte (p. 235) pour la Corée et le Turkestan, ainsi que pour le Ho-nan septentrional.

Macao se rattache à la cinquième région, p. 234.

Le Thibet est de la quatrième.

Formose est de la cinquième.   Voir p. 235.

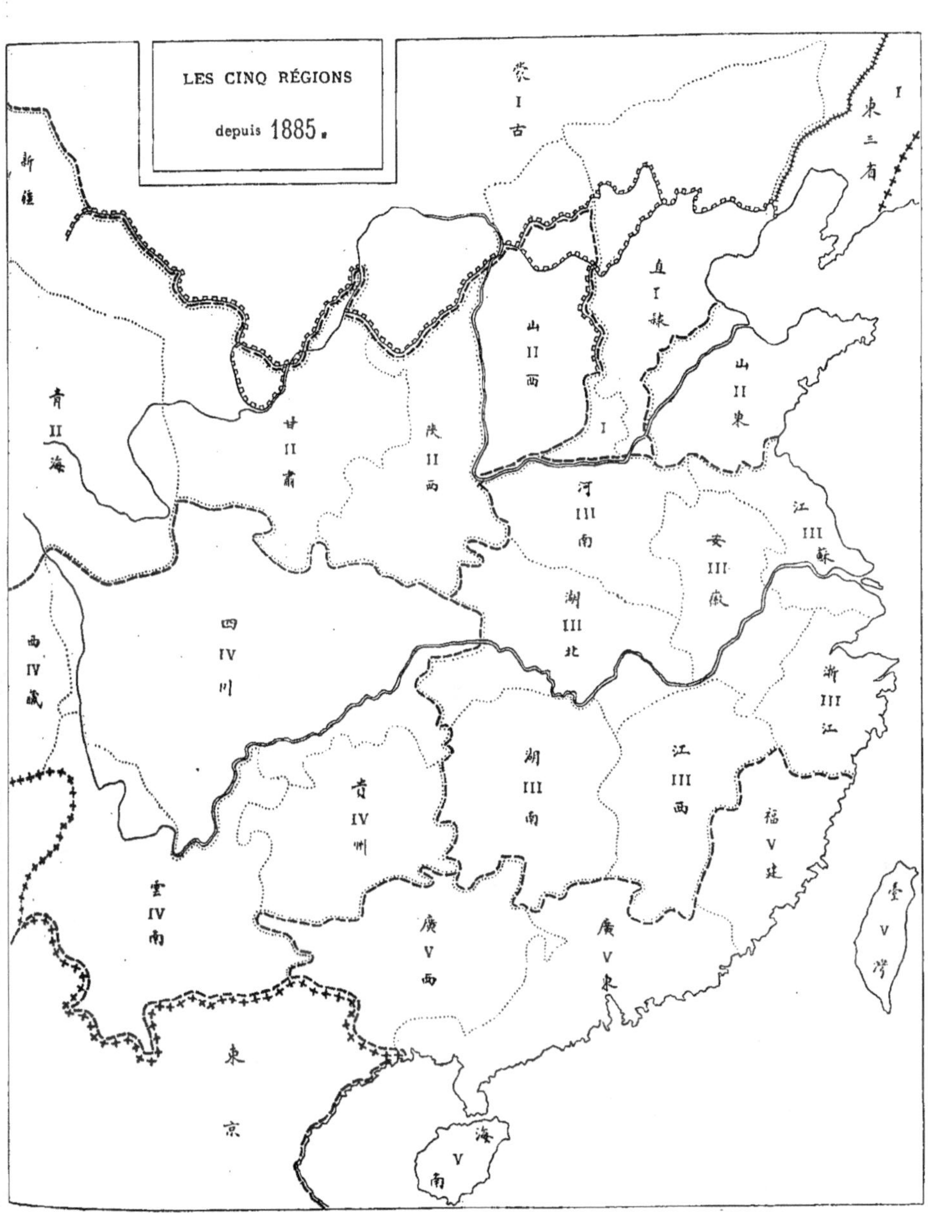

LES CINQ RÉGIONS
depuis 1885.
新疆
青海 II
甘肅 II
陝西 II
山西 II
蒙古 I
直隸 I
山東 II
東三省 I
河南 III
安徽 III
江蘇 III
西藏 IV
四川 IV
湖北 III
浙江 III
雲南 IV
貴州 IV
湖南 III
江西 III
福建 V
臺灣 V
東京
廣西 V
廣東 V
海南 V

# APPENDICE IV.

## BIBLIOGRAPHIE.

Presque tous nos chiffres auraient dû être appuyés d'une référence. Pour simplifier, tous les noms de la table bibliographique sont désignés par une initiale et un numéro d'ordre. X signifie *collection* et Y *anonyme*.

Les renvois sont en outre abrégés. Ainsi $A_1$ veut dire: le renseignement est emprunté à "Missions dominicaines", lieu facile à trouver. $G_2$. t. III. p. 453 renvoie à "Memorie". t. III. p. 453.

Plusieurs citations ne veulent pas dire que la date de l'auteur indiqué ait été adoptée, mais qu'elle a été examinée. Bien d'autres ont été discutées, qui ne sont pas notées ici.

### A.  Par noms d'auteurs.

$A_1$. *André-Marie.* Missions dominicaines dans l'Extrême-Orient, par le R. P. Fr. André-Marie, de l'Ordre des Frères Prêcheurs, de la Province de l'Immaculée Conception. 2 volumes in 8°. p. XXXII. 449. 480. Paris. Librairie chrétienne de Bauchu et $C^{ie}$. 1865.

Le 2ᵉ volume contient une liste des Vicaires Apostoliques du Fou-kien: elle est incomplète. Plusieurs dates dans l'ouvrage sont inexactes ou même incohérentes.

$A_2$. *G. Antonelli.* Un martire di Cina. Il B. Giovanni da Triora, Frate minore. In 8°. Rome. 1900. p. XV. 272.

$A_3$. *Arias.* Il Beato Sanz y companeros martires del orden de Predicatores, por el P. Fr. Evaristo Fernandez Arias. Manila. 1893. in 8°. p. IX. 802. XXVII.

A$_4$. *Almeida*. P. Emmanuelis d'Almeida, S. J. Historia Æthiopiæ. Libro IV. dans : Rerum Æthiopicarum scriptores occidentales inediti... curante C. Beccari S. J. Vol. V. p. 332-501.

B$_1$. *Bartoli*. Dell' Historia della Compagnia di Giesu. Il Giappone. Rome. 1660. 2 vol. in 4°. p. 839. 507.

B$_2$. *Battandier*. Annuaire pontifical catholique par M$^{gr}$ Albert Battandier. Paris. Maison de la Bonne Presse. in 12. Toute la collection de 1898 à 1913.

B$_3$. *Becker*. Le Révérend Père Joseph Gonnet, de la Compagnie de Jésus, par le Père Emile Becker, de la même Compagnie. 2$^e$ édition. Ho-kien fu. 1907. in 8°. p. XIV. 347.

B$_4$. R.P. *J. Brucker*. S.J. Notes et correspondance privée.

C$_1$. *Casanova*. Compendium historicum provinciæ franciscanæ S. Gregorii Magni Philippinarum, auctore R. P. Fr. Gabriele Casanova.... Matriti. 1908. in 12. p. 157. Ex typographia Filiæ Gomez. Fuentenebro.

C$_2$. *Castaing*. Vie de M$^{gr}$ Faurie, membre de la Société des Missions Etrangères, vic. ap. du Kouy-tcheou, par l'abbé J. H. Castaing, chan. hon. de Bordeaux. Paris. Lecoffre. 1884. in 8°. p. 674.

C$_3$. *Charlevoix*. Histoire et description générale du Japon, par le P. de Charlevoix, de la Compagnie de Jésus. Paris. 1736. 2 vol. in 4°.

C$_4$. *Cienfuegos*. P. Fr. Cayetano Garcia Cienfuegos. Reseña historica de la vida y martirio de los VV. Sres Sanz y Serrano y PP. Alcover, Royo y Diaz, de la orden de predicatores. Madrid. 1893. in 12. p. 363.

C$_5$. *Civezza*. Histoire universelle des Missions franciscaines, d'après le T. R. P. Marcellin de Civezza. M. O. de la province de Gênes, ouvrage traduit de l'italien et disposé sur un plan nouveau par le P. Victor-Bernardin, de Rouen, O. F. M. de la province de France. Paris. Tolra. 1899. 4 vol. in 8°. p. 405. 400. 304. 345.

Nous citons le volume II. Malheureusement les fautes d'impression sont assez nombreuses. Nous n'avons pas eu accès à l'ouvrage italien original ni aux autres livres de l'auteur.

$C_6$. *Colombel* S. J. Histoire de la Mission du Kiang-nan. Ouvrage in 8°, lithographié à T'ou-sè-wè, près de Zi-ka-wei, et qui n'est pas dans le commerce. Nous avons surtout consulté la 2ᵉ partie. p. 947. XIII. et la 3ᵉ partie. p. 1008. XVI. 1479. III. 635. IV.

$C_7$. *Cordier.* Renseignements fournis par M.H. Cordier.

$C_8$. *Cordier.* Bibliotheca sinica. 2ᵉ édition. Guilmoto. Surtout tome II. fascicules 1 et 2. p. 695 au mot Religion.

$D_1$. *Dallet.* Histoire de l'Eglise de Corée, par Ch. Dallet, Missionnaire Apostolique, de la Société des Missions Etrangères. Paris. Victor Palmé. 1874. in 8°. tome II. p. 595.

$D_2$. *Delplace.* Le catholicisme au Japon. S. François Xavier et ses premiers successeurs. 1540-93. par L. Delplace S.J. Malines. 1908. Imprimerie H. Dierickx-Beke. in 8°. p. 282. L'ère des martyrs. 1593-1660. Bruxelles. 1910. Librairie Albert Dewit. in 8°. p. 278.

$D_3$. *Deveria.* Notes d'épigraphie Mongole-chinoise. in Journal Asiatique. 1896. in 8° p. 411.

$D_4$. *Dunin Szpot.* Historia Sinarum. Pars II. Manuscrit. La copie qui est à Zi-ka-wei a 1369 pages in folio. L'ouvrage va de 1641 à 1687 en 2 cahiers. Voir $S_5$.

$F_1$. *Fernandes* Relação dos bispos de Macau por Gabriel Fernandes. S. S. G. L. bacharel formado em direito. Boletim da Sociedade de geographia de Lisboa. n° 2. 6ᵃ serie. 1886.

Nous n'en avons vu qu'une réimpression partielle qu'en a donnée Boletim do Governo ecclesiastico da diocese de Macau. mai 1909 et mois suivants. Cette réimpression est enrichie de longues notes par le rédacteur du Boletim. Elle s'arrête à 1642.

$F_2$. *Ferrando.* Historia de los PP. Dominicos en las islas Filipinas y en sus missiones del Japon, China, Tung-kin y Formosa, que comprende li sucesos principales de la historia general de este archipielago, deste o discubrimiento y conquista de estas islas per las flotas hispañolas, hasta el año de 1840.

Obra original è inedita del M.R.P.Fr. Juan Ferrando, rector y cancelario que fue de la Universidad de Santo Tomas de Manila y corregida, variada y refundida en su plan, en sus formas y en su estilo por el M.R.P.Fr. Joaquin Fonseca, profesor de teologia, y vice-rector de la misma Universidad, con un apendice hasta nuestros dias. Se imprime por ordem del M. R. P. Provincial Fr. Pedro Payo, con las licencias necesarias. Madrid. 1871. Imprenta y esterreotipia de M. Rivadeneyra. calle del Duque de Osuna. numero 3. 6 vol. in 8° p. XII. 751. 621. 797. 750. 634 et 204.

**F₃.** *Franco.* Annus gloriosus Societatis Jesu in Lusitania, complectens sacras memorias illustrium virorum qui virtutibus, sudoribus, sanguine, fidem, Lusitaniam et Societatem Jesu in Asia, Africa, America ac Europa felicissime exornarunt, succincta narratione congestas a R. P. Antonio Franco, ejusdem Societatis theologo. Viennæ Austriæ. 1720. in 4' p. VIII. 780.22.

**F₄.** *Favier.* Pé-king. Histoire et description par Alph. Favier. Pé-king. 1897. Imprimerie des Lazaristes. in 4°. Edition illustrée.

**G₁.** *Gams.* Series episcoporum Ecclesiæ catholicæ quotquot innotuerunt, a Beato Petro Apostolo. A multis adjutus edidit P. Pius Bonifacius Gams, O. S. B. Ratisbonæ. typis et sumptibus Georgii Josephi Manz. 1873. in 4°. p. XXIV. 963. Appendice jusqu'au 20 février 1885. Item 1886. p. IV. 148.

**G₂.** *Gentili.* Memorie di un missionario domenicano nella Cina, per Fra Tommaso Maria Gentili, dei Predicatori, vescovo di Dionisia. Roma. Tipografia poliglotta della S. Congregazione di prop. fide. 1887 et 1888. 3. vol. in 8°. p. VIII. 414. 443. 468.

**G₃.** *Gourdon.* Acta reverendissimorum Vicariorum Apostolicorum missionis Se-tchouan collecta et notis adornata, opera F. M. J. Gourdon, missionarii apostolici e societate missionum ad exteros. Cha-p'in-pa. Typis missionis Se-tchouan orientalis. 1901. in 8°. p. VI. 273.

G₄. *Gourdon.* Beati martyres provinciæ Se-tchouan in Sinis. 1815-1823 Auctore F. M. J. Gourdon, missionario apostolico e Societate Missionum ad exteros. Cha-p'in-pa. Typis missionis Se-tchouan orientalis. 1901. in 8°. p. II. 105.

G₅. *de Guilhermy.* Ménologe de la Compagnie de Jésus, par le P. Elesban de Guilhermy. Paris. Schneider. 1867-1905. in 4°.

G₆. *Guiot.* La mission du Su-tchuen au XVIIIᵉ siècle. Vie et apostolat de Mᵍʳ Pottier, son fondateur, évêque d'Agathopolis, Vic. Ap. en Chine, membre de la Société des Missions Etrangères de Paris. Paris. Téqui. 1892. in 8°. p. XX. 521.

L₁. *Launay.* Atlas des Missions de la Société des Missions Etrangères. Lille. Desclée. 1890. in f°. 27 cartes et 27 notices.

L₂ *Launay.* Histoire générale de la Société des Missions Etrangères. Paris. Téqui. 1894. 3. vol. in 8°. p. IX. 595. 594 et 646.

L₃. *Launay.* Monseigneur Vérolles et la mission de Mandchourie, par M. Adrien Launay. Paris. Téqui. 1895. in 8°. p. 446.

L₄. *Launay.* 'La mission du Koang si. Paris. Téqui. 1903. in 8°. p. VII. 447.

L₅. *Launay.* Journal d'André Ly, prêtre chinois, missionnaire et notaire apostolique. 1746-1763. Texte latin. Introduction par 'Adrien Launay. Paris. Picard. 1906. in 8°. p. XXIV. 705.

[Il y a à distinguer les faits *récents* portés au journal, et les faits *anciens* répétés de mémoire. Ce n'est pas un journal intime, mais un diarium destiné aux supérieurs du Père Ly.]

L₆. *Launay.* La mission du Koei-tcheou. Sans nom d'éditeur. 1907. 3 volumes in 8°. p. XXXIX. 545. 619. 534.

L₇. *Launay.* Histoire de la mission du Thibet. Desclées, Debrower. sans date. 2 vol. in 8°. p. VIII. 470. 440.

L₈. *Launay.* La Corée et les Missionnaires Français. Tours. Mame. sans date. grand in 8°. p. 368. Introduction par M. Charles Dallet. Le livre s'arrête en 1898.

L₉. *Leboucq.* Monseigneur Edouard Dubar, de la Compagnie de Jésus, évêque de Canathe, et la mission du Tche-ly Sud-Est en Chine. Par le R.P. Dom François-Xavier Leboucq, de l'Ordre des Chartreux, ancien missionnaire. Paris. Wattelier et Cⁱᵉ. in 8°. p. XIV. 491. sans date: 1880.

L₁₀. *Luquet.* Lettres à Mᵍʳ l'évêque de Langres, sur la Congrégation des Missions Etrangères, par J. F. O. Luquet, prêtre. Paris. Gaume. 1842. in 8°. p. XXXIV. 584. En appendice, catalogue des missionnaires de cette Congrégation.

[Œuvre de jeunesse. Voir p. 554. note].

L₁₁. Laurent *Li* S.J. 拳禍記. Zi-ka-wei. 8°, 3 volumes. 1905. 1909. p. 296. 436. 522.

M₁. *Marin.* Mᵍʳ Midon, évêque d'Osaka, par l'abbé Marin. Paris. Lethielleux. 1901. in 8°. p. XV. 360.

√ M₂. *Marnas.* La religion de Jésus (Jaso-ia-kyo) résuscitée au Japon dans la seconde moitié du XIXᵉ siècle. Par Francisque Marnas, missionnaire apostolique. Paris. Delhomme et Briguet. 2 vol. in 8°. Sans date (1896). p. XXIV. 645. 572.

M₃. *Marques Pereira.* Ephemerides commemorativas da historia de Macau et das relaçãoes da China com os povos christiãos, por A. Marques Pereira. Macau. José da Silva, editor. 1868, in 8°. p. XII. 136.

M₄. *Maurice.* Correspondance privée avec Mᵍʳ Gabriel Maurice, vic. ap. du Chen-si Central.

M₅. *Montalto.* Historic Macao, by C.A. Montalto de Jesus. Hong-kong. Kelly & Walsh. 1902. in 8°. p. II. VI. 358.

ᵛ M₆. *Mutel* Correspondance privée avec Mᵍʳ Mutel, Vic. Ap. de Corée.

M₇. *Mariotti.* Un cenno dell' antica missione franciscana in Cina e di quattro missionarii marchigiani dei tempi recenti, pel P. Candido Mariotti. O. F. M. Quaracci. 1911. in 16. p. VI. 96. (Mᵍʳ Sacconi).

M₈. *Migne.* Encyclopédie catholique. tome 28. Géographie sacrée et ecclésiastique. 1848. in 4°. 1204 colonnes.

O$_1$. *Oliveira*. Compendio da vita do Exc$^{mo}$ e R$^{mo}$ Senhor D. Eusebio Luciano Carvalho Gomes da Silva, bispo de Nan-kin...... par Nicolao Pedro de Oliveira. Lisbonne. 1792. in 8°. p. 162 plus la préface. Portrait. Cité par Gams p. 127. Dédié à M$^{gr}$ Marcellin-Joseph da Silva, év. de Macao.

O$_2$. *Orlandini*. Historiæ Societatis Jesu prima pars, auctore Nicolao Orlandino. Romæ. MDCXV. in 4°. p. 578 plus l'index.

P$_1$. *Pages*. Histoire de la religion chrétienne au Japon, depuis 1598 jusqu'à 1651, comprenant les faits relatifs aux 205 martyrs béatifiés le 7 juillet 1867. par Léon Pagès. Paris. Douniol. 1869. in 8°. première partie, p. 884. deuxième partie (annexes) p. 462.

P$_2$. *Pfister*. Notices biographiques et bibliographiques de tous les membres de la C$^{ie}$ de Jésus qui ont vécu en Chine pour y prêcher l'évangile, depuis la mort de S. François-Xavier jus-qu'à la suppression de la C$^{ie}$, par le R. P. Louis Pfister, de la même Compagnie. Chang-hai. 1868-1875. lithographié. in 8°. p. XIII. 1157. XX. [N'est pas dans le commerce.]

P$_3$. *Pfister-Sica*. Catalogus Patrum ac Fratrum S. J. qui a mórte S. Francisci Xaverii ad annum MDCCCXCII evangelio Christi prædicando in Sinis adlaboraverunt. Chang-hai. 1892. in 8°. p. X. 52. IV. 38. X. La seconde partie a été étendue jusqu'en 1908 et enrichie d'appendices par le P. Dugout S. J. Chang-hai. 31 déc. 1908. p. VI. 127.

P$_4$. *Pierre*. Histoire de la vie et des œuvres de M$^{gr}$ H. A. Languillat, S. J. év. de Sergiopolis, vic. ap. de Nan-king, par l'abbé Pierre. Belfort. Paul Pélot, 1892. 2 vol. in 8°. p. 505. 483.

P$_5$. *Pray*. Georgii Pray. Historia controversiarum de ritibus sinicis, ab earum origine ad finem compendio deducta, præcedente epistola ad Benedictum Cetto. Pestini Budæ ac Cassoviæ in bibliopolio Strohmayeriano. 1789. in 8°. p. XXXII. 251.

[Le ton est passionné. Il y a des erreurs, v. g. p. 5. note 53, mais aussi pas mal de citations et documents.]

P$_6$.  *Paiva.*  Visconde de Paiva Manso.  Bullarium Patro-natus Portugalliæ Regum.

P$_7$.  *Paez.*  P. Petri Paez S. J. Historia Æthiopiae.  Lib. III.  Edité dans Rerum Æthiopicarum scriptores occidentales inediti... Curante O. Beccari S. J.  Rome. 1906.

R$_1$.  *Giovanni Ricci.* O. F. M.  Le avventure di un missio-nario in Cina.  Memorie di Mons. Luigi Moccagatta, O. F. M.
Modena.  Typ. pontificia... 1909. in 16. p. 300.

S$_1$.  *de la Servière.*  Histoire de la Mission du Kiang-nan. 1840-1898. par le P. J. de la Servière S. J.  Zi-ka-wei. sous-presse.  2 volumes in 8°.

S$_2$.  *Sommervogel.* Bibliothèque de la Compagnie de Jésus. 10 volumes in f° à 2 colonnes.  Paris. Picard. 1890-1909.

S$_3$.  *Sousa.*  Oriente conquistado a Jesu Christo pelos Padrès da Companhia de Jesus da Provincia de Goa, pelo P. Francisco de Sousa.  Lisboa. 1710. 2 vol. in 4°. p. 895. 620.

S$_4$.  *Steichen.*  Les daimyo chrétiens, ou un siècle de l'histoire religieuse et politique du Japon.  1549-1650. par M. Steichen. M. A.  Hong-kong. 1904. in 8°. p. X. 454.

S$_5$.  *Szpot Dunin.*  Collectanea historiae Sinensis ab a. 1641 ad 1700.  Il y a une copie a Zi-ka-wei qui va de 1641 à 1687 (Voir D$_4$).  Cf. S$_2$. t. VII. col. 1793.

S$_6$.  *Sica.*  De vita RR. DD. Adriani Languillat, e Societate Jesu, episcopi Sergiopolitani, vicarii apostolici Nankinensis, commentariolum P. Aloysii Sica ejusdem soc

Roehampton, e typographia Manresana. 1880. in 8°. p. 40.

S$_7$.  *Stephanus Zi.*  Parva rerum sinensium adumbratio scholasticis ad Sinas recens appulsis accommodata, auctore Stephano *Siu.*  Chang-hai, ex autographia missionis catholicae in orphanotrophio T'ou-chan-wan.  1879. lith. in 8°. p. 68.

S$_8$.  *Saroglia.*  Vita del Venerabile P. Antonio Rubino, da Strambino, della Compagnia di Gesu... del Canonico Gio. Saroglia.  Trente. 1894. in 16. p. 64.

---

## B.  Collections.

$X_1$.  *Acta Apostolicæ Sedis*. Commentarium officiale. Romæ. Typis polyglottis Vaticanis. in 4°. 1909 et années suivantes.

$X_2$.  *Analecta ecclesiastica* e fontibus authenticis deprompta, seu collectanea et commentaria de iis quæ apud S. Sedem et in curia Romana aguntur.  Romæ.  Via S. Luigi dei Francesi, 5. in f°.  Les trois premières années, 1893. 1894. 1895, avaient un sous-titre français.

$X_3$.  *Annales de la Propagation de la Foi*. Lyon. in 12. De 1825 à 1913.

$X_4$.  *Annuario Pontificio*.  1870. Roma. tipografia della R. C. A.  Aussi le volume de 1867.  On n'a pas ici la collection complète.

$X_5$.  *Archives de Zi-ka-wei*.

$X_6$.  *Benedicti XIV Bullarium*. Prati. 1845. tomes 1.2.3.4. in 4°. dans Opera omnia.

$X_7$.  *Bullarium Pontificium S.C. de Propaganda Fide*. Romæ. 1839. in 4°. vol. I.

$X_8$.  *Société des Missions Etrangères.  Compte-rendu* des travaux de l'année. in 8°.  1885-88. 1890-96. 1905-12.

$X_9$.  La *Gerarchia cattolica,* la capella e la famiglia pontificie. Roma. tipografia vaticana. in 12.  1873. 1878. 1879. 1882-87. 1895. 1899. 1900.

$X_{10}$.  *Lettres édifiantes et curieuses...* Edition de M. L. Aimé Martin.  Paris.  Paul Daffis. 1877. in 4°. Tomes 3 et 4. Edition de Lyon. 1819. in 12. Tomes 9. et 10.

[Il peut se faire que les renvois à une édition se rapportent à l'autre, car souvent on ne les a pas bien distinguées.]

$X_{11}$.  *Lettres* des scolastiques *de Laval.*  Lith. 1850 à 1880. in 4°.

$X_{12}$.  *Lettres* des scolastiques *de Jersey.* Bruges. Desclées, De Brouwer et C$^{ie}$. in 8°. Depuis 1882.

$X_{13}$.  *Litteræ annuæ* Provinciæ Franciæ Societatis Jesu. Divers éditeurs. in 4°. 1840 à 1903.

$X_{14}$. *Nouvelles lettres édifiantes* des missions de la Chine...
Paris. Adrien Le Clère. 1818-1823. 8 volumes in 12.

$X_{15}$. *Les Missions catholiques.* Bulletin hebdomadaire de
l'œuvre de la Propagation de la Foi. Lyon. in 4°. De 1868 à 1913.

$X_{16}$. *Missions en Chine et au Congo.* Annales de la Société
du Cœur Immaculé de Marie. Sans nom d'éditeur. Depuis
1889, in 4°, puis à partir de 1901, in 12.

$X_{17}$. *Missiones catholicæ* cura S. Congregationis de Propaganda Fide descriptæ. Romæ e typographia polyglotta S. C. de
Propaganda Fide. in 16. Années 1886 1887. 1889. 1890. 1891.
1895. 1898. 1901. L'année 1909, in 8. p. XXII. 932. (51).

$X_{18}$. *Annales de la Société des Missions Etrangères* et de
l'Œuvre des partants. Paris. in 8°. 1899-1913.

$X_{19}$. *Boletim* do Governo ecclesiastico da diocese de Macau.
Macao. Typographia do orphanato da Immaculada Conceição.
Mensuel, in 8°.

$X_{20}$. *Les Missionnaires de Scheut.* Leurs missions et leurs
œuvres. Bruxelles. Bulens. 1911. in 8°. p. 102.

---

## C. Anonymes.

$Y_1$. Notice sur *M*^gr *François-Adrien Rouger,* évêque titulaire
de Cissame, vicaire apostolique du Kiang-si méridional, décédé
à Paris à la maison-mère, le 31 mars 1887. Paris. Retaux-
Bray. 1889. in 12. p. 209. Sans nom d'auteur (un Lazariste).

$Y_2$. *Relazione del martirio* de Padri F. Pietro Martire *Sanz,*
vescovo Mauricastrense. F. Francesco *Serrano,* eletto vescovo
Tipasitano.... in Roma. MDCCLII. in 8° p. 483.

Sans nom d'auteur. Contient l'allocution consistoriale de
Benoît XIV, 16 sept. 1748, sur la mort du B$^x$ Sanz, la lettre
encyclique de F. Antonin Brémond, Général des Dominicains,
l'allocution de Benoit XIV, 24 janvier 1752, sur la mort du B$^x$
Serrano, et une deuxième encyclique du Maître Général.

$Y_3$. *Die Missions genossenschaft von Steyl.*
Steyl. 1900. Imprimerie de la Mission. in 16. p. 607.

Y$_4$. *Memoria* sobre a diocese *de Macau,* pelos missionarios da mesma diocese. Macau. Impresso na typographia do Seminario. 1896. in 4°. p. 26.

Y$_5$. *Historia de la Provincia del Santo Rosario de Filipinas.* 4 volumes in 8°. Manille. 1692. 1693. 1742. 1783.

Voir A$_1$. t. I. p. XI.

Y$_6$. *Catalogue* des membres de la Congrégation *des Missions Etrangères* de Paris actuellement existants. 1 juillet 1862.

Lith. in 8° p. 56.

[On a aussi consulté le catalogue que contient chaque année l'*Ordo* de la même congrégation: année 1895 et de 1902 à 1914].

Y$_7$. *Decreta quinque synodorum* jussu S. Pontificis Leonis XIII in Sinis habitarum, anno 1880, a S. Cong. de Propaganda Fide approbata.

Sans date ni nom d'éditeur (1884?) in 8°. p. IV. 87. VIII. Et aussi les actes de plusieurs des synodes suivants.

Y$_9$. *Catalogue* des Prêtres, Clercs et Frères de la Congrégation de la Mission, qui ont travaillé en Chine depuis 1697.

Pékin. Imprimerie des Lazaristes. 1911. in 8°. p. 64.

*NOTE.* Bien que nous citions plusieurs fois le *Mémorial de la Société des Missions Etrangères de Paris,* nouvellement édité par M. Adrien Launay, nous n'avons pas eu la bonne fortune de le voir, pas même la première édition de Hong-kong, 1888. Nul doute qu'on n'y trouve la rectification de plusieurs de nos chiffres.

## SUPPLÉMENT ET RECTIFICATIONS.

Pendant l'impression il a été possible de soumettre presque toutes les *bonnes feuilles* à NN. SS. les Vicaires Apostoliques et à quelques amis. La plupart ont trouvé dans leur charité le temps de nous envoyer des rectifications, suggérées par une lecture forcément un peu hâtive ; plusieurs nous disent ne rien avoir trouvé à reprendre.

Ces indications feront le présent supplément, qui suit simplement l'ordre des pages et des numéros de l'ouvrage. Son étendue ne peut qu'ajouter, croyons-nous, à la valeur de notre modeste recueil.

Nous profiterons de cette occasion pour remercier LL. GG. de la nouvelle collaboration dont Elles ont bien voulu honorer notre effort en cette circonstance.

Beaucoup de ces rectifications gagneraient à être rapportées au crayon dans le corps même du livre.

### Remarques générales.

1) On a plusieurs fois imprimé *conclave* pour *consistoire,* *bulles* pour *brefs,* et autres fautes sans conséquence, qui n'ont pas été relevées.

2) On a traduit ordinairement par *publié* la formule : *Annunzia la provista de...* employée pour les évêques dont la nomination dépend de la Propagande et qui diffère de celle de la Congrégation Consistoriale. Quelques uns auraient préféré partout le mot «préconisé». Pout-être en réalité faudrait-il une autre formule, par exemple : *nommé par bref du... ;* car la confusion est facile entre le jour où la S. C. a fait son choix, celui où le S. P. l'a approuvé, et la date des brefs. Mais il arrive souvent que nous ignorions la date des brefs.

## Liste des rectifications.

p. 9. n. 3, 4.   Au moment où nous imprimons, $X_{19}$. 1914. p. 183-189, publie une note qui démontre l'identité de Jean Pinto et de Jean de la Piété.   On y cite $F_2$ p. 591. $S_3$, etc. mais non Van-Gulick-Eubel.   *Pinto* devait être son nom de famille et *de la Piété* son nom de religion.   Voir p. 236, fin.

p. 12. 1.   Voir Appendice 1. n. 2. p. 179, au bas.

p. 14. n. 10.   $Y_9$ n. 40, dit: Né en 1777; entré à la Mission en 1793 ; arrivé en Chine en 1802 ; mort le 29 mars 1845.

p. 14. n. 11.   Né à Arnoia, commune de Certã, Portugal, le 18 déc. 1804.   Arrivé à Macao au mois de mai 1834 ($Y_9$ n. 70 a : 1825).   Nommé coadj. avec succession, 10 nov. 1843. Confirmé avec le titre d'Altobosco, le 17 juin 1844.   Gouverna le diocèse depuis 1845.   Sacré, déc. 1847.   Retourna en Portugal, 1857.   Démissionna, 1859.   Mort à Campo Maïor, Portalègre, 5 mai 1862 ($Y_9$ a 5 mai 1865).   $X_{19}$. 1913 p. 78.

p. 31. n. 14.   $Y_9$ n. 35. a : né 1763. $X_{19}$ p. 78 a : confirmé 29 août 1804.

Mgr Pires aurait obtenu, le 17 octobre 1826, la permission de quitter Pé-king ; mais son âge et ses maladies ne le lui permirent pas ($X_{19}$. 1914. p. 191).

p. 32. A.   M. Henriques entra dans la Congrégation en 1826, arriva en Chine en 1832, rentra en Europe en 1841, et mourut à Bemfica, le 19 nov. 1901 ($Y_9$. 8?).

p. 33. C.   Lorsqu'on écrit que M. Joseph-Joachim Pereira de Miranda fut vicaire général de Nan-king, il n'est pas certain qu'il n'y ait pas confusion avec un M. Joseph Pireira de Miranda, dont parle $Y_9$ au n° 69.   Portugais, lui aussi, il serait venu en Chine en 1825, aurait été vicaire général de Nan-king et serait mort à Nan-king, le 1 nov. 1828, ou, m'écrit-on, 1829.   Et «à Nan-king» ne veut-il pas dire «au Kiang-nan» ?

Le P. Colombel, p. 905, parle aussi d'un «P. Mi 密 (Miranda), originaire de Nan-king, ou au moins du Kiang-nan, qui mourut aux environs de Chang-hai, à Mong-tsié 網尖, en 1828.»

A Mong-tsié, se trouve la pierre tombale d'un P. Mi, qui ne peut être que le même. L'inscription a été par malheur refaite en 1896, d'après une vieille pierre qui n'était pas en bon état, et qu'on a recherchée en vain. On y dit que Joseph Mi 米, Portugais, fut environ une demi-année missionnaire à Mong-tsié. Il est mort la 3ᵉ année de Tao-koang, 1823.

Il parait clair que ces trois personnages sont le même, avec des variantes qui n'ont pu être éclaircies, faute de documents écrits. Remarquons qu'un scribe a pu assez facilement écrire 8 pour 3, mais que sur une pierre il est difficile de graver 三 pour 八. De même le caractère 米, nom rare ici, devait être sur l'ancienne pierre, et n'a pas été inventé en 1896.

p. 34. n. 17. D'après S₉. p. 22, il aurait été sacré le 7 septembre et non le 11. On n'arrive pas à vérifier.

Spelta était missionnaire au Kiang-nan depuis 1845.

Il partit, le 7 avril 1856, pour Hong-kong, où il reçut sa nomination de Vic. Ap. du Hou-pé. Il repassa à Zi-ka-wei en juin 1859, se rendant à Rome. En revenant, avec le titre de Visiteur, il fit la visite canonique du Kiang-nan, 30 juillet 1860, du Tché-kiang et du Kiang-si, puis rejoignit son Vicariat. Il ne parait pas avoir visité d'autre mission.

p. 38. n. 7. Arrivé en Chine en 1804 (Y₉. 45).

p. 39. n. 8'. 1828. Lisez 1818.

Comme nous l'avons écrit p. 31. Mᵍʳ Pires ne fut administrateur qu'en 1827. Nous aurions donc dû mettre 8' avant 8.

Voici le détail, tel qu'il est exposé dans X₁₉. 1914. p. 190-192. Mᵍʳ da Serra, évêque nommé, mais non confirmé, continua à gouverner le diocèse comme vicaire général nommé par l'évêque défunt. Il fut exilé de Pé-king, par décret du 12 octobre 1826, y resta encore quelques mois et n'arriva à Macao qu'en 1827. L'évêque de Nan-king, seul survivant des missionnaires Européens, puisque M. Ribeiro, leur unique compagnon, était mort le 14 oct. 1826, devint alors administrateur de Pé-king.

On ne voit pas d'allusion alors à la règle d'après laquelle l'évêque le plus voisin (Nan-king) était administrateur de droit.

Voir plus haut p. 37. n. 4. 5'. 6. Soit que cette règle eût été modifiée, soit à cause du grand âge de Mgr Pires et de M. Ribeiro, il est clair qu'il n'y eut aucune difficulté entre les trois vénérables Lazaristes.

p. 39. n. 8'. Arrivé en Chine en 1803 ($X_{19}$. p. 77. dit : 1804), M. Monteiro da Serra rentra en Europe en 1830 ($Y_9$. 41). Son nom chinois était 高 守 謙.

p. 41. n. 3. *Gothard de Ste Marie et Ildefonse de la Nativité* étaient Carmes chaussés. Ils arrivèrent à Pé-king en octobre 1725. $G_2$. t. II ch. 15. Ils n'obtinrent que la délivrance de MM. Appiani et Guigue.

*Remarque.* Nous ne parlons ici que des légations des premières années du 18ème siècle. On trouve dans un article de M. Deveria (Journal asiatique, 1896. p. 424) mention de François de Podio, Catalan, envoyé comme légat apostolique en 1371 avec douze compagnons.

Il y a eu aussi des missions moins solennelles. Voir p. 69. 1.

p. 57. n. 2. Mgr de Moretta était né le 7 octobre 1813 ; il prit l'habit à 17 ans, dans la province de S. Thomas au Piémont.

Il fut élu par décret du 2 mars 1844, jour où fut décrétée la division du Vicariat (Acta Ordinis Minorum. Ann. X. 1891) (Voir p. 56. note); sacré par Mgr de Donato, à Sin-li-tsun, 1 juin 1845 (R.P. Ricci). Après ce sacre, Mgr Alphonse se rendit au Chen-si. Mgr de M. gouverna le Chan-si jusqu'en 1861, retourna alors en Italie, assista au Concile du Vatican et mourut au couvent de Saluzzo, le 9 janvier 1891.

Ce que dit la Gerarchia de 1870 est inexact.

(Du R. P. Ricci).

p. 57. n. 3. Morbida. Lisez Bormida.

p. 59. au-bas. 性. Lisez 姓.

p. 60. n. 6. sacré le 24 août, jour de S. Barthélemy.

p. 60. n. 8. Le nom de Mgr Massi est : 希 賢 ou peut-être 郗賢. Le premier caractère n'est pas dans le Pe-kia-sing chou.

p. 62. n. 3. Ajoutez : arrivé au Chan-tong le 18 oct. 1849; sacré le 5 février 1865. Ainsi dans la relation de Mgr Cosi, du

20 mars 1880.   Archives de Tsi-nan fou.   La date de la préconisation est donc probablement inexacte.

Quand Mgr Moccagatta alla au Chan-si, en 1862, comme Visiteur Apostolique, il emmena le P. Cosi.   Le Chan-tong fut confié au P. Annibal Fantoni.   Mgr Cosi n'eut la charge du Vicariat qu'après son sacre, quand Mgr Moccagatta revint au Chan-si.

Le jour exact de sa mort est-bien le 12 janvier 1885.

Mgr Giesen a eu la bonté de nous envoyer l'inscription funéraire, ainsi que celles de Mgr Geremia et de Mgr de Marchi. Malheureusement les notices étaient déjà imprimées.

p. 63. n. 4.   Ajoutez : né le 30 mai 1843 ; arrivé à Tsi-nan fou, le 3 juillet 1871 ; sacré, le 1 novembre 1885 ; succède, le 12 janvier 1885 ; mort, à Tsi-nan fou, le 29 décembre 1888. Geremia était bien son nom de famille.

(Archives de Tsi-nan fou).

p. 64. n. 2.   Wenden. Lisez Menden.

p. 65.   Les 4 sous-préfectures cédées en 1898 sont:

| Kiao tcheou | 膠州 | Tsi-mé | 卽墨 |
| Kao-mi | 高密 | Tchou-tch'eng | 諸城 |

*Rem.*   Nous écrivons Tsi-mé, d'après notre habitude de nous conformer autant que possible à la romanisation du P. Zottoli.   La Poste, suivant probablement la prononciation locale, écrit Tsimo.

p. 66. n. 1.   A la mort de Mgr Salvetti, bien que la division du Vicariat ait été décidée en mars 1844, le coadjuteur, Mgr Alphonse, resta au Chan-si, jusqu'au sacre de Mgr de Moretta, 1 juin 1845 ; après quoi il partit pour le Chen-si (R. P. Ricci).

p. 69.   Historique.

Division formelle: 28 juin 1887.

Approbation pontificale : 30 juin 1887.

Décret formel: 2 août 1887.

Cession: 15 décembre 1887.

p. 69. n. 1.   Le nom est 崇良, ou du moins Mgr Passerini nous dit d'effacer 王.

p. 70. Titre. Catalogne. Lisez: Biscaye. «Anno 1913, S. C. Prop. Fid. commendavit Vicariatum Shensi septentrionalis curae almae provinciae Cantabriæ in Hispania.»

p. 71. n. 2. 1625. Lisez: août 1626. Il fut baptisé le 31 août, à l'église $S^t$ Saturnin ($X_{18}$ 1913. p. 3).

Son tombeau a été ouvert le 5 août 1912 et ses restes ont été transportés à Hong-kong ($X_{18}$. ibid. p. 3-17). Cet article contient des photographies du tombeau. D'après la pierre tumulaire, peut-être moderne, mais qui devait reproduire l'ancienne (ibid. p. 12), son nom était 方.

p. 73. n. 4. Né février 1647. Lisez 26 mars 1647 ($O_3$. 242).

p. 73. n. 4'. $M^{gr}$ Aguirre ne pense pas non plus que le R. P. Matheu fût *évêque* coadjuteur. Nous omettons donc sa notice ($O_3$. p. 319).

p. 74. n. 5. Parti de Cadix, 17 sept. 1712. Arrivé à Veracruz, 3 décembre, et à Mexico au commencement de janvier 1713. Se rembarqua à Acapulco, le 5 avril, et arriva à Manille à la fin d'août ($O_3$. 317)

p. 74. n. 6. Né à Llanes, dioc. d'Oviédo, vers 1691. Vicaire provincial Sacré évêque d'Evarie, le 10 mai 1739. Mort, 28 nov. 1743. Enterré à Mo-yang ($O_3$. 338).

p. 74. n. 7. Profès, 23 avril 1714; parti, 15 juil. 1725 ($O_3$).

p. 75 n. 8. Né, 3 déc. 1706. Arrivé à Rome, 5 mai 1753. Reçoit sa nomination de Vic. Ap. le 11 juillet. Sacré par le $C^{al}$ Joachim Portocarreno, le 5 août. Arrivé à Macao, le 2 juillet 1756 ($O_3$. 376).

p. 75. n. 9. Bref du 15 février le nommant év. de Milta. Bref du 17 le nommant Vicaire Apostolique. Sacré à Manille le 28 octobre 1790. Parti de Macao en juillet 1792 ($O_3$).

p. 76. n. 10. Mort à Tinteu, Fou-ngan hien, à 90 ans d'âge, 58 de mission et 46 d'épiscopat ($O_3$).

p. 76. n. 11. Né, 20 déc. 1775. Entré au couvent de Barcelone, 13 mars 1792. Sacré, 1 octobre 1820 ($M^{gr}$ Aguirre).

p. 76. n. 12.   Seserra.   Lisez : Saserra (M^gr Aguirre).

p. 77. n. 14.   Sacré, 8 sept. 1851.   Mort, 12 déc. 187?
(O_3. 768).

p. 77. n. 16.   né 1828. (G_2 III. 23); entré au couvent, ?
février (G_2 III. 31); mort à Quercia, le 31 août 1888 (O_3).

p. 78. n. 17.   né à Alfes, province de Lerida (O_3).

p. 79. n. 2.   Le nom chinois donné ici est tiré de Y_9. 125.

p. 80. n. 4.   安西滿.

p. 80. n. 6.   Ajoutez : ordonné prêtre, le 4 août 1895.

p. 83. 84.   Les renseignements fournis par le R. P. Spada
ont été tirés des archives du Vicariat.

p. 84. n. 6.   Effacez : 羅.

Vallesiana.   Lisez : Alzano Maggiore.

p. 84. n. 7.   Ajoutez : né à Paderno d'Adda, dioc. de Milan,
le 22 décembre 1861; envoyé à Hong-kong, le 9 novembre 1885.

p. 89. n. 1.   Né à Yurre Vizcaya en 1837.

· p. 89. n. 2   *Nicolas Guadilla,* né à Pedrosa del Principe,
Burgos, le 3 décembre 1847.

p. 89. n. 3.   Né à Mieres del Camino, Asturies, le 31
octobre 1852.

p. 91. n. 2.   Le 15 septembre 1861 semble plutôt être la
date de son sacre par M^gr Spelta (S_9 p. 186).

p. 91. n. 4.   Effacez 6 sept.

p. 92. n. 2.   Mieux : Dalceggio.

p. 95.   Historique.   21 mai 1878.   Lire 21 juin.

La dernière phrase de cet historique (l. 16) n'est pas bien
claire: on peut l'omettre.   Le K'ou-k'ou-noor, qui dépend du
délégué chinois, Ts'ing-tch'ai, de Si-ning, est une contrée très
peu peuplée et qui s'étend fort loin à l'ouest et au sud.   Les
lettres de juridiction du Révérendissime P. Préfet ne font pas
mention du territoire Thibétain, qui partout à l'ouest touche aux
Préfectures civiles à lui confiées.

La fin du bref *Compertum habemus* du 21 juin 1878, est
difficile à comprendre, à moins peut-être qu'on ne lise *occidentali
occidentem* pour *orientali, orientem.*

p. 99. n. 3. Il résida à Kan-tcheou, ville du Kiang-si méridional.

p. 101. ll 13. missionnaire en Mongolie. Ajoutez : et provicaire à l'arrivée des premiers missionnaires de Scheut.

(de M<sup>gr</sup> Van Aertselaer).

p. 102. n. 1. Préfet. Lisez : Provicaire.

p. 103. n. 2. Ajoutez : Aumônier militaire : campagne de 1900 (21 septembre 1900-16 août 1901).

p. 104. l. 1. Kien-tch'ang 建昌 : nom vulgaire du Chang-tch'oan nan 上川南, intendance dont le tao-tai réside à Ya-tcheou fou.

p. 105. n. 5. Lisez: pro-préfet du Koang-tong.

p. 106. n. 7. Au ming-teou, substituez 於道.

p. 106. n. 8. Ajoutez : pro-préfet de M<sup>gr</sup> Chouzy, de M<sup>gr</sup> Lavest, et de M<sup>gr</sup> Ducœur. Mort à Nan-ning, le 16 juin 1913.

p. 106. n. 9. A ce nom, fourni par C₇, substituez: 司立修.

p. 110. l. 3. 27 mars 1846. On écrit que le décret pontifical est daté du 13 août 1846.

p. 112. n. 19. 22 déc. 1850. Lisez: 21 déc. 1850.

p. 113. n. 20. 1 nov. 1820. Lisez : 29 octobre.
1886. Lisez 1880. Basilinopolitan. est le vrai mot.
Pe-ko-hou. Lisez Pe-ko-chou.

p. 113. n. 21. Toronœus. Lisez Toronensis.

p. 113. n. 22. Menaissaire. Lisez : Menessaire.
bulles. Lisez: brefs.

p. 114. Préfectures. Ajoutez: sauf aussi Leao-yuen tcheou.

p. 114. n. 1. 4 nov. Lisez : 2 nov.
Ajoutez : Les limites n'ont pas été changées depuis 1883. En 1907, la Mission de Mandchourie méridionale a rétrocédé le terrain qu'elle avait occupé en dehors de ses limites.

p. 114. n. 2. *Maxime-Paul Brulley de la Brunière*, d'une famille noble de Versailles.

p. 115. n. 4. Lisez : *Constant*; nommé, le 23 mai 1879; sacré, le 9 novembre 1879.

36

p. 115. n. 5. Lisez: nommé le 13 avril 1886 ; préconisé le 10 juin.

p. 115. n. 6. né, 15 décembre 1848; parti, 3 juillet 1872.

p. 115. n. 7. nommé le 28 décembre ; préconisé au consistoire secret du 30 déc. Voir aussi $L_{11}$ t. II. p. 169-182.

p. 115. n. 8. né à Grésy-sur-Aix, 4 décembre 1854; nommé le 21 février 1901, préconisé au consistoire secret du 18 avril.

p. 117. Historique. Fonda. En ce sens que M. Sué, le Pé-t'ang ayant été démoli par l'empereur en 1826, se transporta alors avec quelques élèves du séminaire au Nan-t'ang, puis à Suen-hoa fou et enfin à Si-wan-tse, où il trouva déjà un gros noyau de chrétiens. Si-wan-tse devint alors son centre.

M. Sué ou Shué, né en 1781, entra dans la Congrégation de la Mission en 1805, devint supérieur de la mission quand il n'y eut plus de missionnaire européen et mourut à Suen-hoa fou, le 29 novembre 1860 ($Y_9$ p. 6).

7 septembre 1864. Lisez: par décret du 1 septembre 1864.

1874. Voir p. 118. n. 6 et le supplément à la p. 205.

21 déc. 1883. Lisez: 11 déc. Ainsi m'écrit Mgr Van Aertselaer, le document sous les yeux. $X_{17}$ a par 3 fois : per decretum die 21 decembris datum. De même la notice $X_{20}$. par 3 fois. Cette date est-elle inconciliable avec celle que me donnent NN. SS. Van Aertselaer et Abels?

p. 118. n. 2. Kou-li-tou. Lisez: K'ou-li-t'ou ou même K'ou-liou-t'ou. C'est un nom mongol.

p. 118. n. 3. Ajoutez: 3'. *Gérald Bray*. C.M. Voir p. 101.

Il était provicaire à l'arrivée des premiers missionnaires de Scheut.

p. 118. n. 4. Son nom était le même que celui du P. Ferdinand Verbiest. S.J. Nan Hoai-jen, 南 懷 仁.

7 sept. 1864. Lisez : Un décret de la Propagande daté du 12 septembre 1864, désigne le R. M. Théoph. Verbist, Supérieur, ad regendam Missionem Mongoliæ cum titulo Pro-Vicarii Aplici.                    (Mgr V. A.)

p. 118. n. 5. Lisez ainsi : missionnaire au Tche-li septentrional; entré dans la Congrégation de Scheut, passant du Tcheli à la Mongolie.

Daurstede. Lisez : Duurstede.

p. 118. n. 6. parti 22 octobre 1871. Le départ de Bruxelles a eu lieu en août (13. 15 ou 16). Le 22 octobre est peut-être la date d'arrivée en Mongolie.

provicaire. La nomination comme provicaire date du 14 mai 1871.

La mission est de nouveau. .. M$^{gr}$ V.A. ne croit pas que ce bref existe.

23 oct. 1874. M$^{gr}$ Bax a été nommé évêque d'Adras et Vic. Ap. par deux brefs, tous deux du 23 octobre 1874.

Si-ying-tse. Le nom plus usuel est Nan-hao-tsien.

p. 119 n. 7. van Aertselaer. Lisez : Van.

supérieur général. M$^{gr}$ Van A. fut proposé par l'assemblée générale en 1887 et nommé par le S. Siège en 1888. Voir la rectification relative à la p. 206.

Sacré le 24 juillet, qui était un dimanche.

Dernière ligne : Le passe-port, m'écrit-on, a toujours porté le nom 方. Peut-être le nom donné par M. Cordier est-il celui du P. Hagaerts, qui s'appelait bien 安 et qui est arrivé en Mongolie en 1872, un an avant M$^{gr}$ Van Aertselaer.

p. 120. Historique. 21 décembre 1883. Lisez 11 décembre.

12 octobre 1886. Corrigez ainsi: Ning-hia, dans l'audience du 19 septembre 1886, et Sa-la-tsi, le 2 mars 1891, par suite d'un arrangement entre M$^{gr}$ Hamer et M$^{gr}$ Bax. Le décret dont parle $X_{17}$ (et non $X_{71}$) a pu exister pour Ning-hia, mais non pour Kou-liuen à cette date.

Territoire. Ajoutez Sa-la-tsi t'ing.

(de M$^{gr}$ Bermyn).

p. 120. n. 1. *fonde.* A proprement parler le principal fondateur de la mission était le R. Père Remi Verlinden, qui était *secondé* par le R.P. De Vos.

p. 121. n. 3. Ajoutez : missionnaire ; départ le 10 mars 1878 ; nommé... par bref du 15 avril 1901 ; sacré à Pé-king par M$^{gr}$ Bruguière, le 26 janvier 1902.

p. 122. Historique et n. 1. 21 décembre 1883. Lisez: 11 décembre.

p. 122. n. 1. Au ming-teou, dû à C$_7$, changez le second caractère en 賢.

p. 123. n. 2. A Canton, 30 nov. 1699. D'après la nouvelle édition du Mémorial, lisez : à Fou-tcheou, Fou-kien, le 30 nov. 1700.

p. 125. n. 5. Le fait que M$^{gr}$ de Lionne et M. de la Balluère aient eu précisement le même nom s'explique peut-être par ceci que le premier n'est jamais allé au Se-tch'oan. Missionnaire au Siam, il refusa d'abord d'être nommé coadjuteur. Nommé malgré lui en 1687 évêque de Rosalie, pour s'y soustraire il passa en Chine, 1689. En 1696, il fut confirmé évêque de Rosalie et nommé Vicaire Apostolique du Se-tch'oan (22 octobre 1696). Résistant encore, il ne fut sacré que le 30 nov. 1700, à Fou-tcheou. (L'ancien *mémorial* des Missions Etrangères avait : 1699 ; le nouveau a : 1700). En 1699, il était au Tché-kiang. Une fois sacré, il ne semble pas avoir eu l'intention d'aller au Se-tch'oan, mais il y envoya quatre missionnaires et revint en Europe en 1703.

M. de la Balluère, jeune missionnaire, qui fut envoyé au Se-tch'oan en 1701 et n'y arriva qu'en 1702, prit sans inconvénient le nom du Vicaire Apostolique qui allait partir.

p. 124. n. 2. D'après le nouveau Mémorial; ajoutez: 1689-1701, dans les provinces de Koang-tong, Fou-kien, Kiang-si; 1692-93, provicaire au Kiang-si; 1693-1701, procureur à Canton, tout en exerçant le ministère apostolique ; 1701-1707 au Se-tch'oan; 1701, provicaire.

p. 124. n. 3. M. Gourdon n'a jamais rien trouvé relatant que M. Appiani ait été envoyé chargé de chaînes au Se-tch'oan.

Je ne me souviens plus où j'ai pris ce détail. Peut-être faudrait-il mettre «à Canton.»

p. 125. n. 6.    On trouve aussi : 穆 天.

p. 125. n. 7.    Ajoutez : mort à Lan-tcheou (Kan-sou).

p. 125. n. 9.    D'après son inscription tumulaire, c'est bien en 1728 qu'il est entré au Se-tch'oan.

D'après la même inscription, son hao était 迪 仁 et non 文 仁.

p. 126. n. 10.    Il paraît que Martiliat est la meilleure des deux orthographes ; né en 1706 ; sacré au Se-tch'oan.

A la fin, après Se-tch'oan, ajoutez : et le Yun-nan. L₆ t. I. p. 19.

p. 127. n. 15.    M. Gourdon confirme ce que nous insinuons p. 47.    Les réponses de M^gr Piloti à certaines consultations n'ont été qu'*officieuses*.    Son nom ne devrait donc pas figurer ici.

p. 127. n. 16.    M^gr Pottier s'appela 博 四 爺 ou bien 博 方 濟.    Après sa captivité il changea son nom en 範 依 聖.    Ce sont les caractères lus sur son inscription tumulaire par M. Gourdon.

p. 128. n. 17.    Au lieu de 開, lisez 凱, d'après la pierre tumulaire.

p. 128. n. 17.    Tsong (?).    Lisez Fong.

Ce qui est dit ici de 1795 est inexact, car depuis 1788, il s'appela Ko Hen-k'ai.

p. 129. n. 20.    Se-tch'oan oriental (?).    Corrigez ainsi : M^gr Florens travailla au Se-tch'oan méridional supérieur, c.-à-d. du côté de K'iong tcheou.    Puis il fut supérieur du collège, dans le territoire de Sui-fou, au Se-tch'oan méridional inférieur.

Le bref de sa nomination est daté de septembre 1807.

p. 129. n. 21.    provicaire, ajoutez: et administrateur de la mission.

p. 129. au bas.    Kiang-tcheou.    Lisez: K'iong tcheou.

p. 130. n. 23 et p. 131. Historique.    1858.    Lisez : 1856. Cette faute a pu être corrigée p. 256 et 257.

p. 132. n. 3.    向.    Lisez 白.

p. 136. n. 3.    Le sing est peut-être plutôt 郗, qui est dans le pe-kia-sing chou.

p. 136. n. 5.   D'après la nouvelle édition du Mémorial des Missions Etrangères, ajoutez : 1701, missionnaire dans les provinces de Koang-tong, Fou-kien, Tché-kiang ; 1708, provicaire au Tché-kiang; 10 juillet 1711, directeur au Séminaire de Paris.

p. 145. n. 3.   Coinay.   Lisez Coincy-l'Abbaye.

p. 146. n. 3.   Y₉ a: 13 mars 1890.

p. 147.   Titre et n. 1.   N.E.   Lisez: Oriental.

p. 147. n. 1.   11 mai 1887.   Lisez : 1 mai.

p. 148. Historique.   14 février. Lisez : 19 février 1910.

p. 148. n. 1.   Alali.   Ajoutez : dans la II° Phénicie.

30 décembre. Lisez : consistoire du 30 novembre 1911.

p. 149. 1.   Missionnaire au Tche-li. Ajoutez: septentrional. Ajoutez : prêtre, le 10 avril 1888.

p. 153. Historique. 1781. On me suggère 1753. Et en fait Mᵍʳ de Martiliat obtint alors que les provinces du Se-tch'oan *et du Yun-nan* fussent attribuées aux missionnaires français. La même correction serait à faire p. 252, et il y aurait à modifier ce qui a été écrit, p. 127, aux nᵒˢ 12, 13, 14 et 16.   Tout revient à préciser l'expression assez vague : *être réuni*.   On verra, L₆ t. I. p. 19-23, que Mᵍʳ Pottier n'avait pas au sujet de sa juridiction les mêmes scrupules pour le Yun-nan que pour le Koei-tcheou.

Ces deux provinces n'avaient pas de Vicaire Apostolique propre et étaient administrées par celui de Se-tch'oan.   Mais ce genre d'union a pris bien des formes que nous n'avons pas distinguées. Ainsi le Kan-sou, qui n'est même pas nommé, croyons-nous, est censé ne faire qu'un avec le Chen-si.   On dit: Vicaire Apostolique du Chan-si et Chen-si, *pari passu*.   On se contente de donner à Pottier, 15 nov. 1762, tous les pouvoirs nécessaires pour le Koei-tcheou.   Il y aurait donc à faire ici bien des précisions, auxquelles nous ne pouvions songer sans voir le texte des brefs.   Quoi qu'il en soit, depuis 1753, le Yunnan ou a été uni au Se-tch'oan ou a eu pour administrateur le Vic. Ap. du Se-tch'oan.   Voir le Supplément à la p. 205.

p. 153. n. 3.   Son tombeau se voit encore à Mo-yang (X₁₈ 1913. p. 4).

p. 154. n. 4.    Ajoutez : né le 12 novembre 1644.

Bref du 20 octobre 1696.

1717. lisez : 3 décembre 1718.

p. 154. n. 13.    Sacré le 12 juin 1843, à Tch'ong-k'ing tcheou, Se-tch'oan.

1881. Lisez 1880.

p. 155. n. 15.    18 nov. 1821. Lisez : 17.

Effacez : 2 mai.

parti &.    Il partit d'Anvers pour le Yun-nan, travailla d'abord à Hong-kong et ne réussit à pénétrer dans sa mission qu'en 1851.

p. 155. n. 16.    Au lieu de 幼晨. $C_7$ lisez : 佑宸.

1904. Lisez : 1905. Et ajoutez : démissionnaire en 1907.

p. 155. n. 17.    Au caractère 明. ajoutez : 類斯.

p. 165. n. 2.    né en 1812, d'après le Mémorial des Missions Etrangères.

p. 166. n. 9.    Chrystophe. Lisez : Christophe.

p. 167. n. 1.    bref du 3 juin 1866. Lisez : 1876.

p. 167. n. 2.    prêtre, 20 décembre 1862.

p. 167. n. 3.    Chambretand. Lisez : Chambretaud.

nommé le 26 juin.    Lisez : 16 juin, d'après le Mémorial des Missions Etrangères.

p. 170.    Historique. 1. 3.    Lisez : Transférée le 12 nov. 1902 (Décret du 9 mai 1902).

p. 170. n. 1.    né à Serrières en Chautagne (Savoie) ; entré aux M.E. le 11 sept. 1872 ; à la Procure de Marseille, de décembre 1877 à février 1879.

p. 173. Historique. 1. 6.    Le vrai restaurateur de la mission est le R. P. Ferdinand Sainz.

p. 185. Hing-hoa.    Voir p. 72 et p. 108, à propos de M. Libois. it. $G_4$ p. 21.

p. 196. 1. 13.    Siège.    Lisez : Saint Siège.

p. 196. 1. 20.    Ajoutez : et sacrés dès 1658, du moins M$^{gr}$ Pallu.

p. 198. l. 4. 1753. Pour cette date, voir ce qui en est dit p. 126. n. 10. vers la fin, et la note relative à la p. 153.

p. 198. l. 31. en 1847. Lisez : 1846. Voir p. 110 et la note relative à cette page.

p. 198. l. 33. en 1850. Lisez: le 11 mai 1848. Voir p. 107-108, où nous notons que le Supérieur de la Mission eut le titre de Préfet Apostolique dès le 30 juin 1850.

p. 205. 1. lèz. Lisez: lez.

p. 205. 2. dont les Lazaristes. . Lisez : qui fut confiée à la Congrégation Belge du Cœur Immaculé de Marie par décret du 1 septembre 1864. (Mgr V. A.).

p. 205. 2. Vrancks. Lisez Vranckx.

p 205. 2. 16 août 1871. Lisez: 14 mai 1871, en remplacement de M. Smorenburg démissionnaire. Le 9 mai 1871, la S. Congrégation, dans sa réunion plénière, *décide* de *proposer* M. Bax à la nomination du S. Siège. Le S Père approuve la proposition et nomme le candidat proposé, dans l'audience du 14 mai 1871, qui est la date du décret de nomination.

p. 205. 2. 23 novembre 1875. Lisez: 23 octobre 1874.

On peut se demander ici, si la Mongolie, qui n'avait plus eu de Vicaire Apostolique depuis 1859, n'était pas cependant restée un Vicariat Apostolique. En sens inverse, le Yun-nan (p. 286 note de la p. 153), qui n'avait plus que des administrateurs depuis 1753, n'avait-il pas cessé en 1753 d'être un Vicariat distinct ? Ces questions échappent à notre compétence. De même celles-ci : à quelle date Cambalic, Zaiton, Armaleck, Funay ont-ils cessé d'être des évêchés? Est-il téméraire de dire qu'une réponse précise ne peut être donnée?

p. 206. 3. La réunion de 1887 était une réunion générale de délégués, mais n'était pas dans les conditions voulues pour former un chapitre, qui aurait eu le droit d'élire son Supérieur Général.

p. 206. destinés. Ecrivez: destinés surtout.

p. 206. en 1898. Second chapitre. En réalité c'était le premier, si on tient compte de ce qui vient d'être dit de la réunion de Eul-che-san hao.

p. 206. fin. On estime à 3000. Ce nombre est *peut-être* au-dessous de la réalité. Dans la Mongolie Centrale seule, en plus des 5 missionnaires, il y a eu 1695 tués.

p. 219. 3. En achevant l'impression de ce livre nous apprenons que la Préfecture Apostolique du Koang-si est érigée en Vicariat Apostolique et que celle du Koang-tong est divisée en deux Vicariats Apostoliques, celui du Koang-tong ou de Canton et celui de Tch'ao-tcheou (Swatow). Les trois nouveaux Vicariats restent confiés aux Missions Etrangères de Paris. $X_{15}$. 1914. p. 147. $X_1$.

p. 220. l. 3. 1585. Lisez: 1685.

p. 234. l. 25. Nous ajouterons cependant les dates des synodes déjà tenus en Chine.

| | | | |
|---|---|---|---|
| 1° Région. | 18 avril- 9 mai | 1880 | — Pé-king. |
| | 9-30 mai | 1886 | ,, |
| | 8-26 mai | 1892 | ,, |
| | 5-17 mai | 1906 | ,, |
| 2e Région. | 6 juin- 4 juil. | 1880 | — T'ai-yuen fou. |
| | 5-15 nov. | 1885 | ,, |
| | 31 oct.-22 nov. | 1891 | — Tong-yuen-fang (Chen-si). |
| | 1-15 mars | 1908 | ,, |
| 3° Région. | 16 avril- 6 mai | 1880 | — Han-k'eou. |
| | 8-19 mai | 1887 | ,, |
| | 1-15 mai | 1910 | ,, |
| 4e Région. | 20 sept.- 3 oct. | 1880 | — Suei fou. |
| | | 1909 | — Tch'ong-k'ing. |
| 5e Région. | 4-11 avril | 1880 | — Hong-kong. |
| | | 1891 | ,, |
| | | 1909 | ,, |

*Remarque.* Le célèbre synode du Se-tch'oan, tenu à Tch'ong-k'ing tcheou, du 2 au 9 septembre 1803, par le B<sup>x</sup> Gabriel Taurin-Dufresse, bien que simple synode d'un seul Vicariat, a trop d'autorité pour n'être pas cité ici. Voir par exemple $X_{14}$. t. IV. p. 69-71. — ou Rome. Imprimerie de la Propagande MDCCCLXIX. in 8°. 132 pages.

p. 236. On a un autre exemple p. 9. n. 3. 4.

p. 239. 方. Après Pallas 75, ajoutez: Pallu 279.

p. 239. n. 75.    Effacez: Piazzoli 84.

p. 269. l. 8.    Ajoutez : O₃. *Ocio.*    Reseña biografica de los religiosos de la Provincia del Sᵐᵒ Rosario de Filipinas, par le R. P. Hilaire Ocio. O. P.

Nous n'avons pas vu ce livre, qui a beaucoup d'autorité. Nous le citons, p. 279, 280, d'après Mᵍʳ Aguirre.

p. 270. l. 8.    Comme l'impression de ce supplément s'achève, nous recevons : R₂. R. P. *Ricci.* O. F. M. Biografia di Mᵍʳ Antonio Maria Sacconi.... Roma. 1913. p. 157.    Avec une note sur tous les évêques franciscains du Chan-si.    Notons ici quelques variantes, sans les examiner, faute de temps.

p. 46. n. 5.    R₂ p. 139: sacré en 1732.

p. 47. n. 6.    R₂ p. 140: + 30 décembre.

p. 48. n. 2.    R₂ p. 141: Buocher.    né dans l'île de Portoferraio près Livourne ; arrivé en Chine en 1731 ; mort le 5 nov. 1765.

p. 48. n. 7.    R₂ p. 144: Mauleth. + en 1762.

p. 48. n. 8.    D'après le récit de F. Joseph de Bientina, qui assista à leurs derniers moments, Mᵍʳ Sacconi mourut le 5 février, comme nous disons, p. 50, mais Mᵍʳ Magi mourut le 11 et non le 13.    (R. P. Ricci).

p. 50. n. 10.    R₂ p. 7 : né le 23 mars 1741 ; entré au couvent, le 15 février 1757 ; fait ses vœux, le 15 février 1758 (p. 19) ; s'embarque, le 3 février 1771 (p. 25).

p. 52. n. 13.    R₂ p. 146: mort en 1803.

p. 53. n. 14.    R₂ p. 146: Segna.    mort le 16 octobre.

p. 54. n. 16.    R₂ p. 147: Casciano.

p. 55. n. 17.    R₂ p. 148: Jean-Antoine. + 27 mai 1831.

p. 57. n. 3.    R₂ p. 150: prêtre, le 23 avril 1833.

p. 58. n. 4.    R₂ p. 151: prêtre en 1857.    mort le 20 mai.

p. 61. n. 1.    R₂ p. 153: mort le 1 janvier.

p. 67. n. 2.    R₂ p. 152: Casolini ; né le 17 février 1808. missionnaire en Chine en 1836.    Evêque de Siène.

p. 275.    Altobosco.    Matta.    Ajoutez: 275.

# APPENDICE V.

## TABLE DES NOMS DE PERSONNE.

38

# TABLE DES MATIÈRES.